TROU MOET BLYCKEN

GERRIT KOMRIJ

TROU MOET BLYCKEN

OF
OPNIEUW
IN LIEFDE BLOEYENDE

DE NEDERLANDSE POËZIE
VAN DE TWAALFDE TOT EN
MET DE EENENTWINTIGSTE EEUW
IN HONDERD EN ENIGE GEDICHTEN

2001
UITGEVERIJ BERT BAKKER
AMSTERDAM

© 2001 Gerrit Komrij
Het copyright op de afzonderlijke gedichten
berust bij de dichters en/of hun rechtsopvolgers
Omslagontwerp Tessa van der Waals
Foto omslag Jasper Wiedeman
ISBN 90 351 2324 7 (gebonden)
ISBN 90 351 2290 9 (paperback)

Uitgeverij Bert Bakker is onderdeel van Uitgeverij Prometheus

ROUTE

Ik heb bij de samenstelling van deze bundel de voorkeur gegeven aan een min of meer thematische indeling. Hieronder gelieve men een grove wegenkaart aan te treffen. Niet meer dan een oriëntatie bij wat noodzakelijkerwijs een labyrint moet blijven. Voor de meer preciezen zijn er de inhoudsopgave en het register achterin. Wie naar een strikt chronologische volgorde als in de bundel *In Liefde Bloeyende* zou verlangen, vindt daar bovendien een chronologische lijst van dichters.

PROLOOG

DE NOODZAKELIJKE TECHNIEK

I *Waarin we de dichters eerst zelf aan het woord laten over poëzie*
II *Waarin de voordracht van verzen ter sprake komt*
III *Waarin volle gedichten lege gedichten blijken en omgekeerd*
IV *Waarin we ons met enige wellust werpen op de slechte poëzie*
V *Waarin een indruk wordt gegeven van de rijkdom aan genres en achtereenvolgens leugengedichten, macaronische gedichten, pendantgedichten, suspense en dichtersroem de revue passeren*

ENTR'ACTE

MEER DAN DE SOM DER DELEN

VI *Waarin we van het ongedierte in het sublieme glijden, of van cactus tot verlatingsangst*
VII *Waarin ook de lichamelijkheid een grote dichterlijke boodschap blijkt*
VIII *Waarin we te maken krijgen met gezinsomstandigheden, moeders en zonen, vaders en dochters, en uiteindelijk met de dood. Waaraan toegevoegd een excursie over jonggestorvenen en zelfmoordenaars*

IX *Waarin we ons opnieuw neerplanten op de mesthoop van de slechte poëzie en daar vier parels aantreffen*

EPILOOG

PROLOOG

GODS WIJZE LIEFDE...

Gods wijze liefde had 't heelal geschapen:
vol lente, net als de appelbomen bloeien;
weldadig-groen liet voor het vee Hij groeien
het gras, voor ons doperwtjes en knolrapen,

't varken om spek en ham, om wol de schapen,
om boter, kaas, melk, leer, vlees, been de koeien;
waar steden zijn, liet Hij rivieren vloeien;
het zonlicht spaarde Hij uit, als wij toch slapen.

De sterren schiep Hij, om de weg te wijzen
aan brave kooplui op stoutmoed'ge reizen;
Hij schiep kaneel, kruidnagels, appelsientjes,

het ijzer voor de ploeg, het hout voor huizen,
Hij schiep het zink voor waterleidingbuizen,
en 't goud voor ringen, horloges en tientjes.

J.A. Dèr Mouw (1863-1919)

Praten over poëzie wordt snel leuteren over poëzie. Mensen die beweren dat er over poëzie niets definitiefs valt te zeggen lijken altijd gelijk te hebben.

Je hoort een criticus iets zinvols en moois opperen en vervolgens komt een andere criticus aanzetten met een opmerking die hemelsbreed daarvan verschilt en die je toch even mooi en zinrijk voorkomt.

Geen wonder dat je poëzie gaat beschouwen als iets ongrijpbaars.

Geen wonder dat de hoogdravendheid gedijt als ze over poëzie beginnen.

Nuchtere constateringen vallen dan een beetje uit de toon. Alsof die niet thuishoren in de poëtische biotoop.

Toch zijn zulke constateringen zeker mogelijk.

Zoals je verf en krijt gebruikt om een schilderij te maken, zo gebruik je woorden om een gedicht te maken. Een gedicht is een kunstwerk met een specifieke materiaalkeuze. Wie het materiaal kiest en toepast mag zich zelf tot schilder of dichter uitroepen, hij kan dat ook aan het publiek overlaten. Kunstenaar is hij die zijn materiaal zo weet te ordenen en te combineren dat het eindresultaat het publiek imponeert, ontroert, schokt, tot nadenken stemt of op z'n minst – emotioneel of esthetisch – een ogenblik bij de kraag grijpt.

De emotie van de kunstenaar is daarbij van geen enkel belang.

Body moet een kunstwerk hebben.

Zo simpel is het.

Het probleem van de poëzie is niet hoe we haar moeten definiëren, het probleem met poëzie is dat er zo veel mensen bestaan die er ongevoelig voor zijn.

The man that hath no music in himself,
(…)
Is fit for treasons, stratagems, and spoils

– dat ontbrekende zintuig heeft ook veel mensen die wél over dat zintuig meenden te beschikken in de waan gestijfd dat ze uitverkoren waren, gerechtigd tot de ijlste vormen van geleuter.

Kunst ontstaat zodra het resultaat meer is dan de optelsom van materiaal en technische foefjes. Er is niets op tegen om het bij een schilderij te hebben over zinkwit en perspectief, zoals er ook niets op tegen is om een gedicht te benaderen aan de hand van woordkeus en versvormen. Je kan daar een eind mee komen, alleen nooit tot de kern van het *je ne sais quoi* dat het ene kunstwerk een tikkeltje sublimer maakt dan het andere.

De schaal loopt van het krakkemikkige kunstwerk dat we met elke denkbare vorm van toelichting kunnen dichtsmeren tot het kunstwerk dat naadloos met zijn eigen verklaring samenvalt – 'commentaar overbodig'.

Leuteren over poëzie is toegestaan, mits we de beperktheid van ons geleuter inzien.

Poëzie blijft een kwestie van wonderen.

Ook de dichter zelf kijkt ervan op als zijn woorden ineens zó gegroepeerd staan dat het effect sterker is of gewoon anders dan het effect dat hij in eerste aanleg beoogde. Dat wonder, dat 'meer dan de som der delen', dat ontstijgen aan de noodzakelijke techniek, betekent niet dat we ineens hogepriesterlijk of zweverig moeten gaan doen over poëzie.

Zonder het wonder bestaat de kunst simpelweg niet.

Ineens is daar de sensatie, de rilling.

Ineens is daar het onzegbare geheim dat je met anderen denkt te delen.

Zoals in dit gedicht van Dèr Mouw.

Het opmerkelijkste hier is niet de praattoon die een grote muzikaliteit niet uitsluit, het opmerkelijkste zijn ook niet zulke opsommingen als

boter, kaas, melk, leer, vlees, been

die met elke definitie van wat poëzie is lijken te spotten. Het gaat me ook niet om de beroemde zin

het zonlicht spaarde Hij uit, als wij toch slapen

– het culminatiepunt van de argeloze omkering die de dichter toepast in dit vers. Het gaat om een andere zin, die al even argeloos wordt voorbereid.

Het hele gedicht door hield de dichter zich een beetje van de domme, hij stelde zich op als een verwonderd kind, waardoor zelfs een woord als appelsientje acceptabel werd. Eerst zijn er de hortende doperwtjes en knolrapen waar Gods wijze liefde voor zorgt, dan zet de dichter ons nietigheden als kaneel en kruidnagels voor en, jawel, de appelsientjes, en meteen volgt daar die zin –

het ijzer voor de ploeg, het hout voor huizen

– zo robuust, zo ongrappig, zo geheel en al uit een volwassen wereld van arbeid en nooddruft, zo onopgesmukt dat de poëzielezer in me er koud van wordt.

Je denkt het geheim van deze verrassing met anderen te delen. Je weet intussen donders goed dat veel mensen over zo'n zin heen lezen of dat ze de schok niet navoelen. Hier zijn we op een punt gekomen dat elke uitleg zinloos wordt.

Je voelt het of je voelt het niet.

Zulke sensaties in de kunst maken het de moeite waard geleefd te hebben. Daar zit geen woord hoogdravendheid bij.

DE NOODZAKELIJKE TECHNIEK

1 *Waarin we de dichters eerst zelf aan het woord laten over poëzie*

POËZIE IS KINDERSPEL

over het krakende ei
dwaalt een hemelse bode
op zoek naar zijn antipode
en dat zijt gij

mogelijk dat men op zulk een kleine schaal
niet denken kan het maakt nijdig
of men is verveeld dus veel te veilig
dan is men verloren voor de poëzie

u rest slechts een troost ligt gij op sterven
gij verveelt u dan ook niet
en plotseling kan dan pop en bal
laat herinnerd u laten weten
dit was ik en dat was het heelal

Lucebert (1924-1994)

Poëzie is kinderspel heet dit gedicht van Lucebert. Wat wil hij daarmee zeggen? Dat poëzie iets doodeenvoudigs is, in de trant van: je draait je hand er niet voor om? Of dat we voor het spel dat poëzie heet letterlijk een kind moeten worden?

Of iets van allebei?

Vragen zijn, als altijd in de poëzie, interessanter dan antwoorden. Als je alles in de poëzie kon uitleggen was ze overbodig. Dan zouden we de dichters en dichtbundels kunnen afschaffen.

Dat mag deze of gene een mooi vooruitzicht lijken.

Maar wat te zeggen van een bestaan met uitleggers en uitlegbundels?

Van de eerste vier regels van dit gedicht gaat een optimale, beeldschone raadselachtigheid uit –

over het krakende ei
dwaalt een hemelse bode
op zoek naar zijn antipode
en dat zijt gij

– daar kan een mijmeraar urenlang op teren. Wellustig stapelen de vragen zich op. Wie zijn ei, bode, antipode, gij?

Het ei is een oerbeginsel. Dat 'hemelse' is ook niet mis. De dichter praat hier niet over koetjes en kalfjes. Hier is zonder meer iets metafysisch gaande.

De hemel boven de aarde, god boven de mensen, troost en hoop boven het verval – alles kan en mag. Het ei dat kraakt, het kan het wonder van de schepping betekenen. Het kan ook op de onvolmaakte wereldbol slaan. Zwelling of craquelé. Geboorte of dood. De hemelse bode, wakend over het leven, is kennelijk niet tevreden, anders was hij niet dwalende en op zoek naar zijn antipode.

Hier wordt gestreefd naar versmelting.

Het woord *antipode* bevestigt dat dit een gedicht gaat worden over tegenstellingen, over begrippenparen.

Ei en hemel, gekraak en boodschap: het krakende ei en de hemelse bode verwijzen kruiselings naar elkaar.

Een krakend ei suggereert geboorte.

Maar als de tegenstelling tot de hemelse bode stand wil houden suggereert het ook het einde.

Geboorte en sterven zijn 'twee emmers van dezelfde waterdrager', om een andere dichter te citeren. Ze blijven naar elkaar op zoek, zoals de bode naar zijn antipode –

en dat zijt gij

– gaat Lucebert hier ineens pedant en quasi-deftig doen met zijn 'zijt' en 'gij'? Geen moment vermoeden we zoiets. Het *moet* hier een spreuk betreffen. Een versteende uitdrukking.

Het is dan ook een uitdrukking uit de leer van het brahmanisme.

'K ben Brahman. Maar we zitten zonder meid

dichtte Dèr Mouw al, daarmee pijnlijk de aardse resten benadrukkend die kleven aan de brahmaan voor wie alle tegenstellingen zijn opgeheven. Als dichter noemde Dèr Mouw zich Adwaita, 'tweeheidsloos' –

Je weet: Niets kan mij deren; ik ben Hij.

Tot zekerheid je twijfel opgeheven,
zo hang je als eeuwig boven je eigen leven:
je bent de wolken en je bent de hei

– regels die ons van pas komen bij dit gedicht van Lucebert.
 Poëzie kan soms iets verklaren van andere poëzie.
 'DAT ben jij' was een van de motto's die Adwaita aan zijn eerste bundel meegaf.
 Tat twam Asi, in het Sanskriet.
 Alles is vervuld met het eeuwige en gij zijt een deel van het eeuwige.
 Raadsels zijn nog geen vaagheden. Er is wel *iets* duidelijk in dit gedicht van Lucebert.
 Duidelijk is dat het in het teken staat van de eenheid van tegenstellingen, de harmonie der tegendelen, de opheffing van het dualisme, hoe je het ook wilt noemen.
 Duidelijk is verder: dit is een gedicht over poëzie –

dan is men verloren voor de poëzie

– het staat er zonneklaar en onheilspellend. Wie verloren is voor de poëzie is verloren voor het kinderspel.
 Op een kleine schaal denken (eierschaal!), nijdig en verveeld zijn, afgunstig en onverschillig, want veel te tevreden en veilig – allemaal kenmerken van de verdoemenis.
 Duidelijk.
 Niet elk woord in dit gedicht hoeft daarna op een goudschaal-

tje te worden gelegd. Het is voldoende je intuïtief te laten meeslepen door het spel van de tegenstellingen. Beter 'laat herinnerd' dan nooit. Maar laat u zich niet *afleiden* door die associatieve spelletjes met ei en schaal, met laat en laten.

De dood – waaraan ook zij die zich doodvervelen niet ontkomen – herinnert ons aan de geboorte, aan de pop en de bal. De sterfelijkheid herinnert aan het scheppende beginsel, het spel. Het sterfbed herinnert aan het kind. De bal aan de aardbol, de eeuwigheid aan de kleinschaligheid, de hemelse bode en de antipode aan het heelal en aan ik.

Aan dit en aan dat.

Bleek de scheiding te groot of ontstond er iets van harmonie?

Vragen die tot het terrein van de poëzie behoren.

Tot het kinderspel.

Verbeeld ik het me of klinkt de slotregel

dit was ik en dat was het heelal

inderdaad als een afterijmpje, zo'n beetje als hoeperdepoep zat op de stoep?

DE ZWANEN

De Zwanen moesten zonder zorgen kunnen leven,
en 's morgens voor een hoog raam zitten,
wijl hun blik weidt over 't bos- en heuvelrijk' Italia.
Krullend, zwierig, rolt het landschap naar beneden,
de kronen van de bomen zijn als bollende kolen
en zandwegen als zwierige wimpels.
En als de zon te hoog komt,
laten ze een zonnescherm zakken over hun ogen en over hun papieren.

Om elf uur komt de maagd met koele dranken,
en de wind draagt in haar boezem:
dan daalt in glinstering van zon en verre verschieten
zilv'ren inspiratie als plassende regen.
En tranen opwellend uit 't overkropt gemoed zouden de oogbeddingen wel willen vullen.

Zó moesten de Zwanen leven, onbezorgd,
de kinderen vragen aan de koffie wat de Meester gewrocht,
en deze met blanke hand de perzik beroeren,
en het oog van de Heer welgevallig rusten
op de parel brandende in het hart van zijn domeinen!

En 's middags moest men eigenlijk dwalen tussen de bomen,
of te paard de zilv'ren pruikestaart doen wippen op de rug en
de paardehoeven smoren in rul zand;
men kan een blad plukken in de loop en 't achteloos tussen zijn vingers draaien,
of ook met schel gepiep tegen zijn mond er op blazen:
lover, lover, lover.

De avond altijd neev'lig is
met wijn (en) onvermijdelijk,

en langzaam dalen de groene sluiers en slapen we ingespannen
in webben in.
En langzaam schuift zich het gordijn voor de scène.
Maar, de morgen ontwaakt weer met blijde waterglans,
en uit hoge vensters van eeuwenoude kastelen
stijgen op witte wieken de Zwanen in de damp van de hemel,
en langzaam en eeuwig rollen beneden
de rondgekopte groene golven van 't lover.

Zó moesten de Zwanen leven.

J.C. Noordstar (1907-1987)

Noordstar en Pareau vormen een opmerkelijk duo in onze literatuur. In allerlei opzichten. Het gaat om twee jeugd- en studievrienden uit Groningen die omstreeks 1930 gezamenlijk een periode van dichterschap beleefden en die allebei de poëzie vaarwel zeiden om iets heel geleerds te worden en een heel ander heerschap.

J.C. Noordstar zou voortleven als A.J.P. Tammes, hoogleraar in het internationale recht en de buitenlandse betrekkingen, N.E.M. Pareau (1906-1981) als H.J. Scheltema, hoogleraar in het Romeinse recht.

Dat ze altijd in één adem met elkaar worden genoemd komt niet alleen doordat ze qua leeftijd en topografie met elkaar zijn verbonden, het komt ook door de aard van hun werk. Noordstar is *grosso modo* de man van het spontane vers en de surrealistische associaties, Pareau de man van de strenge vorm en van de genoegens die de ambachtelijkheid biedt, waarmee ze als duo de twee constanten vertegenwoordigen in de Nederlandse poëzie van hun tijd.

Maar het eigenaardigst is de alchemie die hun beider werk bindt.

Soms lijken hun gedichten onontwarbaar op elkaar.

In een prachtuitgave is nu hun werk opnieuw verschenen, met z'n tweeën in één cassette, samen met een deeltje beschouwingen door Rudolf Escher en Reinold Kuipers.

De gemeenschappelijke deler die het meest in het oog loopt is het archaïserende, het parodistische. Noordstar en Pareau lijken gedichten tegen de tijd in te schrijven.

Het nu eens precieus, dan weer slordig toepassen van stijlkenmerken en uitdrukkingen uit de tweede helft van de achttiende en de eerste helft van de negentiende eeuw is, dunkt me, minder belangrijk dan het op de kast willen jagen van hun tijdgenoten.

Hun blik naar het verleden is geen nostalgie – eerder een tegendraadse eigentijdsheid. Alsof ze met het grootste plezier in een nog onontgonnen gat in de markt sprongen.

Studentikoos, studentenpoëzie, zijn de verwijten die je over hun werk hoort. Maar het werk van Noordstar en Pareau staat voor een periode van poëziebeleving die je iedereen in zijn leven zou toewensen.

Ze vielen de bestaande esthetische normen en de bestaande dichters aan en moesten alleen al daarom compleet *anders* zijn.

Hun werk is typerend voor een soort baldadigheid en enthousiasme, het heeft iets – alles – te maken met de gekte die literatuur is.

De gedichten die het duo schrijft zijn niet gemeend en toch wel een beetje gemeend. Noordstar en Pareau zijn ontroerend eerlijk in hun oneerlijkheid. Wat ze schrijven zijn pastiches, maar toch niet helemaal. Als jonge dichters zijn ze oneerbiedig jegens hun eigen tijd, maar evengoed oneerbiedig jegens wat ze parodiëren.

Een mengeling die leidt tot een onherhaalbare vorm van vervreemding.

Onherhaalbaar voor de rest van hun leven.

Dat de poëzie van Noordstar en Pareau een jeugdzonde zou zijn is ook een verwijt dat je wel eens hoort.

Inderdaad wilde geen van het duo er zich op later leeftijd nog mee bemoeien. Toch – als je tussen de regels leest begrijp je dat het niet was omdat ze er hooghartig afstand van hadden genomen. Ze konden er zelfs met enige vertedering aan terugdenken. Het was gewoon een afgesloten periode.

De afzwering kwam ze als rimbaudeske mythomanen misschien wel goed uit. Ze keken er – daar ben ik heimelijk van overtuigd – tegen aan als tegen een staat van genade, voor een kort moment meegemaakt door een ander die in hun inborst huisde.

De Zwanen, dit weerbarstige gedicht van een onwillig dichter, is niettemin klassiek geworden. Het probeert zo onecht mogelijk te zijn, maar de echtheid wint het glansrijk.

Je *voelt* dat het de dichter een ogenblik ernst is, tot aan de hoofdletter toe van Zwanen. Het leven van de Zwanen, het dichterlijk bestaan, het is hier niet zozeer een utopie of een wensdroom. Het gedicht is Noordstars solidariteitsverklaring met dat deel in hem dat toen kunstenaar mocht zijn.

De solidariteitsverklaring met de fantasie van het kind, dat toen nog geen heerschap was.

Voor een kort moment, een ogenblik.

Helaas of goddank, het doet er niet toe.

Het kan niet anders of dit gedicht hangt rechtstreeks samen met dat andere prachtige gedicht van hem, *Gestolen kind*. Daarin mijmert een man dat hij nog altijd gestolen zou willen worden, zoals hij als 'blonde krullebol' gestolen wilde worden, maar –

Wat is er aan ons nou te stelen, verdroogden,
waar het sap van kind zijn uit is verdampt en zoek geraakt.

DAAR IS EEN KRACHT...
[fragment]

Daar is een kracht, uit hoger kracht gesproten,
Die 't zinkend hart des mensen schoort,
Die 't opvoert naar een hoger oord,
Die 't vastklemt, als de stam z'n loten,
Die aan de kim der toekomst rijst,
Op d'adel van onze afkomst wijst,
En vast doet houden aan 't begeren
Om tot die afkomst weer te keren.

Daar is een gloed die alles kleurt,
En 't laagste hoog maakt. Die het leven,
Door winterproza wreed ontgeurd,
De lenteschoonheid weer kan geven.
Daar is een hand die wenkt en noodt
Om weer te keren waar wij waren,
Vóór ons deze aarde een wijkplaats bood
Voor weinig, ras vervlogen jaren.

Die kracht, die gloed, die hand, 't is poëzie!
Zij leeft in alles, overal! O, zonder haar,
Hoe dor en guur waar 't leven! Wie,
Wie derft haar warmte, en noemt zich levend? Waar
Ontbreekt haar gloed geheel? Zie rond,
En luister! Luister naar de klanken
Van 't suizend loof dat weemoed kweekt,
Dat van geloof en hoop en liefde spreekt,
En opwekt om te bidden en te danken.

Zie rond,
't Is alles poëzie...

Multatuli (1820-1887)

Als ik in één woord zou moeten samenvatten wat poëzie voor mij is, dan zou ik zeggen – waarheid. Een zinnelijke waarheid, een bovenzinnelijke waarheid, het maakt niet uit. Mits er – godbewaarme – geen morele of nuttige waarheid wordt bedoeld. Poëzie is de waarheid van een sensatie die een ogenblik intens aanhoudt en van hoge kwaliteit is. *Beauty is truth, truth is beauty.*
De waarheid van de Zwanen en het kind.
Al liegt de dichter dat hij scheelziet, hij liegt nooit. Daarin schuilt het eeuwige misverstand met de Droogstoppels.

Voor Droogstoppel betekent waarheid betrouwbaarheid en degelijkheid – morele categorieën. 'Ik zeg: *waarheid en gezond verstand*, en daar blijf ik bij,' oppert hij meteen al aan het begin van de *Max Havelaar*. 'Voor de Schrift maak ik natuurlijk een uitzondering. De fout begint al van Van Alphen af, en wel terstond bij de eerste regel over die "lieve wichtjes". Wat drommel kon die oude heer bewegen zich uit te geven voor een aanbidder van mijn zusje Truitje die zere ogen had, of van mijn broer Gerrit die altijd met zijn neus speelde?'

Voor de Schrift maak ik natuurlijk een uitzondering... Een staaltje van de ironische tussendoortjes van de Multatuli die de Droogstoppel verzon.

De Schrift is immers niets dan de waarheid, en uitgerekend de Schrift staat vol verzinsels, feitelijke onmogelijkheden, wonderen, gegoochel met getallen en met tijdrekening.

Het is een Droogstoppel niet toegestaan daar poëzie in te zien.

De dichter die een druipoog en een neuspeuteraar 'lieve wichtjes' noemt is voor Batavus Droogstoppel een verwerpelijke leugenaar. Ook de poëzie dient bij hem gemeten te worden met de klok en de weegschaal.

'Ik heb niets tegen verzen op-zichzelf,' vervolgt hij verderop. 'Wil men de woorden in gelid zetten, goed! Maar zeg niets wat niet waar is. "De lucht is guur, en 't is vier uur". Dat laat ik gelden, als het werkelijk guur en vier uur is. Maar als 't kwartier voor drieën is, kan ik, die mijn woorden niet in gelid zet, zeggen: "de lucht is guur, en 't is kwartier voor drieën". De verzenmaker echter is door de guurheid van de eerste regel aan een vol uur gebonden. Het moet voor hem juist vier, vijf, twee, één uur wezen, of de lucht mag niet guur zijn. Daar gaat hij dan aan 't knoeien! Of het weer moet veranderd, óf de tijd. Eén van beiden is dan gelogen.'

Een aanstekelijke tirade. Misschien heeft die aanstekelijkheid ervoor gezorgd dat veel Batavieren zich sindsdien in soortgelijke opinies over de poëzie gelegitimeerd bleven voelen.

Dichters horen controleerbaar te zijn – geschikt voor Koninginnedag, preekstoel en schoollokaal. Dichters horen iets van een ethisch vaandel hoog te houden. Dichters horen – dat in elk geval! – nuchter en prozaïsch te zijn.

Al lijkt er veel veranderd in het beeld dat we van poëzie hebben, ik ben ervan overtuigd dat er onbewust en onuitgesproken bij menig Hollander nog veel van die Droogstoppel-opinie doorsuddert. Het verhaal van

De lucht is guur
En 't is vier uur

– het doet denken aan het al even memorabele verhaal over Tennysons regels

Every minute dies a man,
Every minute one is born

– regels die aan een Engelse Droogstoppel de opmerking ontlokten dat de wereldbevolking er dan op vooruit- noch op achteruitging.

Deze Droogstoppel heette Charles Babbage (1792-1871), de oervader van onze computer.

Hij stelde Tennyson voor zijn dichtregels te veranderen in: 'Elke minuut sterft er een mens, en elke minuut wordt er één-en-een-zestigste geboren.'

Wie de wetenschap op de poëzie toepast verminkt de poëzie. Niet alle gevallen zijn zo absurd.

Ik kreeg een brief van een oud-directeur van de Gemeentewaterleidingen die naar aanleiding van de regel

Hij schiep het zink voor waterleidingbuizen

uit het gedicht *Gods wijze liefde...* van Dèr Mouw opmerkte: 'Voor zover ik zelf weet en bij anderen heb kunnen navragen, is en wordt zink nooit gebruikt voor waterleidingbuizen. (...) Vroeger – en zeker rond 1900 – werd zink alleen gegoten. In deze vorm is het vrij bros materiaal en kan het beslist niet gebogen worden. Het is derhalve in de waterleidingtechniek niet toegepast en ook niet toepasbaar.' De oud-directeur van de Gemeentewaterleidingen stelde genereus voor het woord *zink* te vervangen door het woord *lood*.

God en Dèr Mouw zijn gewaarschuwd.

Zonder dat we er erg in hebben toetsen we poëzie vaker dan ons lief zou moeten zijn op de juistheid van haar informatiegehalte. Poëzie is wel waarheid, maar niet *die* waarheid.

Multatuli heeft de Droogstoppel-benadering ongenadig vastgelegd. Dacht hij er zelf ook zo over?

Hij is wat poëzie betreft merkwaardig tweeslachtig. Hij schrijft bijgaande hymne waarin de poëzie 'n soort Al-Wezen is. Hij produceert met het lied van Saïdjah de subliemste tearjerker van de negentiende eeuw. Tegelijk spot hij in zijn werk herhaaldelijk met hoogdravendheid en dichterlijk gevoel. Hij was met het gevoel niet tevreden en hij was met de nuchterheid niet tevreden. Hij *wist* waarschijnlijk wat poëzie was. Waarheid.

EN DURFT GIJ MIJ

En durft gij mij van dichten spreken,
 die nimmer zijt in staat
twee reken
te rijmen dat het gaat!

Het dichten is van God gegeven,
maar niet aan elke ende een
in 't leven;
de kunste is niet gemeen.

Laat bloeien al die roos mag wezen,
spruit helder, zijt gij bron;
maar dezen
die ton zijn blijven ton!

De miere en zal geen peerd heur wensen,
de krieke geen radijs;
de mensen
alleen zijn niet zo wijs.

Zo, elke ende een het zijn! Soldaten
het buskruit, zo 't behoort,
gelaten,
en Dichteren het woord!

Guido Gezelle (1830-1899)

Een dichter verdedigt zijn vak. Hij dient in dit gedicht allen van repliek die een grote mond opzetten over poëzie zonder dat ze zelf in staat zijn ook maar twee regels behoorlijk op elkaar te laten aansluiten. Het klinkt uitdagend, zoals de dichter inzet, bijna met de bokshandschoenen aan –

En durft gij mij...

– dat juist *jij* het lef hebt, blaaskaak die je bent. Jij die nog geen *gaap* op *slaap* kan laten rijmen.

De dichter klinkt zelfs geïrriteerd.

Wat is er zojuist in het leven van Gezelle gebeurd? Een standje van de superieur? Een laatdunkende opmerking uit ambtelijke of politieke hoek? Een slechte recensie?

Hoewel dit gedicht later werd gepubliceerd, moet Gezelle er al omstreeks 1870 aan zijn begonnen. Juist in een periode dat hij met veel mensen overhoop lag.

Om politieke, financiële, psychologische redenen.

Een notabele van het bisdom zal wel terloops iets smalends over zijn poëzie hebben gezegd. 'n Vulgair, amuzisch type uit de kerkfabriek zal wel iets hebben laten vallen over dat pastoorke dat ook rijmkes schreef.

Het gedicht maakt – in zijn geheel – in elk geval de indruk dat het een reactie betreft op een actuele gebeurtenis, zo fris van de lever klinkt het, zo fel en bijna gebeten.

Het wordt een ongeëvenaarde strafexpeditie.

Zelfbewust richt Gezelle zich uiteindelijk tot *alle* vijanden van de poëzie. Fier stelt hij de dichters tegenover de niet-dichters –

Het dichten is van God gegeven,
maar niet aan elke ende een
in 't leven;
de kunste is niet gemeen

– niet aan elke ende een, het klinkt als: niet aan Jan en alleman. Strak en straf geselt de dichter hier met zijn woorden. Ontwaren we iets van een superieure, genietende trek om zijn lippen?

de kunste is niet gemeen

– de kunst is geen gemeenschappelijk bezit, of liever: de kunst is niet voor het falderappes.

Die zit.

De dichter laat duidelijk merken dat hij smalers op poëzie maar grofbewerktuigde personen vindt, dat hij ze als zijn persoonlijke vijanden beschouwt.

Wie de poëzie aanvalt valt hem aan. Wie de poëzie aanvalt valt Gods favorieten aan.

De kunst – de speciale kunst van de poëzie – geeft een wezenlijk verschil aan tussen dichters en niet-dichters. Dat gegeven werkt Gezelle in de volgende strofen uit.

Laat alles wat roos is bloeien, klater helder wanneer je een bron bent, maar allen die tonnen zijn dienen zich te houden bij wat des tons is: bij holheid, dorheid, onvruchtbaarheid.

De mier wenst zich niet onder de paarden te scharen, de kers is er niet op uit zich voor te doen als een radijs.

Zelfs het dieren- en het plantenrijk, wil de dichter zeggen, gehoorzamen aan zulke simpele wetten.

Alleen de stomme mensen niet.

De dichter benadrukte zo niet alleen de menselijke stupiditeit, hij gaf tegelijk aan *hoe groot* het verschil tussen de dichter en de niet-dichter is.

Even groot als tussen de mier en het paard, als tussen de kers en de radijs.

Het gaat om twee fundamenteel verschillende wezens. Geen sprake van een gradatie of geleidelijke overgang. Er gaapt een onoverbrugbare kloof tussen de een en de ander.

Dat de kriek iets meer weg lijkt te hebben van de kers dan de mier van het paard is maar gezichtsbedrog. Een valse voorspiegeling van de natuur.

Zo, elk ende een het zijn!

– concludeert de dichter. Kort en krachtig. 'Ik heb gezegd.' Hij duldt geen tegenspraak.

Hij suggereert niet eens de *mogelijkheid* van tegenspraak.

Hij doet intussen zijn dichterswerk. Hij zet een grandioze finale neer.

Grandioos aan die finale zijn vanzelfsprekend de soldaten en het buskruit. De dichter heeft 'de andere mensen' weliswaar op hun plaats gezet, maar hij *gunt* ze ook iets. Ze kunnen niet Gods favorieten zijn, maar nog wel soldaten.

Zo zien we een laatste beeld voor ons dat de dichterstatus nóg waardiger maakt: de borst biedend aan de soldateska. Gezelle tovert soldaten uit de hoed en posteert er zich frontaal tegenover.

Het is een echospel.

Gods soldaten van het woord weerkaatsen Gods soldaten van het buskruit, zoals in het *zo 't behoort* de echo weerklinkt van *dat het gaat*.

In zijn eentje staat de dichter daar.

Hij heeft van de algemene eer van de poëzie een persoonlijke zaak gemaakt. Omdat hij persoonlijk gekwetst is.

En dan, nog net aan het slot, brengt hij de persoonlijke zaak weer terug bij het algemene. Hij spreekt in de laatste regel over Dichteren. Meervoud, met een hoofdletter.

Wij allen die dichten. De poëzie.

Verbeeld je niet, jullie holklinkende vaten, dat jullie je iets kunt aanmatigen over ons vak.

En het buskruit daverde nog lang na.

VAN POËZIE

Opgegroeid met Nijhoff en met Bloem,
het regenachtig noodlot en het wonder
achter het wonder van de werkelijkheid,
het leek in elk geval aanmerkelijk gezonder,
meer bestand tegen meisjesogen,
dan Marsmans kosmos vol vitaliteit
– schoolruiten sprongen van je puberteit –,
je eerste paradijs van vurige sekonden,
waarin een eeuw, een oceaan niet op
een goudschaal werden afgewogen.

Vasalisachtig bleven alle ezels,
de Afsluitdijk en introverte vrouwen in cafés,
de zelfmoorddromen en de vaderlijke geest
van de afstandelijke lijfdocent, de dood.

De nachten leken hoger en de dichters groot.
Over je eigen ziel had je meer goeds gelezen
dan kon worden doorgrond of afgewezen.
Je moest nog leven, wat belezenheid
je eigenlijk verhinderde, ja verbood.

Ed Leeflang (geb. 1929)

Stel, iemand snijdt met een stanleymes een gedicht aan flarden. Een ander schrijft het gedicht opnieuw op en het staat er weer, in dezelfde conditie als daarvoor. Ergo, een gedicht is geen schilderij.

Een gedicht zit in je hoofd, het is overal reproduceerbaar en iedereen heeft er evenveel recht op.

Ook een schilderij kan in je hoofd zitten. Eigenaardig, daar geeft blijkbaar niemand om.

Wat is een gedicht dan wel? Proza, door een schaar in stukken geknipt?

'Grunbergs poëzie heeft weinig vorm, het is eigenlijk proza in korte regels geknipt,' schrijft Maarten Doorman, de poëziecriticus van NRC *Handelsblad*, over de zojuist verschenen dichtbundel van Arnon Grunberg. En Piet Gerbrandy, de poëziecriticus van *de Volkskrant*: 'Wat deze publicatie nog merkwaardiger maakt, is dat Grunberg haar als poëzie presenteert. (…) ook zijn alle – overigens keurig grammaticale – zinnen in stukken geknipt, van hoofdletters en interpunctie ontdaan, en met veel witregels afgedrukt.'

Het zou dus een definitie kunnen zijn. In een bepaald geval.

Wat is poëzie? Dichters hebben het er vaak over. Over wat poëzie is, zou moeten zijn, zou kunnen zijn, af en toe kan zijn. Zulke gedichten waarin dichters zaniken over de poëzie zelf noemen we poëticale gedichten. Vergeef me het rotwoord.

Er verscheen nota bene ooit een hele bloemlezing uit dat soort poëzie: *Dichten over Dichten*, samengesteld door Atte Jongstra en Arjan Peters.

Ik heb een tijd gedacht dat 'poëzie als onderwerp van poëzie' typisch iets van na de Tweede Wereldoorlog was en dat het te maken had met de defensieve positie waarin de poëzie was gedrongen. Dat het zelfs kon wijzen op een kunstvorm in de eindfase. Uit deze bundel bleek dat dichters het al eeuwenlang met grote voortvarendheid hebben gehad over het mirakel van hun eigen talent. Een nuttig boek.

Er waren naast de drie dikke delen Komrij niet veel bloemlezingen zinvol meer, zo was het algemeen gevoelen. Naar mijn bescheiden mening deze toch zeker wel.

't Spijt me hieraan te moeten toevoegen dat *Dichten over Dichten* al snel voor een paar gulden in de opruiming lag. De titel zal flink hebben afgeschrokken. Enkel *Twee eeuwen poëticale poëzie* zou een nog verwoestender uitwerking hebben gehad.

'n Ander moet maar uitleggen waarom de term poëticale poëzie werkt als een rooie lap op een stier.

Ik vind gedichten die over het geheim of het veronderstelde geheim van de poëzie zelve gaan juist nogal sympathiek.

Het gevaar is natuurlijk dat het een soort navelstaren wordt waarmee alleen een paar andere navelstaarders overweg kunnen, of een soort rondzingend geneuzel voor en door vakbroeders.

Maar wat is er op tegen dat iemand enthousiast praat over zijn vak? Bij andere beroepen zouden we dat juist waarderen.

Als poëzie iets bijzonders is lijkt het me normaal dat je wilt uitleggen *wat* er bijzonder aan is. Vaak komt het neer op een verdediging van de poëzie, een pleidooi – op z'n minst nobel. Bovendien hoeft niet te worden gevreesd voor eentonigheid.

De dichters zijn het lang niet altijd met elkaar eens en houden er adembenemend uiteenlopende ideeën op na over wat poëzie is of zou moeten zijn.

In de bloemlezing *Dichten over Dichten* treffen we ook bijgaand gedicht van Ed Leeflang aan. Leeflang heeft het over *hoe* poëzie je leven van jongs af aan kan beïnvloeden.

Voor poëziegevoelige kinderen is de poëzie er vaak eerder dan het leven. Je leert kijken door de ogen van de poëzie.

Alle ezels die je in de werkelijkheid zult ontmoeten blijven Vasalisachtige ezels.

De poëzie vormt voor de puber een voorschot op wat hij ongetwijfeld allemaal nog zal gaan lijden en beleven – de instant-romantiek van de gefantaseerde kleerscheuren, of zoals Leeflang het verderop in zijn cyclus zegt, als schooljongen sprekend over de dichter Slauerhoff –

Nu hij toch gestorven was –
zijn doodsfoto zei het ontluisterend ongebruikelijk –
kon ik misschien in die gedichten wonen, ze
stonden toch leeg en ik ging voldoende gebukt,
dacht ik, zodat het zijn moeite tenminste
zou lonen

– de dichter als leverancier, dankuwel, van het broodnodige theatrale leed dat nooit op komt dagen.

Over je eigen ziel had je meer goeds gelezen
dan kon worden doorgrond of afgewezen

– het leek even of Leeflang had willen zeggen: over je eigen ziel had je meer gelezen dan goed voor je was.
Dat is ook wat hij bedoelt.
Poëzie kan op een zeker moment iets worden waarvan je je moet bevrijden. Dan heeft poëzie met belezenheid te maken – en niet met leven.
Het grootste wonder is te leven en niet ontrouw te worden aan de poëzie.
Het op één na grootste wonder is toch wel om op de manier als in dit gedicht wordt geschetst op te groeien met poëzie.
't Is een alweer wat oudere poëziehorizon die hier opduikt – Nijhoff, Bloem, Marsman – maar hoe dan ook: de jongen speelt dichterstemperamenten tegen elkaar uit, hij identificeert hartstochtelijk, de poëzie dient voor hem als pasvorm van onuitgesproken en nog onbekende sensaties.
Wie dat heeft meegemaakt, wie dat nu meemaakt – voor hem of haar zal het leven uiteindelijk samenvallen met de poëzie.
In een moment van paniek, desnoods.

UIT: LOSSE GEDICHTEN. XXIV

Aan de ene kant staat het ding.
Aan de andere kant staat het mysterie.
Meer van het ding en het mysterie weet ik niet.

Hoe in naam van wat dan ook,
Hoe kan ik er meer van weten?
En dit weten is een klein weten, voeg ik eraan toe,
Een klein idee hoogstens, klein
In zijn gevolgen
Voor de tijd.

Als aan de ene kant staat het ding
En aan de andere kant het mysterie,
Is de wereld duidelijk.

De straat is de straat waarin ik vrienden tegenkom,
De bomen bloeien zoals zij moeten bloeien, met bloesems,
De wind waait wanneer zij wil,
En het gebrek aan meer weten
Dan dat aan de ene kant staat het ding
En aan de andere kant het mysterie
Is mij een onuitputtelijke bron van vreugde.

Arjen Duinker (geb. 1956)

Dommigheid wil wel eens helpen bij het lezen van poëzie. Wie niet dom is kan zich altijd nog van den domme houden.

    Zo kun je, als je dit gedicht begint te lezen, denken aan een staaltje typisch Hollandse lulligheid. Iets in de trant van het Marmite-potje of Heinz-blik of wat was het al weer van C. Buddingh'. Met een uitgestreken gezicht komt de dichter het toneel op en zegt –

Aan de ene kant staat het ding.

Punt. Hij vertrekt geen spier en vervolgt –

Aan de andere kant staat het mysterie.

Punt. Het publiek heeft inwendig voorpret om de droogleuke dominee daar achter de lezenaar. De droogleuke dominee laat zijn punt na-echoën en begint aan de derde zin zoals hij aan zijn eerste en tweede begon –

Meer van het ding en het mysterie weet ik niet.

Punt. Witregel. De ballon is leeggelopen.
 Het publiek gniffelt.
 Van nuchterheid en doe-maar-gewoon krijgt de Hollander nooit genoeg.
 Dat hier onder het mom van terloopsheid sprake is van een Ontkenning van het Hogere blijkt ten overvloede uit de volgende regels, een soort toelichting bij het refrein –

Hoe in naam van wat dan ook,
Hoe kan ik er meer van weten?

– de krachtterm *in godsnaam* krijgt geen kans. Een klein weten, een klein idee hoogstens. De relativering wordt consequent voortgezet.
 Als het refrein er voor de tweede maal aan komt maken we een eigenaardige inversie mee. Werkwoord en onderwerp staan in omgekeerde volgorde.
 Het mechanische en wiskundige van de vergelijking worden erdoor benadrukt. Als a is gelijk aan b, dan…
 Hier scandeert een logicus. Zijn wereld is inderdaad duidelijk.
 Het mysterie zit niet in het ding, het is niet inherent aan het ding, het staat naast het ding, het is een woord apart. De rest is interpretatie.

Zinloze, deprimerende interpretatie.

Zo ontstaat voor de domme toch nog een gedicht met een beetje boodschap.

De boodschap dat er nauwelijks een boodschap is.

Wie zich niet van den domme hield begreep dat dit gedicht alles te maken heeft met de dichter Fernando Pessoa. 'n Soort Pessoa voor Hollanders verklaard. We moeten onmiddellijk denken aan bepaalde dichtregels, met name van Pessoa's alter ego Alberto Caeiro, in zijn uit paradoxen en stijlfiguren opgebouwde kruistocht tegen de metafysica –

Wat ik denk van de wereld?
Weet ik veel wat ik van de wereld denk!
Als ik ziek werd zou ik daaraan denken.

En (ik citeer vanzelf uit de vertaling van August Willemsen) –

Het mysterie der dingen? Weet ik veel wat mysterie is!
Het enige mysterie is dat er zijn die denken over het mysterie.

En –

Het is vreemder dan alles wat vreemd is,
Vreemder dan de dromen van alle dichters
En de gedachten van alle filosofen,
Dat de dingen werkelijk zijn wat ze lijken te zijn
En dat er niets te begrijpen valt.

We vinden het allemaal terug in het gedicht van Arjen Duinker. Hij is ook in andere gedichten de man van de pessoaanse wendingen –

Zo is het, ook al is niet zo.
Gisteren voelde ik me vooral verwant met de stem
Die op een cassette Mongoolse woorden sprak,
Ofschoon ik geen idee had welke.

Zo heet het in de recente bundel *Ook al is het niet zo*.

Mooie verwantschap!

Er worden hoge verwachtingen gewekt die doodleuk de nek worden omgedraaid, zó doodleuk dat we ons betrapt voelen omdat die hoogdravende verwachtingen eigenlijk alleen de *onze* waren.

Pessoaans van vorm, pessoaans van conclusie.

Toch voegt Duinker er een eigen aspect aan toe, hij vermengt het met iets wat Pessoa nooit zou doen. En wel met precies die Nederlandse lulligheid.

Ik bedoel met dit woord volstrekt niets negatiefs, het gaat om een lulligheid die we allemaal herkennen en als iets dierbaars waarderen.

Hoe ik die lulligheid precies moet definiëren, ik weet het niet. Een soort kruising tussen ironie, plechtstatigheid en het zich tegelijk willen bevrijden van het pompeuze. Zeker meer dada dan boerenlulligheid –

De bomen bloeien zoals zij moeten bloeien, met bloesems –

Ja, waarmee anders?

En dan zo'n door en door bijbelse wind in de regel daarop.

Die mix van Portugal en Holland werkt bijna net zo aanstekelijk als de mix van nuchterheid en extase aan het slot. Klein gebrek als onuitputtelijke bron van vreugde.

AFSCHEIDSDINER

u kunt afruimen
de witomrande amuse gueule uit de nouvelle cuisine
van chrysanten die in de vaas op de tafel bij het raam staan
maar niet in de vaas op de tafel bij het raam staan
vegetarische stilleventjes geschetst met de zilverstift

laat met de lardeerpriem doorregen goed gevulde
wildbraad aanrukken en op een rondborstig banket
van dansend vlees zappen naar glimmend wellustig vlees
als een clip in grootbeeld kleur

serveer mij in roomboter gebakken beelden
en verzen met boulemie

Ilja Leonard Pfeijffer (geb. 1968)

De eerste bladzijde van een debuutbundel is een ideale plek om een beginselverklaring af te steken en, zie, in de bundel *van de vierkante man* (1998) van Ilja Leonard Pfeijffer gebeurt dat ook. De dichter maakt in zijn openingsgedicht duidelijk waar hij wenst te staan.

En, zoals in een goed poëtisch programma gebruikelijk, hij maakt eerst duidelijk tussen welke dichters hij zich *niet* op zijn gemak voelt.

Ook Lucebert was sterk in dat soort beginselverklaringen –

nog ik, die in deze bundel woon
als een rat in de val, snak naar het riool
van revolutie en roep: rijmratten, hoon
hoon nog deze veel te schone poëzieschool

– heet het aan het slot van zijn *School der poëzie*. Bij Lucebert ging het om een iets andere tegenstelling. Om – een beetje grof samengevat – de revolutie die het van de esthetiek moest winnen. Tegen de sonnettenbakkers was hij en vóór de kussers van de blote kont der kunst. Tegen de fluwelen dichters van het humanisme en vóór 'de hete ijzeren keel'.

De 'lieflijke dichter' diende op te hoepelen en plaats te maken voor de 'schielijke oplichter'.

Ilja Leonard Pfeijffer kondigt hier zijn entree met een gongslag aan. Wat bij hem moet worden opgeruimd blijkt het precieuze met veel wit eromheen. Er volgt een verwijzing naar de bundel *Chrysanten, roeiers* van Hans Faverey en naar een gedicht daarin dat begint met –

De chrysanten,
die in de vaas op de tafel
bij het raam staan: dat

zijn niet de chrysanten
die bij het raam
op de tafel
in de vaas staan

– alleen is door Pfeijffer het wit weggehaald, en wat Favereys omkering van de woordenreeks vaas-tafel-raam betreft: Pfeijffer doet of zijn neus bloedt waardoor de hele grap platvalt.

Ineens *wordt* het ook een buitengewoon literatuurderig, dun grapje. Een vegetarisch stilleventje.

Waarna Pfeijffer schetst waar zijn hart wél naar uitgaat: naar rondborstig banket en full colour overdaad. Vóór de lardeerpriem en de dans is hij en tegen de zilverstift en de kaasschaaf. Vóór de vetrand en tegen het dorre bot. In *van de vierkante man* komen we dan ook veel gedichten tegen waarin erotiek, drank en vervoering het winnen van de nuchterheid –

in drievoud wordt eenvoud de deur gewezen

– en hij haalt zijn woorden waar hij ze vindt, uit de klassieken en uit springtouwliedjes, uit sprookjes en toeristenmonden. Hij stamelt als een kind en bezweert als een profeet. Een kakofonie van stemmen klinkt op. Witomrande zuinigheid is elk moment taboe. Hij is tegen de rechtlijnigheid en vóór de legpuzzel en de concentrische cirkels.

Dichters citeren doet hij ook uitbundig. In *het strand van scheveningen* komen we flarden tegen uit Vondel, Kloos, Campert, Lucebert en Marsman. Daarbij zie ik vast nog iemand over het hoofd. Hun zee, hun zee klotst voort –

ik zeg veel dingen dubbel maar verder
ben ik heel normaal

– besluit Pfeijffer. Door die relativeringsdrang maken zijn gedichten, ondanks hun volheid, nooit een loodzware indruk. Hij stelt zich niet op als de brave poëziehervormer, hij gooit een lardeerpriem in het hoenderhok.

Wellustig is hij ook in zijn alliteraties. Dram dromende druilknol knoestig knort het grote leven. Met zolen door zaagsel slepen de zeven soirees. Ilja Leonard Pfeijffer eet zich dikwijls tot barstens toe vol, met in roomboter gebakken beelden en de stijlfiguur van de herhaling –

ik ben de creoolse vrouw die mijn zinnen schroeit
(...)
ik ben het vuige rollertje op straat

– heet het in *caribbean song*. Als dát geen Van de Woestijne is, met diens

– ik ben de late; ik ben de slechte; ik ben de dwaze;
(...)
Ik ben de laatste peer in de ijlte van de boom

– dan ben ik een boon. In zijn gedicht *belgië* belijdt Pfeijffer trouwens zijn hang naar 'woorden uit het roomse boek'. Zijn hang naar barokke romigheid.

Naar goed gevuld doorregen vlees.

De gastronomische metafoor werkt altijd wonderlijk als het om zaken gaat van leven en dood.

Kannibalisme, brood en wijn.

Brave ernst mag Ilja Leonard Pfeijffer vreemd zijn, heel normaal ernstig is hij wel. Uiteindelijk gaat het – ook bij hem – om liefde in een krakkemikkige wereld. Om het opsommen van je schamele zegeningen. Maar dan in verzen met boulemie.

Boulemie, dat is geeuwhonger, een ziekelijke eetlust waarna alles weer wordt uitgebraakt. 'U kunt afruimen.'

Met die uitgebraakte poëzie lijkt het gedicht mooi rond. We zouden onmiddellijk weer bij de eerste regel kunnen beginnen, waarmee de dichter zo onaangekondigd binnenviel. Het wit in de begin- en de slotregel van *afscheidsdiner* zou er zelfs betekenis door krijgen.

Het is duidelijk dat deze dichter daar geen boodschap aan heeft.

Zijn slotregel wil ons uitnodigend voortstuwen naar de rest van de bundel. De abrupte beginregel betekende heel normaal: ophoepelen. 'De tijd der eenzijdige bewegingen is voorbij.'

11 *Waarin de voordracht van verzen ter sprake komt*

KROP

Ze staat bij het raam in de diepte
Te staren en wijst naar de mensen,
Ze zegt het alweer en alweer:
Het leven is niets, het is niets.

Hoor toch hoe flemend dat klinkt
Als ze fluistert en kreunt, met die wellust,
Het leven is niets, het is niets.

Het zwelt haar de mond uit, een lofzang
Op onze vergeefsheid, ze stelt me
De dood in een duidelijk daglicht,
Het leven is niets, het is niets.

En ik ga al, ik raap haar weer op
Uit de diepte en draag haar naar bed
En druk me weer tegen haar aan.

Ik ruk haar gezicht naar me toe
En lik en slik al haar tranen.
Ik eet haar zo gulzig de krop
Uit de keel dat zij snikt diep in mij.

Leonard Nolens (geb. 1947)

De dichter leest voor. Er zijn festivals, lunchvoorstellingen, cd's met dichtersstemmen. Het is – luidt de gangbare mening – nog altijd interessanter een gedicht te horen verkrachten door de dichter zelf dan het briljant te horen oppoetsen door een geoefende toneelspeler. Ik ben het daarmee eens. Zelfs met de meest belabberde voordracht kan een dichter zijn gedicht iets extra's meegeven, terwijl de beroepsdeclamator met zijn dramatisch verantwoorde opbouw en poëtisch correcte klemtonen een gedicht volstrekt kan doodslaan.

Toch is het niet altijd een pretje naar dichters te luisteren.

Ik weet dat omdat ik boter op mijn hoofd heb. Met mijn stem, nog het meest geschikt om op het slagveld een heel regiment vijandige kozakken synchroon de diarree te bezorgen, ben ik van het podium niet weg te slaan. Mijn kop, waarvan de aanwezigheid tijdens zo'n voordracht onvermijdelijk is, kan daarbij alleen een genot zijn voor poëzieliefhebbers die zó verstokt zijn dat ze al voor driekwart in hun kuil liggen. Een ongelooflijk onpoëtische kop. Maar over mezelf wou ik het even niet hebben.

Het is bijna altijd fascinerend om *andere* dichters hun gedichten te horen voorlezen, hoe verstrooid of spottend met de regels ze dat ook doen. Ik ben, zolang ik het me herinner, een verzamelaar geweest van geluidsopnamen – vooral van dooie poëten. Je staat dichter bij de oorsprong van het gedicht en je staat dichter bij de bedoeling van het gedicht.

Toch valt het, ik zei het al, in het volle leven ook wel eens tegen. Dan wou je dat je zo'n dichter nooit had gezien en gehoord.

Mij overkwam het met Leonard Nolens. Ik had wel een zwak voor zijn poëzie toen ik die alleen nog als gedrukte letters kende. Doodserieuze gedichten over liefde en liefdesverdriet, over aanhankelijkheid en weglopende vriendinnen – waar vond je die nog vandaag de dag?

Van de oude school qua abstracte hoogdravendheid en een beetje hedendaags qua egoïstisch individualisme en openhartigheid – zoiets Moest Kunnen.

Kilo's lichamelijk gekwispel, met een pond emotie en twee ons tranen: in Nolens was weer een *echte* dichter opgestaan.

Zijn pathetiek was *gedurfd*, heette het.

Menigeen prees zijn afkeer van ironie en zijn heilige moeten, hijzelf nog het meest.

Hoezeer het bij poëzie ook om ernst en inhoud gaat, bij een voordracht krijg je die verdomde dichter erbij. Met zijn stem en zijn kop. Met zijn lichaamstaal en zijn blik. De gedichten van Nolens *zijn* al op het randje –

Het is laat in mijn slapeloos leven –

– maar toen de dichter zelf eenmaal achter de katheder stond – ik zat op de eerste rij – liet hij geen gelegenheid onbenut mij over dat randje heen te stoten.

Wat erg was in zijn gedichten werd erger, wat wee was weeër.

Dat was geen voorlezen van poëzie, dat was solliciteren naar de gunst van de dames in de zaal. Dichterlijke damesmassage. Met fluwelen blik en bevruchtende stem en met nét die mengeling van hulpbehoevendheid en arrogantie die het bij zeker slag vrouwen zo goed doet las hij zijn gedichten voor – gedichten over het aan-mekaar-zijn en vooral, dat spreekt, over zijn onstilbare tekort op het punt van aan-mekaar-zijn.

Hij richtte zich in gebaar en intonatie tot de jonge meiden in de zaal, tot de niet meer zo jonge meiden, tot de rijpe vrouwen, tot de rijpere vrouwen, tot de overrijpe vrouwen, tot de jonge grootmoeders desnoods – de mannen in het publiek telden niet meer mee.

Nolens presenteerde zich met zijn hees en zoet gelispel als een buitenkansje voor al wat vrouwelijk was, als een liefdeslacune die door de eerste de beste mocht worden gevuld. Het wemelde in zijn regels van *de* geliefde, *de* vriendin, *de* begeerde en *de* afwezige. Alles zo symbolisch en zo weinig concreet, je begreep dat iedereen zich de uitverkorene mocht wanen, mits van het Nolensbemoederende, Nolens-koesterende geslacht.

Hier gooide iemand zichzelf in de aanbieding, terwijl hij het presenteerde of hij zich als de begeerlijkste kostbaarheid beschouwde.

Steeds op zoek naar *de idee* van een nieuwe vriendin.

Wie zou zich niet onmiddellijk het bed in laten dragen door zo'n teder-sterke liefdeszanger? Vriendinnen vallen uit het raam, de idee blijft.

Nolens' gedichten duurden maar. Eeuwig geile dichters kunnen eeuwig duren. Er gebeurde tijdens het voorlezen iets wonderlijks. Voor mijn ogen veranderde het kale hoofd van Nolens in een eikel. Een blinkende druppel sperma rolde over zijn wang. Nolens werd bloter en bloter. Ineens stond daar op het toneel een lange lul te bedelen om aandacht.

Niet helemaal stijf, u kent het wel. Zo'n gezwollen, schommelende lul die, als puntje bij paaltje komt, een slappe lul blijft.

Ik weet niet hoe lang Nolens daar nog om aandacht heeft staan vragen, zwiepend en wiege-wiegele-deinend. Ik schrok pas op uit mijn visioen bij de regels –

Ik ruk haar gezicht naar me toe
En lik en slik al haar tranen –

– en sindsdien bekijk ik al zijn gedichten met andere ogen.

DE ZEGGER VAN VERZEN

Luister: het zeggen van dit vers is zo
Dat het door middel van uw oor uw ziel
Moet aandoen met de vreugde en zekerheid:
'Dit is voor mij geschreven'. Want ik weet
Dat alle verzen langs uw oor gaan als
Het ruisen van het water of 't gedruis
Van bomen in de wind: een vaag geluid
Voor niemand in 't bizonder en waaraan
Geen luistraar – 't zij dan dat zijn eigen hart
Toevallig in een eendre toon beweegt –
Een mededeelbre zin ontraadselt. Maar
Juist zo wens ik dat nu uw hart de toon
Vindt van het mijne, zodat woord voor woord
U schijnt gesproken door uzelf. Want heel
Dit spreken volgt het plooien van uw mond,
Het kloppen van uw polsen, het gebeef
Van 't bloed in de aren. Dat ge dit verstaat
Is zeker, want het is uw eigen taal,
Uw eigen hartklop en uw eigen oog.
En elk die dit verstaat verstaat elk vers.

Albert Verwey (1865-1937)

Het gedicht *De zegger van verzen* van Albert Verwey bezit een zekere plechtstatigheid, wat iets anders is dan hoogdravendheid. Het plechtstatige gaat bij Verwey vaak samen met een zekere droogheid, een soort korreligheid. Het wordt nooit bombast.

'Hogere ironie' – dat is nog de beste omschrijving voor het effect van zijn poëzie.

Hij kan ook erg komisch zijn, maar dan met de humor van een door de wol geverfde professor.

Ook in dit gedicht mist de plechtstatigheid haar uitwerking

niet, dankzij het laconieke van de praattoon. Spannend werkt bovendien die combinatie van geleerdheid en directe lijfelijkheid.

Luister: het zeggen van dit vers is zo –

– de lezer wordt rechtstreeks aangesproken. En nogal dwingend. Luister. Gebiedende wijs. Het is zo. Niet anders.

Maar in het *luister* klinkt ook een verlangen mee naar vertrouwelijkheid. Leg uw oor bij mij te luister. Ik wil een geheim met u delen.

En in het *zo* ligt zeker ook aarzeling besloten. U moet het zo zien dat. Het is iets in de buurt van.

Spreektaal die een band wil scheppen, en dan dat archaïsche *zeggen van verzen* – regelrecht weggestapt uit het vocabulaire van de Tachtigers. Hier gaat iemand iets Hoogs en Heiligs verklaren voor een welwillende ziel.

Zo komt het dat ons de eerste regel meteen al intrigeert. De dichter heeft zijn werk goed gedaan, want we *blijven* luisteren.

'Dit is voor mij geschreven.'

Voor mij, en voor mij in het bijzonder. Voor mij alleen.

Dát is de band die de dichter met zijn lezer wil scheppen. Hij wil dat de hoorder zich met de zegger identificeert. Dat ze in het gedicht samenvallen.

De zegger van verzen verloopt in fasen. Eerst is daar de trots op eigen zeggingskracht en de verkondiging van het vreugdevolle vooruitzicht dat de versmelting tot stand zal komen. Vervolgens is er de herinnering aan het troosteloze verleden toen alle verzen nog als 'een vaag geluid voor niemand in 't bizonder' aan het oor van de luisteraar voorbijgingen.

Als een gedicht eens begrepen werd, dan was dat 'toevallig'.

Die toevalligheid moet door de wilskracht en de adem van de dichter zekerheid en regel worden –

zodat woord voor woord
U schijnt gesproken door uzelf

– en wat blijkt? De mond, de polsen en het bloed volgen niet het gedicht – het gedicht volgt juist de mond, de polsen en het bloed. Het gaat niet om het bloed en het beven van de gever – het gaat om het bloed en het beven van de ontvanger. Twee salto's tegelijk.

Alles blijkt omgekeerd. De zegger identificeert zich met de hoorder.

De dichter verliest zich in de lezer. Van deze schijn maakt hij zekerheid, van de suggestie een voldongen feit –

Dat ge dit verstaat
Is zeker, want het is uw eigen taal,
Uw eigen hartklop en uw eigen oog

– er valt niet aan de dichter te ontsnappen. Een letterlijk *lichamelijke* eenwording heeft plaatsgehad.

't Heeft iets van een rituele bezwering. Het gewenste wordt als het bereikbare en eigenlijk al bereikte voorgesteld. Zoals dat hoort bij rituelen. De poëzie in dienst van lichaamsalchemie.

Door de toon, de atmosfeer – en inderdaad door de plechtstatigheid – wordt de indruk gewekt van een ontmoeting tussen een leraar en een discipel, een goeroe en een jongere leerling. Een *gedroomde* ontmoeting: zo brengt de dichter op papier zijn ideale werkelijkheid tot stand.

Hij roept eerst *zelf* de aanwezigheid op van de mond, polsen, bloed en ogen die hij vervolgens verslindt.

In de laatste fase, de slotregel, blijkt de dichter onverwacht gul –

En elk die dit verstaat verstaat elk vers

– *elk* kan deelhebben aan de wonderlijke vereniging. *Elk* gedicht kan zoiets bewerkstelligen – voor wie het begrijpt. Is het een gulheid omdat de dichter schrok van de erotische, obsessief op één persoon gerichte implicaties? Het volgen van plooien, het kloppen van polsen, het beven van bloed – hij realiseerde zich misschien dat hij schielijk terug moest naar de Idee. Of staat er juist dat de dichter een omnivoor is – hoe meer zielsverwanten hoe beter?

BRUISEND ZWALPT

Bruisend zwalpt me over 't hoofd ene zee;
Wervelwind warrelt woest, rukt me mee...
En de starren verzwinden, verslinden elkander.
Gans in gloed staat 't heelal,
Doodsgebrul, angstgeschal,
Klinkt overal!
De zon alleen, die hemelsalamander
Vonkelt tevreên op mijn vreeslike val.

Uilgekras, slanggesis mij begroet,
't Spuwt naar mij, al wat kruipt, al wat wroet:
En de nietige mensen verwensen mijn pogen.
Brak ik stout slavernij
'Slaat hem dood!' – roepen zij,
'Dooft 't medelij!'
Het graf alleen, die moeder helser logen,
Opent de boezem en hunkert naar mij.

Vrouwentroost, kindermin vind ik niet,
Ach! mijn val baart hun zelfs geen verdriet...
En mijn aaklige blikken verschrikken hen zeker.
Gij, door min mij gejond,
Kom tot mij, 'k ben gewond!
Maak mij gezond...
De liefde zelf, die zoete balsembeker,
Vlucht en verloochent de stervende hond.

Emanuel Hiel (1834-1899)

Tijdgenoten van Guido Gezelle. Kunstbroeders en medepoëten.
Je kunt zó honderd dichtende tijdgenoten van Hugo Claus opnoemen, de ene nog briljanter dan de andere, en stuk voor stuk
onwrikbaar vertrouwend op de eigen onsterfelijkheid. Maar wie

zou uit het hoofd tot honderd Vlaamse dichters komen van de generatie-Gezelle? Tot Karel Lodewijk Ledeganck misschien, tot Albrecht Rodenbach en de oude meisjes Loveling.

Bij deze of gene zal de naam nog naklinken van de sentimentele Jan van Beers. Dan houdt het op.

Onder de voeten van de overigen is zelfs de zoom van de eeuwigheid weggetrokken. Heeft iemand ooit gehoord van die andere priester uit Roeselare, Dominicus Cracco? Hij vertaalde de Ilias en 'werd in hoge ouderdom krankzinnig'. Wie kent Willem Ernst Nikolaas Muskeyn, ontvanger der directe belastingen te IJzendijke, die al tijdens zijn leven van de kritiek te horen kreeg dat 'vele zijner gedichten de sporen ener zeer pessimistische levensopvatting' droegen? Wie weet dat Petrus Jozef Norbert Hendrickx duizenden verzen wijdde aan het onderwerp *De laatste dag der eerste wereld* en daarna ook nog een *Don Juan* schreef? Wie las voor het laatst het *Lentetuiltje* van Frans-Joseph Blieck?

Er zijn uit de namen van die vergeten dichters prachtige kwatrijnen samen te stellen –

Jan-Trankiliaen Slachmuylders
Eugeen Edouard Stroobant
Hippoliet Jan Van Peene
Jan Van Droogenbroeck

Bruno Josef Boucquillon
Karel Frans Idesbald De Flou
Augustin D'Huyghelaere
Napoleon Destanberg

– allemaal zangers uit de tijd van Gezelle. Alsof acht mislukte dichterslevens alleen de moeite waard zijn geweest voor zo'n dubbelkwatrijn.

Wie denkt aan een dichter als hij de naam Emanuel Hiel hoort?

Geboorte- en sterfjaar van Emanuel Hiel vallen bijna samen met die van Gezelle. Hij was als veeldichter en liberaal flamingant in zijn tijd een soort legende en zeker een mandarijn. Toen hij stierf werd er nog gezegd: 'Als ene doodsklok galmde de droeve mare door Vlaanderen.' Tien jaar later al, in een monografie over hem uit 1909, luidde het: 'Wat hij schreef, ligt reeds half onder het stof begraven.' Toch verscheen in 1934 nog een zesdelige uitgave van zijn gedichten. Hij is met een eigen lemma vertegenwoordigd in de *Moderne Encyclopedie van de Wereldliteratuur*. In de jaren tachtig dook er zelfs nog een tweede monografie op.

Emanuel Hiel moet, om kort te gaan, wel de bekendste zijn van alle onbekenden.

Hij is, van alle beroerde dichters, ook een van de beste.

Je komt in zijn omvangrijke werk nu en dan een bizar gedicht tegen of een briljant fragment, iets wat je bij Slachmuylders of Stroobant niet zo snel zal gebeuren.

Je krijgt de indruk dat Hiel alle aanleg had om een behoorlijk dichter te worden, maar dat hij te snel tevreden was of te haastig of wat dan ook.

Hij rijmt en zingt en galmt uitbundig, geen gedachtevlucht lijkt hem te hoog, geen voorwerp van aandacht te nederig. Hij was wat men toen 'een stoute geest' noemde. In zijn drift om, bruisend en zwalpend, poëtisch te zijn vergat hij meestal de poëzie. Hij beschikte over meer energie dan talent.

Toch zitten er treffers onder zijn gedichten, waarschijnlijk als hij even niet oplette.

Soms lijken zijn gedichten zomaar in het midden te beginnen en zomaar plompverloren op te houden. Of hij steekt van wal –

Bruisend zwalpt me over 't hoofd ene zee;
Wervelwind warrelt woest, rukt me mee...

– zonder ons even te vertellen wie die 'me' nu is. Het gaat, zoveel begrijp je, om de val van iemand. Om een vermetele die de slavernij verbrak. Je denkt aan Lucifer, de gevallen engel. Je denkt aan Prometheus, de brenger van licht.

Wie de bibliografie van Hiel erop nakijkt ziet dat hij aan zowel Lucifer als Prometheus een oratorium heeft gewijd. Hiel was een geliefd tekstdichter, grootleverancier van cantaten, hymnen en zangen, de librettist van beroemde componisten. (Om die reden leeft hij nog bescheiden voort in de encyclopedie.)

Ik hou het erop dat dit korte gedicht een indikking is van zijn langere libretto's, een gedicht over Promifer of Lucetheus, helemaal eenduidig lijken me de typeringen niet.

De taal doet denken aan Bilderdijk, maar meer nog aan een vertaling door Boutens van een Aischylos-drama. De zon als hemelsalamander en het graf als 'moeder van de helse leugen', 't is bijzonder. De slotregels

De liefde zelf, die zoete balsembeker,
Vlucht en verloochent de stervende hond

neigt zelfs naar het magistrale. Ondanks de samenballingen heeft de tekst iets zó breeds en retorisch dat je hem zou willen zingen. Het gaat meer om de ruis dan om de betekenis, meer om de suggestie dan om de details.

't Verbaast je dan ook niet dat je, bij nader onderzoek, ontdekt dat Hiel een tijdlang 'professor van Nederlandse Uitgalming bij de Koninklijke Muziekschool te Brussel' is geweest en dat zijn devies luidde: *De Poëzie dient vooral gezongen te worden.* Galm het uit.

HERINNERING AAN HOLLAND

Denkend aan Holland
zie ik brede rivieren
traag door oneindig
laagland gaan,
rijen ondenkbaar
ijle populieren
als hoge pluimen
aan de einder staan;
en in de geweldige
ruimte verzonken
de boerderijen
verspreid door het land,
boomgroepen, dorpen,
geknotte torens,
kerken en olmen
in een groots verband.
de lucht hang er laag
en de zon wordt er langzaam
in grijze veelkleurige
dampen gesmoord,
en in alle gewesten
wordt de stem van het water
met zijn eeuwige rampen
gevreesd en gehoord.

H. Marsman (1899-1940)

Dat is dus – dankzij ons, lezers – het topgedicht van de twintigste eeuw geworden. 't Is onmiskenbaar, als puntje bij paaltje komt laten we ons trouw zien van onze meest oer-Hollandse, rood-wit-blauwe kant. Koekje, kopje thee, koningin Wilhelmina. Beurzen dicht, dijken open.

Nederlanders zijn dol op watergedichten. Dit is van alle wa-

tergedichten een van de waterigste. Het gedicht heeft zélf de
vorm van een rivier aangenomen, een meanderende rivier.

Dat iedereen op school met *Herinnering aan Holland* werd
doodgegooid zal zeker ook een rol in de lezersenquête hebben
gespeeld.

Bovendien is het een ideaal declamatiegedicht. Het meandert
en het orgelt en het scandeert als de wiedeweerga. Wie herinnert
zich niet een oom of neef die bij

zie ik brede rivieren

de zin extra breed uitsprak, met een extra breed armgebaar, zodat
de rivieren breder dan ooit leken? Wie maakte nooit een leraar of
voordrachtskunstenaar in de familie mee die bij

traag door oneindig
laagland gaan

nadrukkelijk traag be-gon te spre-ken en die zich bij het woord
laagland zelfs een ietsje leek te bukken, om ons in te prenten
hoe oneindig traag en hoe oneindig laag ons Holland wel niet
was? Wie heeft er zich zélf nooit op betrapt dat hij of zij bij de
passage

de lucht hang er laag
en de zon wordt er langzaam
in grijze veelkleurige
dampen gesmoord

een dreigende buiging in zijn of haar stem probeerde te leggen,
alsof hij of zij ons volk voor de laatste keer waarschuwde?

Bovendien biedt dit gedicht een paar prachtige mogelijkheden
om snel van register te wisselen – om bijvoorbeeld na de verheffing van de geweldige ruimte de teugel te laten vieren en dan
over te gaan tot het getrippel van

boomgroepen, dorpen,
geknotte torens,
kerken en olmen

– poem-poem-poem. Kortom, *Herinnering aan Holland* maakt in een Hollander het hoogste los wat hij aan zangerigheid kan bereiken.

Veel dankbare hardop-galmers en schuifdeurkunstenaars zullen het gekozen hebben om iets voor Marsman terug te doen.

Het is bovendien een dankbaar gedicht om op te variëren.

Voor een populair gedicht is dat een vereiste. 'Denkend aan Duitsland zie ik kuddedieren.' 'Denkend aan Friesland zie ik stamboekstieren.' Ook kan je gewoon aan Holland blijven denken om vervolgens te komen op Batavieren en waardepapieren.

Al dat gesol tastte het gedicht niet aan.

Waarom maakt *Herinnering aan Holland* zo'n indruk? Een indruk die ervoor zorgde dat we het eerst probeerden klein te krijgen en, toen dat niet lukte, het als winnaar uitriepen?

Het zal door het vogelvluchtperspectief komen. Met een brede wiekslag zwieren we over Holland heen, nu eens de meanderende stroom volgend, dan duikend en laag over de weilanden scherend. Alles draagt bij tot het versterken van een idee van eenheid – de terugblik, de overkoepeling, de drukkende atmosfeer, met het gedruis van water onophoudelijk op de achtergrond.

Vergeet het belangrijkste niet: behalve de 'ik' die alles waarneemt komen er in dit landschap geen mensen voor –

en in de geweldige
ruimte verzonken

– er is duidelijk een associatie met de landschapsschilderijen uit de Hollandse traditie: veel hemel en de horizon helemaal in de onderste helft.

In alle gewesten – wijd en zijd – wordt de stem van het water gehoord.

Je hebt mensen nodig om die stem te horen. Voorlopig is er alleen die enorme hoeveelheid lucht waardoor het gedruis wordt teruggekaatst.

Het gedicht is louter beeld en geluid. Een panoramabeeld en een echo. De verrassing is dat beeld en geluid onmiddellijk zeer tastbaar en zeer aanwezig blijken, al worden ze in de eerste regel als iets indirects gepresenteerd.

Herinnering aan Holland is een ondertiteld stripverhaal met aanzwellende ondergangsmuziek in het decor. Het lijkt op geen enkel ander gedicht en toch is het ons onmiddellijk vertrouwd.

Het beschrijft immers ook het landschap van de Hollandse ziel.

OP HET TONEELSPEL

Wie 't menslijk leven in het klein wil na zien maken,
Vermaak in leugens schept, en ongemeende zaken
Wil horen uit de mond van een die, slechts in schijn,
Een held, een vorst, een boer, en al te zaâm kan zijn;
Wie zulk bedrog bemint, dat lachend ons doet wenen,
En wenend heimlijk lacht, daar 't onheil ras verdwenen
En heel vergeten is, wijl men 't niet meer gelooft;
En voor een andre keer een nieuw bedrog belooft;
Die zie 't toneelspel aan; daarin wordt ons gegeven
Een duidelijk kopij van het verganklijk leven.
Men lacht, men weent er, en men roemt er op zijn staat;
Men toont er woede en drift, en jaloezij en haat,
Gemengd met deugd en liefde, en trouw en brave zeden;
De troon, het huis, de hut, met hun toevalligheden,
De mens van oost en west, van zuiden en van noord,
Door vrede vergenoegd, of door de krijg verstoord;
Men ziet er voor zijn oog, wat ooit historie-blaren
Van 't menselijke hart het mensdom openbaren;
Men zingt, men danst er, en men werkt met list en kracht,
Waar men een vijand vreest of zijn geweld veracht,
Men ziet er wijsheid, deugd, verstand en zuivre zeden,
En ondeugd, loos bedrog en bijgelovigheden –
Steeds onderling in strijd; maar, eindlijk, tot besluit,
Rolt men 't gordijn ter neêr, en blaast de lampen uit.

Pieter Boddaert Junior (1766-1805)

'Boddaert is onze belangrijkste erotische dichter,' schrijft Hans van Straten kortaf in zijn *Razernij der liefde*, een bloemlezing uit de 'ontuchtige poëzie in de Nederlanden'. Boddaert is voor de Nederlanden in elk geval zeer gewaagd.

Ik herinner me een vrij lang gedicht van hem waarin een meisje voor haar huwelijksnacht haar vrijer bespiedt, terwijl hij tegen een boom urineert. Het kan ook tegen een muur zijn geweest. Hoe dan ook, ze schrikt van de grootte van zijn dinges en vraagt zich af of zo'n enorme dinges wel in haar kleine dinges zal passen.

Ze biecht haar vrees op tegenover haar vrijer en hij stelt haar gerust door haar wijs te maken dat hij over drie dingesen beschikt en dat zij daarnet toevallig de grootste uit het rijtje heeft gezien, Dinges Nummer Drie.

Vanzelfsprekend zal hij bij hun eerste vrijpartij gebruikmaken van Dinges Nummer Een, een heuse dreumes, zodat zij zich geen zorgen hoeft te maken. Vrijpartij volgt. Dame krijgt dankzij Nummer Een de smaak te pakken om, via Nummer Twee, naar Nummer Drie te verlangen. Ze smeekt zelfs om de Drie Dingesen Tegelijk, maar dan wil de vrijer toch eerst slapen.

Zo ongeveer ging het gedicht. Je zal zoiets bij Bilderdijk of Tollens niet snel tegenkomen.

Boddaert was nogal een losbol en drinkebroer, als we de inleider van zijn *Poëtische en Prozaïsche Portefeuille* mogen geloven. Een advocaat-bohémien, de bordelen van Amsterdam frequenterend en zijn drankrekeningen betalend met ter plaatse geïmproviseerde gedichtjes.

Een harde smak op het ijs werd hem fataal.

Een legendarische straatfiguur, wiens naam de hele negentiende eeuw lang een merknaam zou blijven voor expliciet schuine poëzie. De *Erotische Portefeuille* van Boddaert kocht je onder de toonbank. Anonieme uitgevers moffelden in heruitgaven gedichten weg die nooit door Boddaert waren geschreven, maar die in hun Boddaert-jasje toch echte Boddaerts werden.

Zijn mooiste schuine gedicht staat eigenlijk diep verstopt in de verder wat al te luimige inleiding *cum* uitlui. De dichter presenteert het in de vorm van een *raadsel* –

Ik ben een kleine dwerg, mijn lengte houdt geen span,
Een poez'le vrouwenhand kan mij zeer licht omvatten;
Mijn teder hoofd is kort: 'k ben licht van hals, en kan
Mijn werk doen op zijn tijd, gelijk de maartse katten.
Ik kruip in 't vochtigst hol, zo donker als de hel,

En vind in 't bed vermaak, waar men een gat kan boren.
Drie letters zijn mijn naam, hij eindigt met een L.
Zo kan de nauwste weg mij 't allermeest bekoren. –

Wat kan *dat* nu zijn? Toch zeker niet weer een dinges? Het juiste antwoord luidt: *Een mol.*

In het gedicht *Op het toneelspel* verkeert onze verheerlijker van het

Kussen, stoeien, woelen, zwoegen

voor de afwisseling in een peinzende stemming. Ernstige gedichten vormden in Boddaert-verzamelingen een alibi, je kon er altijd snel naar toe bladeren als je niet betrapt wilde worden. Daarom stijgen ze dikwijls niet boven het sjabloonachtige uit.

Ook *Op het toneelspel* is nogal sjabloonachtig, maar het gaat erom hoe je je thema varieert. En Boddaerts manier van variëren mag er zijn.

Hij *had* ook iets met toneel. Hij had zelf ooit een bewerking van de *Macbeth* gemaakt. 'Mijn slachterswinkel wordt weer eens opgevoerd,' kon iemand hem horen beweren. En hij was *outsider* genoeg om te beseffen dat alle mensen toneelspelers waren.

Niemand is zich zó bewust van het spel van de vergankelijkheid en de vergankelijkheid van het spel als de erotomaan.

In twee zinnen (de punt komt na regel tien) staat hier dat het toneel bedrog en veinzerij is. Elk verdriet wordt snel vergeten omdat er weer een andere illusie in aantocht is. Net als in het leven. Punt.

Dan gaat de schommelbeweging van het gedicht de andere kant op. De bewering uit het eerste deel wordt gespiegeld. Er staat nu dat het leven toneel is. Een mengeling van snel op elkaar volgende emoties en sensaties. We kunnen beschikken over de hele rekwisietenkamer, de hele santenkraam van tranen en genot, van bedrog en goedgelovigheid. Alle conflicten zijn op afroep beschikbaar. Maar uiteindelijk, net als in het eerste deel van het gedicht,

Rolt men 't gordijn ter neêr, en blaast de lampen uit

– fini, doek. Afgelopen met het lied. De voordracht is ten einde. Het dwingende ritme van de talrijke opsommingen maakt dat deze bespiegeling overtuigend klinkt. Ook in zijn serieuze poëzie was Boddaert geen kwezel.

III *Waarin volle gedichten lege gedichten blijken en omgekeerd*

INMAKEN
[fragment]

Duizenden Princessebonen,
Groene bonen bij 't millioen,
Tonnen, waar men in kan wonen,
Als Diogenes mocht doen.
Kelderflessen, blazen, kurken,
Uitjes, sambal, peultjes, peen,
Bloemkool, erwtjes, biet, augurken,
Canteloupen, fijn gesneên!
Fenkel, foelie, lauwerblaren,
Thijm, Cardemon, Majolijn,
Spaanse pepers niet te sparen!
Ankers wijn- en bier-azijn.
Boterpekel voor de kroppen,
Kies vooral de slapste niet!
't Zelfde voor de spersie-koppen,
Eer men er d'azijn op giet.
Appels schillen, boren, drogen,
Kindren aan de diarrhee.
Bruine suiker afgewogen:
Ach, 't wordt in je beurs zo wee!
Reine-claudes, mirabellen,
Brandewijn, kaneel, kandij,
Perzik, abricoos, morellen,
Naaglen, naar de smaak er bij!
't Geurig sap van de alebessen,
Wél gerist, gekookt, geschuimd,
't Spoelen, 't zwaavlen van de flessen:
Was de boel maar opgeruimd!

Adriaan van der Hoop Juniorszoon (1827-1863)

Ik ben dol op groente- en fruitgedichten. Alleen al de gedachte dat er poëzie *kan* bestaan waarin het woord prinsessenboontje voorkomt windt mij op. Er zijn momenten dat ik niet zou aarzelen de regels

Uitjes, sambal, peultjes, peen,
Bloemkool, erwtjes, biet, augurken

tot de meest fantastische regels uit de Nederlandse poëzie te rekenen, op de voet gevolgd door

Reine-claudes, mirabellen,
Brandewijn, kaneel, kandij

– ach, een ander houdt weer van voetbal- of liefdesgedichten.
 Ik zeg dit niet uit baldadigheid, hoewel ook wel een beetje.
 Onderschat de rol van groente en fruit in de symboliek van het avondland niet. Ik hoef er maar aan te herinneren dat de appel aan de wieg stond van fatale ontwikkelingen. In de schilderkunst zien we compleet uit groente en fruit opgetrokken portretten, denk aan Arcimboldo. Later, in de negentiende eeuw, zouden de *drôleries végétales* populair blijven: Grandvilleachtige tekeningen waarop je asperges voor advocaat zag spelen, twee winterpenen zag minnekozen op een sofa, infanterie-flageolets zag aantreden voor een flageolet-majoor en de parlementsbanken gevuld zag met pompoenen.
 Preien en ananassen gingen, hun haar elk op eigen wijze overeind, met elkaar op de vuist.
 In een recente studie van G.J. Johannes, *De lof der aalbessen*, wordt het gelijknamige gedicht van H.A. Spandaw (1777-1855) opgevoerd als het meest typerende gedicht voor zijn tijd –

Wie uitheemse vruchten loven,
Wij, wij zingen Neerlands ooft!

– de groentenkar en de fruitmand als poëtisch referentiekader. Behoort, ten slotte, in onze tijd het gedicht van Kopland met de regels

Maar jonge sla in september,
net geplant, slap nog,
in vochtige bedjes, nee

niet tot de toptien van de bekendste gedichten? Nu dan.
  Koplands gedicht is voor honderd procent een groentegedicht.
  In Van der Hoops *Inmaken*, een vers over de woede van het wecken in het Hollands huisgezin – toen de weckfles nog Keulse pot heette –, komen we opnieuw zowel de aalbessen als de slakroppen tegen. Ook Van der Hoop was al begaan met de slapheid –

Kies vooral de slapste niet!

– u merkt, Rutger Kopland dichtte in de beste traditie.
  Zijn *Jonge sla* bevat de kern van de Nederlandse poëzie.
  Het mooist is de *satirische* toepassing van groente en fruit. Het *kan* komisch zijn om mensen met dieren te vergelijken, met olifanten of pissebedden bijvoorbeeld, maar *onweerstaanbaar* komisch werkt het vergelijken van mensen met groente.
  De criticus als aspergesliert. Een politiek bloemkoolhoofd.
  De plantaardige wereld bezit iets buitengewoon menselijks. Bladeren kunnen slap zijn, stelen kunnen knakken. *Ik ween om bloemen in de knop gebroken...* dichtte Kloos, wat een collegadichter de sarcastische regel ontlokte: *Kloos heeft geweend en was niet eens bloemist...*
  Ik bedoel maar, vegetale geknaktheid kan een zee van emoties oproepen.
  Het verklaart het verschil met de dierenvergelijking nog niet.
  Dat verschil ligt, dunkt me, in het feit dat we in het geval van dieren meer antropomorfiseren, dat wil zeggen de beesten allerlei menselijkheden toedichten, terwijl bij groente en fruit vooral

meetelt dat het om objecten gaat. Appels en peren zijn geen dode materie, maar toch gaan ze voor ons naar dingen toe. Naar dingen buiten ons.

We kunnen groente en fruit beter objectiveren. De satire kan dus meedogenlozer zijn.

Ik ben door mijn enthousiasme voor de aalbessenpoëzie een beetje afgedwaald. Bijgaand gedicht is helemaal geen satire – of het moest een satire op de inmaakwoede zijn – maar eerder een encyclopedische opsomming. Een inmaakcursus op rijm.

De natuur is hier afgebroken en de onderdelen worden opnieuw bij elkaar gezet. Dingen zonder ziel bootsen een doelgerichte chaos na. Ook zoiets is altijd goed voor een schaterlach.

STERRENWERELDEN, I

Gebroken pluimplantknoesten. – IJzerzanden roesten.
In branding, onder schuimrandbaren, roofdierwoesten,
Wier aanvangsbulderingen 't wolkenleger tergen,
Wier einden 't land met steelse rimpeling ontmergen.
Door 't rag der schemer breekt opnieuw de dubble dag.
Eén sneeuwgoudbloei bestert van kloof tot spits de bergen.
De heemlen jubelen hun groet, hun vlammenvlag.

De rosse zon en de safieren, gelijktijdig
De kam der kim verlatend, spiegelen en wanken
In 't meir, en sprankelen tweezijdig op de flanken
Van zwavel, kwarts en kiezel. Sabelbossen blanken.

Gedierten: wollen wormen. Vuurvliegkringen dringen
Om kokers, waar een zwarte stekelvacht uit voortschuift.
't Zijn torens, van wier dubbelpunt een rustloos koord wuift,
Wier voet, gespoord met raspen, schijnbaar tegenstrijdig
In stuwing, geulen kerft, rechtlijnig evenwijdig.

Vergroeide zakken, die elkander kracht ontzuigen.
Gedeeltlijk onder stortingen bedolven, buigen
Hun wortelen, de rotsen traag tot mortel zagend.
Spiralen scherpen, tussen zwaargeladen kolven,
Hun assen, zich als kranken tegen banken schragend.
Weeklagend knerpen ballen, die van alle kanten
Zich met hun snavels knippend in de hoogte werpen,
En op hun snavelspitsen bij hun val zich planten.

Hendrik de Vries (1896-1989)

Dit gedicht, uit de cyclus *Sterrenwerelden* van Hendrik de Vries, is de volslagen gekte. Je kent de naam van de dichter, anders zou je van de man die het had geschreven denken: die moet ik op straat niet tegenkomen.

Er zullen vast mensen bestaan die bij dit soort gedichten zweren.

Nu, die zijn nog gekker dan volslagen gek.

De poëzie van Hendrik de Vries is wel eens gerangschikt onder het tabblad *expressionistisch*. Dan lijkt dit vers nog het meest op de expressie van een mataglappe scheepstoeter.

Gebroken pluimplantknoesten, daar begint het mee. De kat krabt de krullen van de trap. Drie dikke rollen drop. Flip Vorrink vreet vet vlees. Je tong ligt meteen in de knoop.

Geen wonder dat Hendrik de Vries achter dat pluimplantknoesten een gedachtestreep zet. Je hebt *al* je gedachten nodig om je tong uit de knoop te halen.

Zonder gekheid: een woordorgie *is* het.

Het land ontmergen, de bergen besterren, met raspen sporen, zich als kranken schragen, zo steek je nog eens wat op.

De vergeten woorden zijn er: wanken, knerpen. De antieke dictie is er: heemlen, meir. Er staan woorden tussen die helemaal niet lijken te bestaan. Wat zijn sabelbossen, vooral als ze ook nog blanken?

Er figureren ronduit wellustige alliteraties: vlammenvlag, de kam der kim, kwarts en kiezel, wollen wormen, spiralen scherpen.

Dan de binnenrijmen! Pluimplantknoesten, roesten. Vuurvliegkringen, dringen. Wanken, sprankelen, flanken, blanken en – twee strofen verderop – nog eens kranken en banken. Schragend, weeklagend. Ietwat uitdagend rijmt voortschuift op koord wuift.

Bij zulk uitbundig gerijm werkt het toch nog bevreemdend dat de eindrijmen dringen, kolven, werpen wel corresponderende binnenrijmen kennen – vuurvliegkringen, bedolven, scherpen en knerpen – maar geen parende regels.

Het was je door de herhalingen nauwelijks opgevallen. Letterlijke herhalingen ook – snavels, snavelspitsen – en een raadselachtige verdubbeling in dubble dag en dubbelpunt.

't Kolderiekst en tegelijk meest indrukwekkend zijn de drietrapsraketten, de conglomeraties van drie begrippen. Alfabetisch onder elkaar vormen ze bijna weer een gedicht –

aanvangsbulderingen
pluimplantknoesten
roofdierwoesten
schuimrandbaren
sneeuwgoudbloei
vuurvliegkringen

Hendrik de Vries moet hebben genoten van het woordenboek dat A. de Jager in 1847 publiceerde, met al de neologismen en in ere herstelde archaïsmen uit de gedichten van Bilderdijk. Tweehonderdvijftig bladzijden vol vergeten woorden en eigen bilderdijkiaanse brouwsels. Veel drietrapsraketten staan erbij –

aardklompzonen
kwijlkwabzaad
nachtuilknappen
roerdompschreien
sneeuwbergkuilen
vuurstroomvloeden

– ik citeer er een paar uit een lijst van negentien bladzijden.

Ik vraag me af of Hendrik de Vries die lijst heeft gekend. 't Moet haast wel, gezien zijn ontzaggelijke eerbied voor Bilderdijk. Hij noemde Bilderdijk 'tegelijk een overgevoelig, haast onvergelijkelijk ontwikkeld cultuurmens, én een primitief-bezetene, vol machtwellust en erotische razernij'.

Scheepstoeters – pardon, heidense bacchanten herkennen elkaar.

Lees het gedicht *Eierkoken* van Bilderdijk –

Daar wiegele in de plas het scheppings-al van 't kuiken,
Dat in zijn zilvren lucht een gouden aardbol sluit;
En 't beuk' de krijtaardschors dier breekbre wareldkruiken

– en je denkt, verdomd, dat is Hendrik de Vries.

Je kan dit gedicht ook komisch opvatten. De zin met de 'ballen, die van alle kanten zich met hun snavels knippend in de hoogte werpen' helpt daar zeker bij. Ballen die zich vervolgens 'op hun snavelspitsen bij hun val zich planten'. Als darts op het dartbord van de stollende krijtaardschors. Poing!

Je ziet het voor je.

Het algehele beeld is dat van barenspijnen, eierkoken, oersoep. Eerder kosmisch dan komisch. Maar het beeld valt in het niet bij de klank.

Wat is nu zo fascinerend aan dit gedicht? Dat het je op een of andere manier het idee geeft dat je met taal nog volstrekt andere dingen kunt doen dan dichters doorgaans doen.

Dat er paden zijn die nog maar half zijn ingeslagen, door hier en daar een zonderling.

Dat er dus ook nog onbenutte mogelijkheden moeten zijn. Onbekende verschieten. Waar?

ZANG VAN MODDEWORST
VOOR HET JONGSTE ZOONTJE VAN ZIJN
EERSTE BED

Daa komt mijn keine toete lam:
Ei, ei, hoe scheit hij dus?
Zeg, wil mijn tuitel an de pam?
Nou, nou, mijn zeuntje, zus!
't Heeft lang in natte pakje leid,
Kom, kom, mijn zoete soof!
Zijn luitjes worden uitgespeid,
Voo 't vuutjen, op de stoof.

Hoe smat zijn eeske! nou, mijn vaa..r!
Is 't buikje 'em ook wat had?
Of teekt een peltje, hie of daa..r,
Dat boekemantie smat?
't Zijn wijntjes, ja, dat docht ik wel,
Hoe poept dat kleine schaap!
Wees hij maa zoet: hoo, taat die zel
Heis zinge voo zijn knaap.

Taat zel met hem hui hinke; kom
Mijn tuteke! mijn pop!
Hoe! lacht mijn poepeke daa om?
Tie daa is zijn hans-op.
Wil hij zijn pijpert? nou, mijn bloed!
Ei, ei, hij scheit niet mee..r.
Wil hij een bak met zuike zoet,
Of zijn daai-omke wee..r?

Kijk, taat het hie een mooije ding:
Wat zeit mijn snuitje nouw?
Kom, luiste na de tingeling,
En tommel douw, douw, douw.

Zeg taat, hoe hoept de goote koe?
Hoe zeit de eers? kom gauw.
Ons schaap hoept blae, de koe hamoe,
Ons poeske zeit muäauw.

Waa zijn de titten? wijs mij dat,
Mijn pissebed: hoep taat.
Hoe heet hij? zeg mijn dartelgat?
't Klein klulle-boltje staat
't Capoentje wel. 't Zandmantje koomt;
't Zandmantje koomt daa aan:
't Is tijd, dat mijn kein mantje doomt
In zuije naane, naan.

Joh. Buma (1694-1756)

Deze *Zang van Moddeworst* van de achttiende-eeuwse apothekerszoon, schilder en schrijver Buma verscheen in 1767, postuum dus, als onderdeel van een meer dan vierhonderd bladzijden tellend verhaal in verzen, *Boere bruiloft, of Het huwelijk van Moddeworst en Griet Beerdberg*.

De fictieve plaats van uitgave was Knollendam.

In de eerste regels roept de dichter de hulp in van Apollo, de god van de dichters –

Slechts uw onderbroek te rieken,
(Zegt men) doet het brein op wieken
Vliegen; en geen koks clijsteer
Ruimt de volle darmen meer
Dan uw geest, die 't brein doet rollen
Wijze woorden, malle grollen

– wat verspreid over vierhonderd-en-zoveel bladzijden volgt is inderdaad een geïnspireerde oprisping van verdwaasde grollen en overtollige winderigheden, onder het motto: wie doorgaat met schieten, schiet ook wel eens raak.

Deze zang van een vader voor z'n kleine zoontje lijkt me raak geschoten.

Niet vanwege de inhoud.

Die inhoud valt nog wel te reconstrueren uit de ogenschijnlijk absurde kromtaal: luiertjes die worden uitgespreid voor het vuur, ziedaar het hansopje, het schaap dat blaat, de koe die roept, met Klaas Vaak als finale. We herkennen het broekenmannetje, we herkennen het krullenbolletje.

We horen de tongval van het Knollendams.

't Lijkt met zijn prammen, poep en pies op een gemiddeld slaapliedje.

Nee, 't is een raak gedicht vanwege zijn klanken, zijn uiterlijk. Losgezongen van de inhoud maakt het een tijdloze indruk, tijdlozer tenminste dan

Aan eenen waterstroom,
Zat laatst een Herderinne,
Vervoert door tedre minne

– of andere regels uit die tijd. 't Is geen echt kinderversje, deze *Zang van Moddeworst*. Pa Moddeworst probeert enkel als een kind te praten, op een kindertoon.

Iene miene mutte. Hoep taat.

Al na-apend nadert hij tot het betekenis- en woordloze. Hij komt heel dicht bij het gelal –

Kom, luiste na de tingeling,
En tommel douw, douw, douw

– volmaakte regels zijn dat. Bijna muziek.

Dit gedicht loopt in het honderd als we het verhaaltje proberen te reconstrueren. Het is raak geschoten als we het zien en horen als een klankgedicht.

Ineens zou het dan gisteren geschreven kunnen zijn.

Een nonsensvers, een taalexperiment, het dondert niet. 't Blijft van de eerste regel tot de laatste geslaagd.

Hoe kan ik, zult u vragen, nu eens pleiten voor de verfijnde, ja ronduit intellectuele speelsheid van dichters om dan weer, met een stalen gezicht, een pleidooi te houden voor het gelal?

Omdat die twee elementen elkaars vijanden niet zijn.

Ze staan misschien wel eens op gespannen voet, maar ze kunnen niet zonder elkaar.

Dat valt eenvoudig uit te leggen.

Een gedicht is klank. Klank in een gedicht, dat zijn woorden en muziek. De woorden zoeken elkaar op en gaan verbintenissen aan. De muziek wil ontsnappen aan de betekenissen. Woorden willen iets specifieks beweren, muziek kan *iedere* bewering steunen, hoe willekeurig ook.

Woorden lossen op tot muziek, muziek verdikt zich tot woorden.

Twee neigingen kennen we in de poëzie, onlosmakelijk met elkaar verweven en beide even legitiem.

De eerste is een streven naar *taalintensivering*, wat in z'n extreme vorm leidt tot een kluwen van woordspelingen, dubbelzinnigheden en hersenbrekers.

De tweede komt neer op een streven naar *taalverlies*, wat kan leiden tot klankgedichten, gestamel, tot de taal van kind en orakel. Tot hemelse muziek en nonsens.

Uiteindelijk kunnen beide uitersten, dat van het beroep op de hersens en dat van het beroep op oog en oor, elkaar weer raken.

Johannes Buma komt in bijna geen literatuurgeschiedenis voor. Toch schreef hij het modernste gedicht van de achttiende eeuw. Mits we volhouden er zo weinig mogelijk van te willen begrijpen.

NACHTKROEG
[fragment]

Hé –
rom
mm mm
oemmenoem oemmenoem
oemm
tjaa
doemezoem
bomb doem
homb oem
hei ha
hehehe
hei zoem m m
haaa houw
doemenoemenoemenoem
zoemhoem
rusj oemenoem rek
rusj oemenoem
rink kink
hakala
noemenoemenoemezoem
kreuh zoemm m
hakala a
oemenoemenoem
oemenoemenoemzoem
hakaha
romb domb
domb
zoemenoem
bomm

Antony Kok (1882-1969)

Daar loopt Orfeus met zijn krulletjes in het haar en met zijn lange, witte jurk aan. Hij tokkelt op een lier en zingt een hemels lied. Op blote voeten loopt hij van boom naar boom en het woud luistert aandachtig. Het is een antiek woud, want de jaartelling moet nog beginnen. Het is ook een devoot toeluisterend woud, want het heeft muzikaal gevoel. Als Orfeus tokkelt zakken de jongere pijnboompjes extatisch door de knieën. Als Orfeus zingt trekt er door het bladerdak van zelfs de eerbiedwaardigste heilige eik een huivering. Toch loert er overal gevaar! Nu en dan moet Orfeus een adempauze inlassen en, zie, meteen springen er woeste maenaden vanachter een boomstam te voorschijn om hem te verscheuren. Ook als Orfeus zijn neus snuit is hij al niet zeker meer van zijn leven. Dan wordt hij op hetzelfde moment omsingeld door felgepunte speren en blinkende kromzwaarden, want de maenaden komen uit verre werelden. Orfeus ducht het gevaar geenszins! Hij hoeft zijn getokkel maar te hervatten of de maenaden slaan op de vlucht. Hij hoeft met zijn helderklare stem zijn lied maar opnieuw in te zetten of de woestelingen lossen op in het niets. Een licht gesis, een paar rookwolkjes en ze zijn er geweest. Zolang Orfeus zijn lied maar zingt staan alle kwaadwillende geesten machteloos, de onderwereld sluit zich en niets kan de zanger deren. Wat is dat voor een lied?

Daar zit Loreley en ze kamt met een waterkam haar lange watergolven. Ze is dan ook de Loreley die altijd bij het water zit. Om haar witte sleepjurk zo goed en kwaad als het gaat droog te houden zit ze op een rotspunt. Daar kamt ze haar waterharen en zingt. Ze zingt het liefst bij maneschijn, maar ook bij zonlicht zet ze graag een keel op. Omdat ze zo van water houdt zit ze bij een brede rivier en omdat ze van *veel* water houdt zit ze bij een bocht in die rivier, zodat de rivier om haar rots heen kronkelt. Het is een gevaarlijke bocht en eerlijk gezegd niet geschikt voor muzikale recreatie. Belcanto leidt maar af – en zo geschiedt het dat veel bootslieden tijdens haar gezang tegen die akoestisch onhandig gelegen rots te pletter slaan. Zodra ze de rivierbocht naderen spitsen de jonge beurtschippers hun oren en, geheel verdoofd en buiten zinnen door haar wonderbaarlijk lied, vergeten ze de plichten die de binnenvaart oplegt. Er verschijnt een gelukzalige glimlach om hun lippen, hun handen glijden van het roer en wat volgt is het hels gekraak van houten plinten tegen de rotswand. Als een sigarendoos, door reuzenhand verfrommeld, zinkt hun eertijds fiere broodwinning naar de bodem. Het verhaal gaat dat een slimme bootsman, bij het vernemen van de eerste tonen van haar lied, ijlings een reep zeildoek om zijn hoofd knoopte om zijn oren te bedekken. Maar door de pracht van Loreleys lied sprong de knoop in de doek al bij het tweede refrein los, juist voordat het derde refrein zowel boot als bootsman de diepte in torpedeerde. Wat was dat voor een lied?

Daar staat het bordje 'De gemeente Hamelen heet u welkom' en aan de andere kant van het pad staat nog een bordje met 'De gemeente Hamelen wenst u een goede reis' en, kijk, daar loopt ook al de rattenvanger. Deze heer draagt een fluwelen muts, een cape en een pofbroek. Er marcheert een rij kinderen achter hem aan en je weet niet of ze de gemeente verlaten of juist betreden, zo'n lange rij is het. Het is meer een soort lus die zich heeft gevormd, lijkt het wel – omdat ze met zovelen tegelijk in de ban zijn van het fluitspel van de rattenvanger. Zelfs de laatste treuzelaars hebben zich aangesloten, kinderen die in de wastobbe zaten of een neus met snottebellen hadden die nog moest worden gereinigd. Het is maar een simpele blokfluit van plastic waarop de man met de fluwelen muts speelt, maar hij ontlokt er zo'n mooie melodie aan dat de kinderen door het lied worden aangetrokken als ijzervijlsel door een magneet. De kinderen zien het kale hoofd onder zijn muts niet, ze zien de grote pukkel op zijn neus niet, ze hebben geen oog voor de bleke pupillen van de man en voor de contouren van de zeis onder zijn cape, ze horen alleen het lied. Er lopen zo veel kinderen achter hem aan, met open mond en blij gezicht, dat Hamelen hopeloos te klein lijkt. Als je goed tuurt, zie je daar eigenlijk *alle* kinderen van de wereld lopen, allemaal in de ban van wat er klinkt – daar is Christina, en daar is Eduard, en daar zijn Zus en Jet, en daar lopen waarachtig ook u en ik. Wat *is* dat voor een lied?

Welk lied zongen Orfeus en Loreley? Welk lied vertolkte de rattenvanger? Bijgaand lied.

VERA JANACOPOULOS
Cantilene

Ambrosia, wat vloeit mij aan?
uw schedelveld is koeler maan
en alle appels blozen

de klankgazelle die ik vond
hoe zoete zoele kindermond
van zeeschuim en van rozen

o muze in het morgenlicht
o minnares en slank gedicht
er is een god verscholen

violen vlagen op het mos
elysium, de vlinders los
en duizendjarig dolen

Jan Engelman (1900-1972)

Wat *Broeder Jacob* onder de canons is en *Lang zal ze leven* onder de feestliederen, is *Vera Janacopoulos* onder de gedichten – bekender kan haast niet. Het maakt deel uit van het meest elementaire pakket. Veel mensen beginnen bij het horen van de eerste regel –

Ambrosia, wat vloeit mij aan?

– prompt te glunderen. Dan gaat de wijsvinger omhoog en met enige nadruk laten ze erop volgen –

uw schedelveld is koeler maan

– de lettergrepen scanderend, of we goed dienen te begrijpen wat hier wordt gezegd.

Het probleem is vanzelf dat niemand begrijpt wat hier wordt gezegd.

Het schedelveld doet een beetje denken aan de galg en een beetje aan een kale, glimmende knikker – waarschijnlijk vanwege die maan.

Een koele maan is iets, maar wat is een *koeler* maan?

Koeler dan wat?

Het doet er niet eens toe, want als bevrijding en climax tegelijk rolt de regel –

en alle appels blozen

– eroverheen. *Die* regel is tenminste klaar als een klontje.

Voor de meeste mensen is het gedicht hiermee afgelopen.

Ook kent men vaak niet eens de naam van de maker.

Hoe komt een gedicht zo beroemd? *De muze in het morgenlicht* is nog de titel van een boek geworden. De titel van het gedicht zelf daarentegen is niet wat je noemt memorabel. Wie die Vera Janacopoulos is geweest, je hoeft er geen idee van te hebben. Een vriendin van Jan Engelman? De muze en minnares die hij aanroept?

Ze moet in elk geval deksels mooi hebben gezongen, want dit hele gedicht lijkt op een ode aan een zangeres. Een herinnering aan een recital. Een impressie van een solo-optreden.

Nu, even opgezocht in de handboeken. 'Vera Janacopoulos was een Braziliaanse zangeres van Griekse afkomst, wier zang op Jan Engelman (en niet alleen op hem) een overrompelende indruk maakte, toen zij op 15 februari 1926 onder leiding van Evert Cornelis met het Utrechts Stedelijk Orkest voor het eerst in ons land optrad met aria's en liederen (…). Engelman was in die tijd muziekrecensent (…). Vera Janacopoulos was als een exotische, bonte zangvogel onze bedaagde oratoriumvolière komen binnenvliegen. (…) [Haar stem] bracht een sensatie teweeg als de zangliefhebber misschien slechts éénmaal ondervindt.' (Wouter Paap: *Literair leven in Utrecht tussen de beide wereldoorlogen.* Utrecht, 1970.)

Godennectar, wat vloeit mij aan?
Jan Engelman heeft zijn klankgazelle gevonden.
Hij maakt met dit *klankgazelle* duidelijk – meteen in de vierde regel – dat het ook wat hem betreft gaat om de muziek en de springerige luchtigheid, niet om de betekenis van de woorden –

uw vedelheld is zwoeler traan

– het zou evengoed hebben gepast bij de blozende appels.
Wat de dichter hier wil is *poésie pure* schrijven, esthetisch en absoluut, in een context zonder ideologie of boodschap.
Je zou ook kunnen zeggen dat hij uitkomt bij een volkomen leeg gedicht.

Zwem in grijze zinken teilen
Al wie niet van vliegen houdt.
Laat de mug de zee doorzeilen,
Want de lucht is ons te stout

– ik schud er zo eentje uit de mouw. Het is geen surrealisme, het is geen nonsens, het is doodgewoon betekenisloosheid, net als *doemdiedeliedoem* en *hopfaldera*.
Wat niet wegneemt dat surrealisten er dol op kunnen zijn –

Op de driesteek der Atlanten
slaapt de uil van Appelscha,
maar de stormploeg der giganten
wiedt getrouw de vroege sla

– die was van Theo van Baaren. In deze orde van lege gedichten, dunkt me, ligt ook *Vera Janacopoulos*. Vera jankt in Appelscha.
Mensen kunnen niet nalaten aan van alles en nog wat betekenis toe te schrijven. Zo ook aan dit gedicht.
Jan Engelman maakt het ze daarbij niet moeilijk.
De keuze van zijn woorden suggereert een zekere samenhang. Het zijn allemaal woorden die te maken hebben met muziek,

prilheid en paradijselijkheid. Woorden als koel, rozen, morgenlicht, slank, violen en elysium. Maan en vlinders. Gazelle en muze.

Een leeg gedicht kan wel degelijk beroemd worden – denk maar aan

tararaboemdi-jee,
de dikke dominee

– maar het lijkt me dat bovengenoemd register van maagdelijke, pastelkleurige dieetbegrippen méér aan de beroemdheid heeft bijgedragen.

Een 'cantilene' is een 'zangerige melodie'. Een liedje zonder zwaartillendheid, zonder diepere les.

Het is mooi dat zulke liedjes tot de toptien kunnen behoren.

Maar 'cantilene' betekent van oorsprong ook 'kerkzang'. Populaire, dat wil zeggen niet-Latijnse kerkzang, maar niettemin kerkzang.

Ligt daarin misschien het definitieve geheim van de verpletterende beroemdheid van dit gedicht?

Iets gewijds en heiligs heeft het wel. Er komen zeker religieuze associaties in voor. God, het duizendjarig rijk. Een geabstraheerde hof van Eden, met het opperwezen achter het struikgewas.

Als dit de uiteindelijke reden van de beroemdheid zou zijn, klopt het weer niet met mijn constatering dat het overgrote deel van de mensen alleen de eerste drie regels kent.

Maar nu ik die regels overlees zie ik dat ze de kortst mogelijke samenvatting van de bijbel vormen.

In de eerste regel de vraag aan iets hemels naar het hoe en wat. In de tweede en derde regel het antwoord – al wat zich bevindt tussen schedelveld en appel, Eva en Golgotha, zondeval en verlossing.

SINDSDIEN VERSCHENEN: *Jan Engelman's Vera Janacopoulos.* Geschiedenis van een gedicht in vlindervlucht. [Inleiding: Nel van der Heijden-Rogier.] Zolderpers, Vught, 2000.

SONNET VOOR MIEREMET

Ik zag vandaag de mieremet
in actie met zijn heftelingen.
Zij droegen rood omhoosde bringen,
met kleine basibals bezet.

Daar gingen ze, die everdingen,
met brio en in vol bromet.
Ik kon van pure vreugd wel zingen:
Nu was het vaderland gered.

Waai uit, o Nederlandse vlag
en wapper mieremet gêndag
langs velden en in bossen.

Werelden gaan onder, komen op.
De hele boel staat op zijn kop.
Maar mieremet zal ons verlossen.

Carel C. Scheefhals (1915-1995)

Ik weet niet hoe het met u is, lezer, maar soms verlang ik innig naar wat nonsens in de poëzie. Naar een frivool gedichtje, naar een vers dat dus niets en niemendal betekent, naar de grootst mogelijke flauwekul.

Ik begrijp dat nu meteen iemand zal uitroepen dat de meeste gedichten niets en niemendal te betekenen hebben en dat alle poëzie flauwekul is.

Dat soort verwart moeilijkheid met onbegrijpelijkheid en mysterie met aanstellerij.

Er zou ook iemand kunnen roepen dat een gedicht niets *hoeft* te betekenen.

Dat is een al veel aanvaardbaarder tegenwerping.

Een gedicht is een sensatie ter opvulling van een kort moment, een zinnelijke gewaarwording die begint met het eerste en eindigt met het laatste woord van het gedicht.

Alle uitleg komt in de tweede plaats. De interpretatie hinkt achteraan.

Als een gedicht een verhaal vertelt, een emotie oproept, een herinnering losmaakt, als het ons troost, verstrooit of wijzer maakt, het is mooi meegenomen en het kan bijdragen tot ons uiteindelijk oordeel over de kwaliteit van het gedicht, maar noodzakelijk is het niet.

Een gedicht hoeft alleen maar afgerond te zijn en op z'n pootjes terecht te komen.

Een gedicht hoeft alleen maar waar te maken wat het zichzelf voornam.

We hebben veel fantastische gedichten in ons hoofd. We hebben ook het volmaakte gedicht in ons hoofd dat er nog niet is. Van dat ideale gedicht staat ons misschien vaag een zekere toonzetting bij – adagio, allegro ma non troppo – maar het is een feit dat het onderwerp er niet toe doet.

De dichter kan alle onderwerpen nog kiezen om zijn doel te bereiken. Hemelse onderwerpen, banale onderwerpen.

Betekenis is dus niet de essentie van het gedicht. De uitleg van een gedicht en alle gebabbel van ons eromheen vormen helemaal afgeleiden.

Het ideale gedicht eist niet meer bemoeienis van ons dan de naakte leestijd. Zolang we dat elke seconde beseffen steekt er geen kwaad in praten over poëzie.

Hoe duister dichters ook zijn, je hebt altijd wel het idee dat ze er iets mee bedoelen. Dat ze zaken suggereren die erom smeken aan de oppervlakte te worden gebracht.

Geheimtaal baart schriftgeleerden.

Orakel en duider kunnen zelfs een onlosmakelijk duo gaan vormen, die samen meer betekenen dan elk afzonderlijk. Dan kost het nog flinke moeite zo'n Siamese tweeling te scheiden, waarna een nieuwe duider opstaat die ineens iets heel anders in hetzelfde orakel hoort.

Soms wil je wel eens af van die betekenissen, die toch al niet de essentie zijn.

Dan wil je loskomen van de troost en de emotie, van het verhaal en de diepere achtergronden.
Dan wil je ronduit nonsens.
Leve de enkelgelaagde, platte poëzie!

Ik zag vandaag de mieremet
in actie met zijn heftelingen

– dat is beslist een verfrissende duisternis. Hoe zou het komen dat we niet meteen naar het woordenboek rennen om *mieremet* en *heftelingen* op te zoeken? Hoe zou het komen dat we zonder meer met *mieremet* en *heftelingen* akkoord gaan? Dat we op het eerste gezicht wel zo'n beetje begrijpen wat de dichter voor ogen staat?

We zouden met serieuze poëzie op dezelfde manier moeten omspringen als met poëzie die zich opzettelijk als nonsens afficheert.

We zouden niet bij elk woord onmiddellijk uitleg moeten verlangen. Dat bederft het plezier in de poëzie maar.

Ik heb *daard* altijd een heel dichterlijk woord gevonden in regels als

en de Internationale zal heersen op d'aard

– en wanneer ik bij de negentiende-eeuwse citadelpoëet Hendrik Kuijper, Gtz. de volgende regels lees

Maar als, met d'armenpij omhangen,
De broodkorst ons ten feestmaal strekt

– dan herkauw ik dat woord *darmenpij* met graagte, al zou ik bij god niet weten wat een *darmenpij* voorstelt.

Ik accepteer blindelings dat daard en darmenpij thuishoren in de poëzie, net als everdingen en bromet.

Ik ken dit gedichtje *Sonnet voor mieremet* al uit mijn jeugd. Het kwam voor in een Zwarte Beertje dat *De lichte muze* heette, samengesteld door Jaap Romijn. De gorgelrijmen van Buddingh' stonden daarin, een limerick van Karel van het Reve, gedichten van Annie M.G. Schmidt en ook van deze Carel C. Scheefhals. Duidelijk een pseudoniem en wel, zocht ik later op, van Barend de Goede (1915-1995). Een verdwenen dichter, een bijna verdwenen sonnet.

Over opzoeken gesproken. Er staat een heer Mieremet in het telefoonboek. Het zal ons niet verder helpen. De man is paragnost.

We toveren hem weg.

Het lijkt of De Goede een beetje de draak steekt met de poëzie. Duistere woorden, rijmdwang, de extase, de hang naar omkering en de suggestie van iets bovennatuurlijks – de hele dichterlijke trommel wordt omgekieperd.

Heel mooi ook is de cursivering van die ene regel.

Lees maar, lijkt de satiricus te willen zeggen, er staat méér dan er staat.

U zult het me niet euvel duiden als ik zeg dat, in mijn ogen, hier volstrekt *niet* de draak wordt gestoken met poëzie. Dit is een doodernstig gedicht. We kunnen nonsens maar beter serieus nemen. Goeie poëzie kan het af zonder betutteling.

IV *Waarin we ons met enige wellust werpen
op de slechte poëzie*

HANNIBAL
[fragment]

Afrika, vernederd Afrika,
Hef het machtloos hoofd uit uwe doodenwaê.
Daverend rolt zij nog heen door uw velden,
De stem van 't verleden, de stem van uw helden.
Hoor!
Daar snuift de Samoum uw woestijnen door;
Daar drijft hij zijn wentlende gloeiende bergen;
Hij loeit, en de echo loeit hem na:
Wee, wie mijn vlammenden adem durft tergen,
Ik ben een zoon van Afrika!
Zij spreken die zuilen, die vuurge kolommen,
Van vroegere grootheid, van toomlooze kracht,
Toen de Afrikaan Europa deed verstommen,
Waar zij haar macht dorst meten met zijn macht,
Waar hij van 't berggevaart in onafzienbre drommen
Neerdonderde als de orkaan met bliksemvuur bevracht.

(...)
'Rampzalig Afrika! hoe treurig staan uw palmen,
Zij – straks nog ruischend bij de laatste vrijheidsgalmen
Van 't schaatrend krijgsgezang dat heenrolde over 't strand.
Toen 't staal nog bliksems schoot in Abd-el-Kaders hand, –
Zij zuchten slechts bij 't rinkelen der schalmen
Van kluisters die in 't verre land,
Uw diep-vernederd kroost het veege lijf omgorden.
Wat is er van uw grootheid, wat van uwen roem geworden?'
(...)

De veldheer snelt aan.
Daavrend bruist het door de velden,
Machtiger dan het trompettengeschal:
Wees welkom, held der helden,
HANNIBAL!

Estella Hijmans-Hertzveld (1837-1881)

Er is meer slechte dan goeie poëzie in de wereld. Er zijn dichters die maar een paar rake gedichten schreven, terwijl de rest naast het doel is gemikt, en er sloegen ook lieden aan het dichten die over geen enkel poëtisch talent beschikten.

Wat te doen met die miljoenen mislukte gedichten?

Erover zwijgen en ze met de mantel der liefde bedekken is maar het beste. Ze hebben hun functie vervuld bij bruiloften en andere ongemakken.

Ze hebben de eigendunk van de maker een moment gestreeld.

We kunnen ze als poëzie vergeten omdat ze nooit poëzie zijn geweest.

Er is ook zoiets als de *beste* slechtste poëzie. Poëzie die zo slecht is dat we ervan kunnen leren wat poëzie *niet* is, en dus ook weer een beetje wat ze *wel* is.

We moeten een klein deel van de slechte poëzie binnen ons blikveld houden. Om lucht te happen in de eerste plaats – zoals na een Tirlitonse truffelmousse en Montélimarse kalfshersenen een kroket uit de muur geen kwaad kan.

Vervolgens vanwege het plezier en het leedvermaak.

En ook om nog eens grondig te beseffen dat het bij goeie poëzie niet om een automatisme gaat.

Het is makkelijk om uit het werk van een dichter die je even niet aanstaat een belabberd gedicht te plukken en je daar vrolijk over te maken. Dat is niet wat ik wil.

De poëzie is een bedreigde soort.

Wat ik wil is nagaan wat de eigenschappen zijn van slechte poëzie op haar best, bij voorkeur uit de bloeiperiode van de poëtasterij en de openbulderende dichtaders, de negentiende eeuw.

Honderden dichters zijn er toen geweest waarvan het geen schande is dat u er nooit van heeft gehoord, omdat ook iedereen die van ze gehoord *zou* kunnen hebben er nooit van heeft gehoord.

J.M.E. Dercksen, G.H.J. Elliot Boswel, J. Blankenaar en J.K. Crucq C. Jz., om er een paar te noemen.

U zult ze in de literatuurgeschiedenissen vergeefs zoeken.

Afgevoerd wegens het begaan van poëtische misdaden. Nee, niet afgevoerd – nooit op het toneel geweest.

In Engeland is de slechte poëzie beter in kaart gebracht. Dichters als Julia A. Moore, 'the Sweet Singer of Michigan', en William McConagall komen voor in elke bloemlezing met idiote, beroerde, marginale of komische poëzie. Ze hebben op hun terrein een klassieke status bereikt.

In Duitsland vervult Friederike Kempner, 'der schlesische Schwan', zo'n beetje de rol van officiële – nu ja, *beste* slechte dichter.

Komt Estella Hijmans-Hertzveld in aanmerking voor het predikaat 'de Arnhemse zwaan'? Ze heeft haar naam alvast mee. 'Grote bescheidenheid,' lezen we in het *Biographisch woordenboek* van Frederiks en Van den Branden, 'weerhield de talentvolle vrouw van ene volledige uitgave harer schone zangen, totdat haar overlijden, te Arnhem 4 Nov. 1881 voorgevallen, dit bezwaar wegnam.'

Nog in het jaar van haar dood verscheen er een kloeke bundel, minstens drie kilo, met gegraveerd portret en vergulde band, aan drie kanten goud op snee.

Bescheidenheid ajuparaplu.

Daverend snorkt Estella voort in haar poëzie. Haar *Hannibal* is een ideale oefentekst voor pathetisch toneel. Bergen zijn bij haar meteen berggevaarten en bliksem is bliksemvuur. Drommen zijn behalve drommen ook nog onafzienbrrrrr, terwijl de orkanen maar neerdonderen.

Met bliksemvuur vanaf berggevaarten.

Verderop horen we het ruisen, schateren, zuchten, alsmede het rinkelen der schalmen van kluisters die omgorden. Je hebt niet de behoefte – wat je bij een goed gedicht wel hebt – om te proberen te doorgronden wat hier staat. Het *ronkt*.

We moeten tevreden zijn met die eigenaardige sensatie.

We willen mevrouw Estella Hijmans-Hertzveld niet te hard vallen. Ze geniet van haar welverdiende dood. We willen alleen maar achter de kenmerken van slechte poëzie komen. Nu, het allereerste kenmerk is *bombast*.

JANUARI 1861

Een aaklig, hol kanongebom
Door duizende echo's weêrgegeven,...
Daar dreunt het noodgeklep alom
Door Gelderlands verstijfde dreven.
Helaas! dat zulk een vijand weêr
Het arme Neêrland moest bespringen!
Een vijand – niet in 't blank geweer,
Dien mannenkracht terug kan dringen,
Als mannenharten, onvervaard,
Van heil'ge drift en liefde zwellen,
Den trotschen vreemdling tegensnellen,
Voor Vaderland en have en haard; –
Neen, somber naakt hij als de dood,
En zeker in zijn greep als deze,
Die vijand, wien geen moed, noch vreeze,
Noch wanhoop keert – de Watersnood!
Dat bonst die noodklok door de luchten,
Dat elk de schrik om 't harte slaat,
Dat gillen dorpen en gehuchten:
'De Watersnood! hulp, redden, vluchten!'
En ach, voor velen toch te laat!

Estella Hijmans-Hertzveld (1837-1881)

We hebben Estella Hijmans-Hertzveld, in geen honderd jaar door enig sterveling meer genoemd of geciteerd, uitgeroepen tot 'de Arnhemse zwaan'. Dus *moet* ze wel een tweede gedicht. Een gedicht dat bonst, dreunt en gilt.

De poëzie is overal
Waar schoonheid is en gloed,
Op berg en meir, in woud en dal,
In 't diepste van 't gemoed

– luidt het credo van Estella. Kleine talenten moeten altijd direct de kosmos in.

Estella schrijft – het is in de tijd van de afschaffing van de slavernij – 'Het Lied der negerin, één dag vóór de vrijheid'.

O, wat jubelt de negerin.

Estella schrijft over sterren en oceanen.

Ze schrijft over nobele koningen en ze schrijft over snode koningen –

'Voel zelf' – brult de krijgsman –
'Mijn zwaard op uw hoofd!'
En heeft reeds den Koning
Den schedel gekloofd –

Ze schrijft ook wel over een waterdruppel, maar dan over het heelal in een waterdruppel.

O, hoe brult de waterdruppel.

Lees haar gedichten, smeek ik u, hardop aan uzelf voor, *brul* ze, en beeld u in daarbij met een knots te zwaaien. Op die manier komen ze het best tot hun recht.

Estella schrijft over de wereldgeschiedenis in de allerruimste zin, over Julius Caesar en Hannibal.

We zagen dat ze ook dat Hannibal-thema onmiddellijk stevig bij de horens pakte –

Afrika, vernederd Afrika,
Hef het machtloos hoofd uit uwe doodenwaê

– ja, er moest toch iets op Afrika rijmen. Het doet me denken aan Jopie Breemer die, toen ze hem tijdens een literaire theebijeenkomst vroegen: 'Toe, Jopie, rijm eens iets op Afrika', even zijn ogen op het plafond richtte en toen op de proppen kwam met –

Zij sprak: 'Zeg Jan, heb jij een wond uit Afrika?'
'Ik ga er nooit meer heen, ik ben nog gaaf, Rika!'

Maar *doodenwaê*, dat is toch andere koek.

In haar tweede gedicht schrijft Estella over de watersnood.

In de negentiende eeuw hebben we een onafzienbare stoet citadelpoëten en watersnooddichters gekend. De citadelpoëzie had te maken met de Belgische opstand en de verdediging door Chassé van de citadel van Antwerpen, 1832. Van Speijk op het kruitvat, u weet wel. En de watersnood – nu, *elke* watersnood riep een stortvloed van poëtische misdaden op.

Fijntjes werd gewezen op de lessen die we eruit konden trekken aangaande Gods bestier en onze zwakheid.

De opbrengst van watersnoodbundels en van watersnoodgedichten op losse vellen, die langs de deur werden verkocht, was meestal ten bate van het rampenfonds.

Vanwege het goede doel en het lijden van de slachtoffers was elk klein talent al bij voorbaat verontschuldigd.

Goeie god, wat duiken er in uren van solidariteit veel kleine talenten op.

'Te laat!' De reuzenvracht der Alpen,
Het erfgoed van 't vervlogen jaar,
Werd zelfs den forschen Rijn te zwaar.
Zijn golven wassen, hijgen, zwalpen –

– vervolgt Estella Hijmans-Hertzveld haar colportagegedicht. Het gaat nog negen bladzijden zo door.

Citadel en watersnood vertegenwoordigen de negentiende-eeuwse geëngageerde poëzie, een soort verzetspoëzie: vanwege de ernst van de omstandigheden knepen ze voor de kwaliteit een oogje dicht.

In een watersnoodvers wordt steevast gewezen op het feit dat God in zijn goedheid rampen over de mensen brengt om dezelfde mensen in staat te stellen hulp te bieden en te genieten van hun talent om wel te doen.

Wie zou bij zo'n majesteitelijke boodschap nog het lef hebben op het gedicht zelf te vitten?

Tweede eigenschap van slechte poëzie: zodra zich populair

leed aandient – lokaal leed, wereldleed – springt de dichter op de wagon om zich te kunnen zonnen in de gunst van een tijdelijk in z'n kritisch vermogen verlamd publiek.

JAN STAP

Daar gaat de graver voor ons uit,
Om met zijn spade een graf te delven,
De dorpsjeugd lacht en schatert luid:
Jan Stap begraaft nog eens zich zelven!

Getroost verdraagt de man den spot,
De dwaze grappen van de kindren;
Het hinken, denkt hij, is zijn lot,
Hij kan dat euvel niet verhindren.

Een misstap is zoo licht gedaan,
Dan is het kwaad niet meer te keeren,
De wereld blijft een hinkebaan,
Ziedaar, wat u *Jan Stap* kan leeren.

Een schaap, zijn needrig eigendom,
Blijft hij met trouw zorg bewaken,
Het dier graast op het kerkhof om,
Het gras schijnt daar zeer goed te smaken.

(…)

Wie veel met dooden heeft verkeerd,
Dien kan het sterven niet verschrikken,
Die heeft het reeds voorlang geleerd,
Blijmoedig naar omhoog te blikken.

Ach, kwam de dood nu spoedig maar
Een einde maken aan zijn grappen,
Het valt *Jan Stap* volstrekt niet zwaar,
Bedaard de wereld uit te stappen.

> Met eer begraven door de maats,
> Zal iedereen zijn dood beweenen,
> Zijn hart zat op de rechte plaats,
> Maar anders was het met zijn beenen.

J.E. Banck (1833-1902)

Een derde opvallende eigenschap van slechte poëzie is dat ze *belerend* wil zijn.

Goede vaderlanders, brave huisvaders en vrome filantropen waren ze, onze negentiende-eeuwse poëtasters, en dat wilden ze laten weten ook.

Ze klommen bij elk evenement, groot of nietig, in de pen om hun medeburgers op de moraal ervan te wijzen.

Ze zagen in het wereldleed een les.

Ze zagen in de waterdruppel een les.

Overal hoorde een les bij.

Zelfs bij de lamme poot van Jan Stap in dit gedicht van J.E. Banck hoorde een les:

De wereld blijft een hinkebaan,
Ziedaar, wat u Jan Stap *kan leeren*

– het moet voor het dom publiek begrijpelijk blijven.

Door een hinkebroer *Jan Stap* te noemen geeft J.E. Banck al meteen te kennen dat het niet in zijn bedoeling ligt overdonderend origineel te zijn.

Vandaag laat uw dichter zien dat hij niet alleen van hoge vluchten houdt maar ook met beide benen op de grond kan blijven.

Nu, met anderhalf been.

Vandaag noemt uw dichter het water van de Rijn gewoon rivierwater en niet 'de reuzenvracht der Alpen' of 'het erfgoed van 't vervlogen jaar'.

Toch is het een slecht gedicht.

Door die brave les.

Of heeft het versje een dubbele bodem? Je zou het door het droogkomiek aandoende

Het valt Jan Stap *volstrekt niet zwaar,*
Bedaard de wereld uit te stappen

bijna denken. J.E. Banck is er ook wel de figuur voor.

Hij werd geboren in Soerabaja en studeerde in Leiden. Daar maakte hij deel uit van de vriendenclub van Piet Paaltjens. In 1859 publiceerde hij een bundel 'lyrische dichtproeven' die de onverbeterlijke titel *Zeepbellen* draagt. In hetzelfde jaar, volgens K. ter Laan, 'kocht hij het eiland Schiermonnikoog'. Hij werd rechter in Den Haag en werkte mee aan de *Nederlandsche Spectator*.

Zo'n man geef je krediet. Vooral vanwege Schiermonnikoog.

Maar lees je vervolgens – in dezelfde bundel als waaruit *Jan Stap* komt, de *Verspreide gedichten* uit 1868 – zijn gedicht *Bij de inwijding der nieuwe kerk te Schiermonnikoog* –

Als een haven
Voor de braven
Bouwden wij dit vredehuis;
Stroomt er henen,
Wie daar weenen,
Wie den druk torscht van het kruis

– dan is elk vermoeden van parodie of dubbele bodem weer weggenomen.

Hier is een Paaltjens zonder Paaltjens aan het woord.

Er is met Bancks komisch werkende zinnen, zo tegengesteld aan het zwaar aangezette ronken, dreunen, hijgen en zwalpen waar we het in de slechte poëzie doorgaans mee moeten doen –

Het dier graast op het kerkhof om,
Het gras schijnt daar zeer goed te smaken

en

Zijn hart zat op de rechte plaats,
Maar anders was het met zijn beenen

– niets sarcastisch of heiniaans aan de hand. We zitten hier dicht op de huid van de meest exquise eigenschap van de slechte poëzie, de bonus waar iedere rechtgeaarde liefhebber op aast: de ongewilde humor.

EXPANSIE

De stoomboot duikt, en heft den boeg, en helt,
En zwoegt zijn weg langs 't krijtgebergt van Dover;
De koopman met zijn waar steekt zeeën over,
Verkneukelt zich, nu reeds, in 't blanke geld;

De kin glanzend van 't gloeilicht bidt de lover
Des Heeren, telt zijn zeegningen, en telt...
Met diep geronk snorkt een kanonnenheld;
Vaal-bleek, met gouden glimlach, droomt een slover;

Doch wat al schat ons won hun avontuur,
Gij haalt den prijs, o Taal; als bloemen, die,
Hoe menigvoud van teekening en verven,

Naar bouworde van steel en blad en nerven,
Zich kozen slippen vier of vijf of drie,
Zoo rijk en toch zoo streng is uw structuur!

B. Faddegon (ca. 1925)

Niet alle slechte poëzie is van idioten afkomstig. Er zijn wel idioten die slechte poëzie hebben geschreven.

Gekken die hun boodschap in een boek onderbrengen – in Frankrijk behandelen ze het zelfs als een apart literair genre. Je hebt er het pionierswerk uit 1860 van Octave Delepierre, de *Histoire littéraire des fous*, en zo'n honderdvijfentwintig jaar later verscheen het standaardwerk van André Blavier, *Les fous littéraires*, een boek inmiddels van bijna duizend bladzijden.

Alles is in dat genre mogelijk: schrijvers die zichzelf of hun kanarie voor God houden, schrijvers die bewijzen dat Adam en Eva Vlaams hebben gesproken, schrijvers die het wereldraadsel verklaren uit de grote teen van Hitler.

Soms kan ik me niet aan de indruk onttrekken dat het genre is ontsproten aan een samenzwering van antiquaren en tweedehandsboekhandelaars, in een wanhopige poging kopers te rekruteren voor volstrekt onslijtbare teksten.

In Nederland is er niet zo'n overvloed aan literaire gekken, al zullen sommige ingewijden daar anders over denken.

Toch hebben we ze.

Zoals de dichter B. Faddegon, uit wiens bundel *De Taal. Een Academische Les en Sonnetten-Cyclus* (Amsterdam, 1924) dit gedicht afkomstig is.

Zo'n parmantige titel is meteen al typerend voor een literaire gek.

Ook dat hij er ongevraagd commentaar bij levert.

Over elk gedicht in zijn cyclus houdt B. Faddegon, 'Buitengewoon Hoogleraar aan de Universiteit van Amsterdam', een praatje. Bij het gedicht *Expansie* luidt het praatje als volgt: 'Ons hield het verleden bezig; wat is te wachten van de toekomst? Koloniale expansie is een der kenmerken van de huidige Europese ontwikkeling. Studie van de taal der primitieve volkeren zal een taak zijn van komende geslachten. (...) Talen-typologie en karakter-psychologie vinden beide haar ideaal voorgetekend in de classificatie-stelsels der natuurlijke historie. (...) Kiezen wij als voorbeelden crocus of tulp, papaver of boterbloem, dan zal reeds een deel der definitie duidelijk zijn: monocotylen met bloemkroon, welke het getal drie tot grondtal heeft – dat is, wier blaadjes drie of een veelvoud van drie in aantal zijn – en met parallel-generfde en parallel-geaderde stengelbladeren; dicotylen met bloemkroon, welke in blaadjes of slipjes hetzij vier hetzij vijf tot grondtal heeft, en met stengelbladeren vinnervig of handnervig, en netvormig-geaderd.'

Helder als glas.

Toen de dichter mij het gedicht nog niet had uitgelegd begreep ik het nauwelijks.

Waarom ineens die prijsbehalende Taal na de stoomboot, de koopman, de glanzende kin, de kanonnenheld en de dromende slover?

Zou het betekenen dat de taal sterker was dan handel, godsdienst, oorlog?

Dan nóg bleef ik met die beelden van de zwoegende stoomboot en de gouden glimlach zitten.

Wat de dichter wilde zeggen – vermoedde ik ongeveer – was dat de taal niet in rijkdom en avontuur uitblonk, maar in de strengheid van haar structuur.

Toen de dichter mij het gedicht had uitgelegd begreep ik het nog minder.

Tja, de stoomboot zal iets met de koloniale expansie te maken hebben en de vaal-bleke dromer met de karakterpsychologie.

Eén ding weten we door Faddegons uitleg zeker: de dichter heeft hier een idee op rijm gezet dat net zo goed een idee in proza had kunnen blijven.

Faddegon probeert te klinken als die andere ideeëndichter uit zijn tijd, Johan Andreas Dèr Mouw. Tot in de beklemtoningen, de syntaxis en het rijm toe horen we een echo van de grote dichter. In Faddegons

De vingers strekken, – 't ruischt. In lucht en lijn
Karakters van Chineesch staan er geteekend, –
En vluchten van viool-ligato's spreken 't
In klanken uit. Een armzwaai, – 't is festijn

of in

Luttel als 't pinkepuntje, op-neer, en achter-voor,
En dwars gemeten, is het wenteltrapje

– horen we een slechte Dèr Mouw. Zowel de dichter als de would-be dichter heeft iets met wiskunde, met taal, met filosofie, met kinderleven en – met Brahman.

Wonderlijk dat met zulk vergelijkbaar materiaal de ene gek een dichter wordt en de andere gek een literaire gek.

Talent of geen talent, dat is de kwestie.

Faddegon verzint in zijn enthousiasme machteloze woorden als sandelgeurenlentewindeweelde. Faddegon spat in zijn slotregels uiteen in kosmische uitroepen.

Nergens die spanning tussen het nietige en het heelal die Dèr Mouw kenmerkt, nergens dat vermogen een *salto mortale* te overleven.

Een slechte dichter is niet slecht omdat hij een epigoon is, maar omdat hij zijn voorbeeld niet begrijpt. Hij slaat overboord waar de ander keizerlijk aan het roer blijft. Zijn beeldspraak trappelt alle kanten uit, zijn woorden ontsporen, hij kent de verzwegen grenzen niet.

Kinderlijkheid wordt stunteligheid.

Het is, ik weet het niet, een soort naspringen zonder de danspassen te kennen, een soort naspelen van het melodietje, maar dan vals. Met eenzelfde inzet als het grote voorbeeld worden luchtsprongetjes gemaakt, precies zulke gedurfde luchtsprongetjes. Maar altijd komt men verkeerd op de grond terecht.

OP DEN EERSTEN TAND VAN MIJN JONGST-GEBOREN ZOONTJE

Triomf, triomf! hef aan mijn luit,
Want moeder zegt: de tand is uit!
Laat dreunen nu de wanden!
Eerst gaf Gods gunst het lieve wicht
Den adem en het levenslicht,
Nu geeft zij 't wichtjen tanden.
Triomf, triomf! God dank er voor,
Want moeder zegt: de tand is door!
Nu lof en lied verheven!
Geluk nu kind, met snaar en zang!
Besteê het wel, bewaar het lang,
Wat u Gods gunst wil geven.
Bewaar het lang, besteê het wel:
En goed gebruik is Gods bevel:
Laat u dat voorschrift leiden;
Hou, u ten nut en Hem ten dank,
De tandjes rein en 't zieltje blank;
Zoo knagen geen van beiden.
Groei op, groei op! wordt groot en goed;
Win treflijk aan in kracht en moed
Om lot en leed te tergen;
En, wie u 't eerloos hoofd moog biên,
Laat, jongen, laat uw tanden zien,
Waar eer en plicht het vergen.
(…)
Groei op, word vroom, word rijk aan deugd!
Laat nooit mijn oog, dat weent van vreugd,
Om u van weemoed krijten;
En geve u God tot aan den dood
Een eerlijk stukje dagelijks brood,
Waarop uw tandjes bijten!

H. Tollens (1780-1856)

Ik zou wat eigenschappen opsommen van slechte poëzie. Waaraan herkennen we een beroerd gedicht? Er zijn vier van die eigenschappen aan de beurt geweest.

Of waren het er vijf? Wonderlijk hoe snel we – ook in de poëzie – bij slechte eigenschappen de tel kwijtraken.

Nooit eens bij goeie.

Hoe dan ook, de zo-en-zoveelste eigenaardigheid van slechte poëzie is dat ze vaak op de lachspieren werkt zonder dat de dichter het komisch heeft bedoeld. Ongewilde humor, dus.

Triomf, triomf! hef aan mijn luit,
Want moeder zegt: de tand is uit!

– zijnde de aanhef van Hendrik Tollens' jubelzang is van de ernst die in de lach doet schieten wel het vermaardste Nederlandse voorbeeld.

Met eenzelfde stalen gezicht en dezelfde bordpapieren luit zou Tollens een gedicht kunnen beginnen met

Hef aan, hef aan, met zang en snaar,
Want Jezus is mijn middelaar!

en dat doet-ie ook ergens. Ongeveer.

Het hoerageroep om het babytandje is geen moment luchtig bedoeld: dat maakt ons het vervolg wel duidelijk, met die dreunende wanden en al die bloempjes uit de tandheelkundige beeldspraak.

Welbeschouwd is het een navolging van Matthias Claudius, van wie Tollens ook veel vertaalde

Viktoria! Viktoria!
Der kleine weisze Zahn ist da

maar dat is een onpretentieus gevalletje van slechts negen regels, terwijl Tollens het uitspint en opklopt en maar niet van ophouden wil weten.

Je kán haast niet geloven dat Tollens, dezelfde die ooit als 't meest benijdbare kenmerk van de dichter

't Inwendig weten en beseffen,
Dat hij een God gehuisvest houdt

aanwees, dat zo'n man, huls en gietvorm van het goddelijke, pathetisch blijft doorbrullen bij een doorgebroken melktand.

Bij Tollens kom je meer beginregels tegen die het je moeilijk maken de voordracht met serieus geplooid gezicht te vervolgen –

Flikker door des werelds nacht,
Levenslampje! vonkel zacht

en

Daar gaat het schittrend wonder,
De gouden zon weer onder

zijn beslist een paar van mijn favorieten. Tollens had zijn gedichten al zo dikwijls geopend met *Vlieg op, vlieg op!* en *Triomf, heft aan!* dat hij bij het kindertandje waarschijnlijk op de automatische piloot overschakelde, zodat er een soort zelfparodie uit kwam die alleen *wij* ervaren als parodie.

De verheven extase om een banale kleinigheid werkt komisch, maar ook de onverstoorbaarheid waar het de eigen toon en motoriek betreft.

Dat het nog bonter kan bewijst Hendrik van Os Pz. met

Helaas! voor altijd zwijgt de cither
Van mijn geliefden vader Pieter

dat we zouden kunnen lezen als een parodie op een zelfparodie van een verstard dichterschap. Het *is* ook een parodie, afkomstig uit een bundel die de *Geestelijke lustwarande* (1867) heet, een mystificatie die was bedoeld om een zekere groep lezers bij de neus te nemen.

De niet bestaande Hendrik van Os Pz. treurt in dit vers om het overlijden van zijn vader, de niet bestaande dichter Piet van Os Jr., door wiens enorme poëtische gaven 'God tot Nederland sprak'.

Tollens hield ook al een God gehuisvest.

Helaas! voor altijd zwijgt de cither... zou nog in 1958 de titel worden van een bloemlezing uit beroerde negentiende-eeuwse poëzie. Een Ooievaar-deeltje. Ik was veertien, las het, en was voorgoed verpest.

Of gezegend – want sindsdien ruik ik een slecht gedicht op mijlen afstand.

Je kan niet vroeg genoeg kennismaken met de misdaad.

ONTBOEZEMING

Daar hecht zich om den stok der mast
De reine driekleur aavregts vast,
En toont met staande driekleurstreep,
Zich als waar 't Frankrijks plondringsreep;
Doch hoe de wind het doek ook vlecht,
Het rood blijft aan den stok gehecht;
Want nooit neemt Hollands driekleurvaan
't Model eens oproerstandaards aan.

Ja 't rood kleeft staand zich aan den stok,
Ten zinbeeld van d'ondoofbren wrok,
Die Hollands landzaat weêr bezielt,
Nu 't laffe België nederknielt
Voor Frankrijks koningsmoordend rot,
En dit met bond en eeden spot;
Ja, gloeijend zij thans Neêrlands wrok,
Als 't rood dat vastkleeft aan den stok;
Hoe rein, hoe kalm ook van gemoed,
Getergd, eischt thans de landzaat bloed.

Ja, rood zij bij de heilge zaak
De bloedkleur der getergde wraak;
Beuk, Neêrland van de Citadel
De muiterstad ten gloênde hel;
En sloop wat haren wal bevat
Het al, als waar het Sodom, plat,
En jaag den Franschen hanenstoet
Een gloênden regen te gemoet,
Die op hun lijf een schandmerk brandt
Wijl 't Neêrlands regt heeft aangerand,
En hen doe deinzen met de smet,
Dat nooit een *Haan* den *Leeuw* verplet.

Hendrik Kuyper, Gzn. (1790-1873)

Dat het haantje de arrogante Fransoos is en de leeuw de fiere Hollander is wel duidelijk, maar wat – helemaal aan het begin – is dat voor abacadabra over de Franse en Hollandse driekleur?

De dichter zelf heeft er een lange voetnoot voor nodig om het uit te leggen.

Wat hem inspireerde, vertelt hij, was dat tijdens de belegering van de citadel van Antwerpen door de Fransen, 'op de veertigste verjaardag van de kroonprins der Nederlanden, des namiddags te drie uren, bij het aangaan der beurs te Rotterdam, de feestvlag op de grote kerktoren door de wind was opgewaaid en door het dampig weer aan de vlaggenstok vastgekleefd, zodanig dat de strepen rechtstandig stonden en dezelve een Franse vlag geleek, met dit onderscheid echter dat in plaats van het *blauwe*, het *rood* rechtstandig aan de stok was gehecht'.

Dat maakt het couplet een stuk duidelijker.

De eer van een vlag is in het geding. Plondringsreep belaagt driekleurstreep.

Oei, 't *roept* om wraak.

Maar door uitleg noch door wraakzucht wordt het gedicht er *beter* op.

De *Ontboezeming* van de citadelpoëet Hendrik Kuyper is afkomstig uit zijn *Vaderlandsche en andere gedichten* (Rotterdam, 1834), 'uitgegeven (…) ten voordeele van de verminkten en nagebleven betrekkingen der gesneuvelden in den strijd tegen oproer en verraad en bij de verdediging der Citadel van Antwerpen', zoals op de titelpagina staat.

Een filantropisch gebaar dat, net als de omstandige voetnoot eerder, typerend is voor veel slechte poëzie. We spraken daar al eerder over.

't Is een wonder dat Kuyper in de titel toegeeft dat er nog *andere* gedichten bestaan.

Kuyper noemt de Nederlander 'rein en kalm van gemoed' en acht hem in één ruk door tot de gloeiendste wraak in staat.

De dichter wil bloed zien. Een stad moet platgebrand. Fransen moeten schroeiend de hel in.

Ik heb 's dichters enthousiasme wat ingekort – *ja, gloeijend,*

gloeijend zij de wraak! staat er nog, als oproep aan *alle* mannen, vrouwen en kinderen. Oei, ook 't reine, kalme Nederlandse kind dient als een brandschattende, beukende en bloeddorstige gek tekeer te gaan –

En win geen Franschman Hollands tuin,
Dan als moeras, doormengd met puin

– dit brengt ons op de volgende eigenschap van slechte poëzie: vaderlandsliefde, ontaardend in regelrechte oorlogshitserij.

Hoe laffer de dichter, hoe heldhaftiger de toon.

En zeker, de oorlog is een kwaad,
Toch mag het noodzakelijk heten,
Wanneer op het vaandel de strijdleus staat:
Voor God en het vrije geweten!

lezen we in de bundel *Zwervelingen* (Leiden, 1879) van J.M.E. Dercksen (1825-1884), notaris te Leiden.

Patriotten in de luie leunstoel.

Hendrik Kuyper was directeur van 's Rijks belastingen in Zeeland. Hij dichtte tientallen bundels bij elkaar en vertaalde nog meer toneelstukken. Hij publiceerde spreuken en tijdzangen.

Hij werd 83 met zijn grote mond.

Ach, er *zijn* zulke dichters. Niet alleen als directeur van de belastingen vergeten, wat de normaalste zaak van de wereld is, maar ook als dichter weggevaagd.

Pompeuze veelschrijvers.

K. ter Laan noemt in zijn *Letterkundig woordenboek* een zekere J.B.J. Hofman (1758-1835). Geen notabele of hoge ambtenaar dit keer, maar een schoenmaker. Een schoenmaker had het toen vast en zeker drukker dan een directeur van 's Rijks belastingen, maar toch slaagde hij erin als dichter vader van acht kinderen te worden en meer dan zestig prijzen in de wacht te slepen.

Meer dan zestig prijzen!

Als een gemiddelde jury vijf personen telt liepen er in Hofmans tijd in elk geval driehonderd mensen rond die in zijn werk geloofden.

Een respectabel aantal.

Wat hij heeft geschreven weet niemand meer.

Dat hij heeft geschreven is al honderd jaar vergeten.

Misschien denkt u dat er nogal veel dichters rondlopen, maar elke keer ben *ik* weer gefascineerd door het gigantische kerkhof van zwoegers die het nooit hebben gehaald.

De nutteloze poëziesoldaten.

Er is veel poëzie die *zo* vaag en onbeduidend is dat ze automatisch weer onzichtbaar wordt. Zelfs zestig prijzen of honderd hoge posten houden dat niet tegen.

EEN VOGEL KWAM...

Een vogel kwam in mijn kamer gevlogen,
Heel vertrouwd heeft hij zich over mij heen gebogen.
Hij fluisterde dat de dood hem zond, –
Ik antwoordde niet, want ik verstond.

Koninklijk zette hij zich aan mijn zijde,
Zijn wieken terneer, als een mantel van zijde,
Hij scheen zich te verblijden in zijn pracht,
En ook over de boodschap die hij bracht.

Vannacht zal het met mij ten einde gaan,
Mijn harte hoor ik haast niet meer slaan,
Toch troost het mij, dat in hoogheid scheidde,
De koning der vogels aan mijn zijde.

Ik mag niet wenen, niet klagen,
Vannacht word ik omhoog gedragen,
Op koninklijke wieken, trots en groot,
Met koninklijke pracht ga ik in de dood.

Giza Ritschl (1869-1942)

We weten nu zo'n beetje aan welke eigenschappen we slechte poëzie herkennen.

Als we leren wat poëzie *niet* moet zijn begrijpen we misschien beter de aard van goeie poëzie.

Er zijn vaak pogingen ondernomen om uit te leggen wat poëzie *is*. De uitleg van wat poëzie *niet* is behoort ook tot zo'n soort poging.

Een aftreksom om de grens te bepalen van wat nog opgeteld kan worden.

Wat waren de negatieve eigenschappen? Bombast in de eerste plaats, holle en ronkende taal. Het speculeren op de welwillendheid van de lezer, door het gedicht in dienst te stellen van een goed doel of een nobel ideaal. Door te rekenen op de sentimentaliteit en de tranen van de lezer. Een belerende toon, met een impliciete moraal of – liever – een moraal van dik-hout-zaagt-menplanken. Vaak ook lijkt de dichter op de rand van de gekte te balanceren en de grenzen van zowel zichzelf als zijn onderwerp niet te kennen. Epigonisme, zonder het voorbeeld te begrijpen of zonder zich van het voorbeeld bewust te lijken. De ongewilde humor, ten slotte, vormt een belangrijk aspect. En vaderlandsliefde, ontaardend in oorlogszuchtigheid.

Voilà, een staalkaart van herkenningspunten, een reisgids door de zestienderangse poëzie.

We hebben van al die eigenschappen een voorbeeld gegeven.

We zijn begonnen met Estella Hijmans, de Arnhemse zwaan. Maar het is Giza Ritschl die toch de eigenlijke zwaan moet heten, de Hongaarse zwaan. Ze kwam omstreeks 1900 met het circus mee naar Nederland, begon onvervaarlijk te kreunen en te zweven op rijm en halfrijm en bracht verschillende mannelijke dichters en literaire critici het hoofd op hol.

Men vraagt zich af waarmee.

Giza Ritschl is de moeder aller prulpoëten. Zij was zich bewust van haar hoge taak. Ik heb een tijdlang haar bundels verzameld – *Verzen, Nieuwe Verzen, Stiknieuwe Verzen, Verse Verzen, Liefdesverzen* – en ik kwam nooit één exemplaar tegen zonder een opdracht aan een vermeende bewonderaar of een medegrootheid.

Een ongesigneerde bundel van haar moet tot zowat de grootste bibliofiele zeldzaamheden van Nederland behoren.

Ik vond haar altijd een voorbeeld van een zondagsdichter – naïef, redelijk aandoenlijk en redelijk lachwekkend. Als ik aan haar dacht was het werk van H.C. Kakebeeke, die andere helft der poëzie-mishandelende Dioscuren, niet ver meer –

Als ik ben alleen
dan heb ik geuren
van vreemd' odeuren
om mij heen

– maar ik zou haar nu toch een bij uitstek *slechte* dichter willen noemen.

Wat je bij Giza Ritschl met veel goeie wil – héél veel goeie wil – als impressionisme en kinderlijkheid zou kunnen beschouwen, komt in feite neer op onbeholpenheid. Haar rare inversies om star gerijmel tot een goed einde te brengen, haar bewust poëtische woordkeus ('ik verstond' en 'harte') naast opzettelijk prozaïsch gestuntel ('Ik mag niet klagen'), ze overtuigen geen moment.

Dat La Ritschl *zijde* (de flank) op *zijde* (de stof) rijmt is bedoeld als virtuositeit, maar werkt uitsluitend op de lachspieren.

We hebben het dan nog niet over haar eigendunk.

Op koninklijke wieken, trots en groot,
Met koninklijke pracht ga ik in de dood

– zo stelt Giza zich haar scheiden voor. In heel het gedicht niet één suggestie dat ze een dergelijke hemelvaart *niet* verdiend zou hebben.

Wie zo dicht acht zich een autoriteit.

En is dus autoriteitsgevoelig.

Dat is nog een – laatste – eigenschap die we bij slechte dichters geregeld tegenkomen. Ook als ze zich bliksems goed bewust zijn van hun zwakte en hun gering talent zullen ze zich des te inniger tegen het gezag en tegen de symbolen van het gezag aanschurken.

Een van de verbluffendste zinnen uit de Nederlandse literatuur (geciteerd door Frank Ligtvoet in een artikel in *Aarts' Letterkundige Almanak*, 1995) is afkomstig uit een brief van Giza Ritschl, gedateerd 7 januari 1935.

Het betreft een van haar vele brieven aan Albert Verwey.

Ze schrijft daarin: 'Ik schrijf versjes voor de "Deutsche Jugend" en ik zend ze aan den Reichsminister Göbbels. – (u lacht nu zeker – hè?) waarvoor ik steeds vriendelijk dankwoord terug krijg. Ik vind het prettig om iets voor de duitsche jeugd te doen; – maar of zij er iets aan hebben?'

Het is net als met haar poëzie, je weet niet of je lachen moet of huilen.

Een dichter kan van God houden, van het vaderland of van Oranje. Alleen een *slechte* dichter houdt van alledrie tegelijk.

HOLLAND

Wat zijt gij klein Holland
Met al uw velden en vlakke wegen,
Met uw rampzalige aardappellanden,
En uw vreeslijk droefgeestige regen,
En uw lage goedaardige stranden – –

Och wat zijt gij klein Holland
Met uw simpele wilgebomen,
Met al uw kleine kabblende plassen,
En die paar platte gemaklijke stromen,
En uw bloemen en tamme gewassen – –

Och wat zijt gij klein Holland
Met uw verlegen zwijgende mensen,
En al uw langzame stille levens,
En al uw vele denkbeeldige grenzen,
En o! met nergens ooit iets verhevens – –

C.S. Adama van Scheltema (1877-1924)

Vaderlandse liederen staan gelukkig laag aangeschreven. Toch kennen we er allemaal een flink aantal van. Vaderlandslievende regels spoken door ons hoofd als ongewenste intimiteiten.
 Waar de blanke top der duinen. Laag is uw hemel en stormig uw strand. Ik hou van Holland. Wien Neerlands bloed door daadren vloeit. Landje aan de Zuiderzee.
 Zelfs *Herinnering aan Holland* van Marsman is een vaderlands lied.
 Ons meest bekende en geliefde gedicht!
 'Vaderland' is dus niet per se een ongewaardeerd en ongewenst onderwerp in de poëzie.
 Het zijn de jubeltoon en het patriottisme die ons weerzin inboezemen.

We beschikken over een goed vaderland en een fout vaderland.

Het goede vaderland, dat is het land van het water, de stormen en de hele poëtische rimram van wolkenluchten en horizonnen, mits onderkoeld benaderd.

Een lichte vertedering mag ook.

Het foute vaderland, dat is het land van de zeehelden en de rotsvaste zelfverheerlijking, van de traan in het oog en de pink op de naad. Nu ja, het land zoals het bemind wordt door foute vaderlanders.

Er klinkt luid geschal en er waaien veel vlaggen.

In de poëzie zijn het strikt gescheiden vaderlanden. Niet omdat poëzie iets politieks zou zijn, maar omdat poëzie nu eenmaal neigt naar nuance en afstandelijkheid en niet naar gejubel en vlagvertoon.

Wat zijt ge klein Holland

– daar klinkt vertedering uit, deernis. We begrijpen dat deze dichter meer hart voor zijn land heeft dan de poëet die met vliegende vaandel en op hoge toon uitroept –

Hollands vlag, je bent mijn glorie,
Hollands vlag, je bent mijn lust,
'k Roep van louter vreugd victorie
Als ik je zie aan vreemde kust

– alleen al het beeld van een Hollander die pas buitengaats lyrisch wordt is ranzig.

Dichters mogen ons land wel bezingen in de poëzie, maar ze dienen er een kritische afstand toe te bewaren.

Geografische afstand alleen – *aan vreemde kust* – is niet voldoende.

Denkend aan Holland –

– er dient iets van een innerlijke emigratie aan te kleven.
De schildering moet zelfkritiek niet uitsluiten. In alle gewesten wordt de stem van het water met zijn eeuwige rampen gevreesd en gehoord. O land van mest en mist, van vuile, koude regen.
Regels uit geslaagde gedichten.
In dit *Holland* van C.S. Adama van Scheltema mag de regel met de rampzalige aardappellanden er ook zijn.
Het gedicht is in zijn geheel redelijk. De brave stranden, de paar platte gemakkelijke stromen, de vele denkbeeldige grenzen – de dichter lijkt een gelukkige hand van typeren te hebben.
Niet gek voor een socialistische volkszanger aan het begin van de twintigste eeuw.
We kunnen instemmend meescanderen.

En o! met nergens ooit iets verhevens

– daar zit zelfs iets slauerhoviaans in. Een zweem van Slauerhoffs *In Nederland*, dat ultieme anti-vaderlandsliefdegedicht.
Toch is Adama van Scheltema's *Holland* geen redelijk gedicht. Want het stáát hier niet in zijn geheel. Ik heb van alle drie strofen alleen de eerste helft geciteerd.
Na de beide liggende streepjes vervolgt de dichter in elk van de strofen met een tegenzang. Met regels waarin hij juist de grootheid van Holland bezingt. Na de goedaardige stranden volgt bijvoorbeeld –

Maar groot toch is de zee Holland,
Waaraan gij langzaam zijt verschenen,
Waaruit ge als een schelp zijt geboren,
Die zingt door uw hele land henen,
Dat elk in zijn ziel haar kan horen!

– waarna hij in de tweede strofe eerst weer met de kleinheid van Holland aanvangt (ik heb *Doch* tweemaal door *Och* vervangen) om vervolgens opnieuw 's lands grootheid te beklemtonen.
In de tweede strofe is dat de grootheid van de hemel, met 'ma-

teloze klaarten' en 'oneindige kleuren', in de derde strofe de grootheid van het volk zelf –

Verwant aan uw heerlijk verleden,
Dat tussen uw heemle' en zeeën bleef groeien

– het is geruststellend te constateren dat kritische zin memorabeler regels en betere poëzie oplevert dan blinde lof.

C.S. Adama van Scheltema brengt geen harmonie tussen objectief oordeel en liefde tot stand, zoals Marsman in zijn gedicht, hij schept een pathetische cantate van stem en tegenstem.

Eerst neuriet een dameskoor een vermanend oordeel over Nederland, waarna een mannenkoor verpletterend inzet met de zogenaamde waarheid. Met zwellend stemgeluid wordt de weemoedige kritiek omvergeblazen.

Het is niet duidelijk waar het hart van de dichter zelf zit.

Holland is een schoolvoorbeeld van hoe een dichter zijn vers kan bederven. Het roept ook de vraag op: bestaan er half goeie gedichten?

AAN PRINSES JULIANA DER NEDERLANDEN BIJ HAAR HUWELIJK MET PRINS BERNHARD VAN LIPPE-BIESTERFELD

Keek niet door 't volle zomergroen
De gele pij al van den herfst,
Waar straks het schoone jaar in sterft...?
Daar viel weêr, buiten elk seizoen,
Een nieuwe lente op Hollands erf.

De dagen keerden licht van lust,
De nachten van belofte zwoel –
Mijn hart, door 't blinde bloed ontrust,
Als in een doolhof op gevoel
Tastte naar ongeweten doel...

Daar zag het midden in den hof
Uw oogen, waar verlangen sliep,
Zich openen tot bloemen diep –
Daar vond mijn hart zijn zingens stof,
Daar rees het stomme bloed en riep:

'Dat hebt gij goed en vroom gedaan;
Want die vertrouwen haasten niet;
En diep in 't hart uws volks verstaan
Het bloed dat kruipt, waar 't niet kan gaan,
Totdat het breekt in lucht en lied:

'Dezelfde grond, hetzelfde veld,
Waar ons gemeene dooden zijn
In hun verheerlijking besteld,
Oefent aan u zijn zoet geweld
Van levens Mei en hoogfestijn!'

'Hoe rijker gij beminnen moet,
Te minder schieten wij tekort!
Een wedstrijd zal het zijn voorgoed
In liefdes eerlijke' overvloed,
Die door geen deelen minder wordt!

'Al wat van u hoort lijven we in
Met u bij Hollands huisgezin,
Nu in u zelf verweezlijkt werd
De zoete zekerheid van 't hart:
Daar is geen Meimaand zonder min!...'

P.C. Boutens (1870-1943)

Ik ben de koningin niet, maar als ze me op mijn trouwdag zo'n gedicht cadeau hadden gegeven was ik me een hoedje geschrokken.

P.C. Boutens was in zijn tijd een gevierd dichter. Ook beroemde dichters kunnen slechte gedichten schrijven. Met dit gedicht zonk de heer Boutens zelfs onder zijn doorgaans toch al belabberde niveau.

God, Vaderland en Oranje samen zijn funest. 'Eén ding is zeker,' staat in mijn inleiding bij de bloemlezing *De Nederlandse poëzie van de 19de en 20ste eeuw in 1000 en enige gedichten* te lezen, 'al de gedichten in deze bundel zijn gegarandeerd gespeend van de combinatie God, Vaderland en Oranje. Dat is alvast een flinke geruststelling.'

Let wel: de combinatie.

Een gedicht alleen over God wil wel eens lukken. Er zijn zelfs prachtgedichten over God.

Gedichten die niet orgelen of snorken, maar geschreven vanuit een persoonlijke godsbeleving, zoals dat zo orgelend heet, vanuit een eigen invalshoek binnen een schijnbaar uitgeblust repertoire.

Ook omtrent het vaderland kan een dichter acceptabele gevoelens koesteren, ver van elk nationalistisch gebrul en saamhorigheidsstreven.

Gevoelens van heimwee en verlies, honkvastheid en plaatsbepaling.

Maar een individuele Oranjebeleving? Het instituut laat nu eenmaal geen warme, laat staan dichterlijke gevoelens toe.

Zelfs de twee laatste Tachtigers van deze eeuw, Roland Holst en Boutens, dichters die om hun allerindividueelste expressie bekendstaan, lukte het niet een geloofwaardig Oranjegedicht uit de pen te krijgen. Ze hebben het allebei geprobeerd, Roland Holst met zijn afzonderlijk uitgegeven *Aan Prinses Beatrix* in 1965 en Boutens met bijgaande tekst van een rijmprent.

Wát het huis van Oranje ook oproept, in elk geval zelden een gaaf gedicht. Goeie kunstenaars zijn slechte lakeien.

Boutens maakt het wel het bontst.

De eerste twee coupletten wekken de indruk dat hij iets ouds uit de la heeft gehaald wat nooit is afgekomen en dat hij het vervolgens op Juliana heeft willen toepassen.

Zo'n nacht die van belofte zwoel is en dat tasten naar een ongeweten doel, die lust en dat blinde bloed: het lijkt of er iemand onder de lakens woelt en naar andermans kruis op zoek is.

In couplet drie blijken we tot onze verrassing *midden in den hof* te staan, al blijft de seksuele beeldspraak aanwezig.

Goddank, eindelijk vindt Boutens' hart daar stof tot zingen!

Eerst rijst het stomme bloed nog even.

Maar de dichter begrijpt dat hij *eindelijk* eens op Juliana terecht moet komen.

Die harde landing geeft hem niets dan een paar suikerzoete spreekwoorden in de mond ('die vertrouwen haasten niet', 'het bloed dat kruipt waar 't niet kan gaan', 'daar is geen Meimaand zonder min') en enkele van de allerergste dichterlijkheden.

Verweezlijkt. In hun verheerlijking besteld. Hoogfestijn. *Hart* dat als *hert* moet worden uitgesproken.

Hollands huisgezin.

Wat Boutens met zijn klankmuziek in de laatste vier coupletten *bedoelt* blijft raadselachtig. Als ik er al niets van begrijp, hoe zou Juliana het dan kunnen begrijpen?

Het is honds de schuld van slechte poëzie alleen bij de amateurs en de toch-al-namelozen te leggen. Daarom ben ik blij deze verhandeling over de dichterlijke criminaliteit te kunnen besluiten met een voorbeeld van een heuse professioneel, een man die in alle literatuurgeschiedenissen voorkomt.

Dit is zelfs erger dan een voorbeeld van een slecht gedicht, dit is diarree.

SINTERKLAAS-AVOND

Sinterklaas wordt jarig!
'k Zet mijn schoen vast klaar,
Licht dat hij ze vol doet
Met... ja, wist ik 't maar.

Hier zet ik wat water
En wat hooi voor 't paard;
Want dat trouwe beestje
Is het heus wel waard.

Als de kleintjes slapen
Komt de goede Sint,
Die de brave kindren
't Allermeest bemint.

't Paardje, zwaar beladen,
Voert hij met zich voort,
En zijn knecht vertelt hem
Wat hij heeft gehoord:

Toos is ongehoorzaam,
Jantje wel eens lui,
En de kleine Piet heeft
Vaak een boze bui.

'k Was laatst ook ondeugend!
Of hij dat ook weet?
'k Mag warempel hopen
Dat hij 't maar vergeet.

W.F. Oostveen (1849-1890)

Maar eerst de sinterklaasgedichten nog.

Sommige regels uit sinterklaasliedjes maken deel uit van je vaste poëtische bagage.

Je sleept ze ergens tussen het Wilhelmus van Nassouwe en *zon zon zon zij is de lila kieuw de leliezon* met je mee.

Regels die een wereld en een sfeer oproepen. Regels die er als gebeeldhouwd bij staan en toch onlosmakelijk horen bij het voortvluchtige moment waarop je ze voor het eerst zong of las.

Regels dus als *Zie de maan schijnt door de bomen* of *Zachtjes gaan de paardenvoetjes*.

Trippeltrappel trippeltrap.

Omdat je al op zo'n vroege leeftijd met sinterklaasliedjes kennismaakt *moeten* ze op een of andere manier wel je gedachten over poëzie kleuren.

Ik heb het niet over de sinterklaasgedichten die we allemaal schrijven, ik heb het over de gedichten die door kinderen ter ere van Sint Nicolaas worden gezongen.

Daar zijn machtig mooie gedichten bij.

Een voor de poëzie ontvankelijke peuter zal er, bewust of onbewust, veel van opsteken. Zo verging het mij tenminste.

Ik verdenk er de sinterklaasliederen van dat ze verantwoordelijk zijn voor een onwijs aantal loopjes en onhebbelijkheden in de eerste gedichten die ik zelf naderhand mocht schrijven.

De zak van Sint Niklaas,
O jongens, jongens 't is zo'n baas

– ik zou op mijn twintigste in staat zijn geweest uit te roepen dat het een schitterender dichtregel was dan *Ik vraag geen oogst; ik heb geen schuren* of *De blaren vallen in de gele grachten*.

Ik moet niet huichelen.

Ik vind het nog steeds een schitterender regel.

De hogere ironie, de banale spreektaal, de pesterige climax –

daar stopt hij,
daar stopt hij,

daar stopt hij blij van zin

– het waren stuk voor stuk eigenaardigheden die je dan uit zo'n sinterklaaslied meepikte waarna ze terugkeerden in de manier waarop je zelf dichtte. Wat me als kind in het hier afgedrukte gedicht intrigeerde waren de regels

Licht dat hij ze vol doet
Met... ja, wist ik 't maar

– ah, iets zeggen en het *toch* niet zeggen, dat poëtische handigheidje is me vast door die regel aangewaaid.

Het aangewaaide hechtte zich vast om jaren in mijn kinderhoofdje te blijven broeien. Het werd in mijn dichterlijk debuut weer op de wereld geworpen in regels waarin

Verzakkingen en zo knaagden onder de, ja,
Waaronder?

Door een sinterklaaslied had ik de fascinatie van de uitwijking leren kennen. Het fenomeen van de uitgestelde ontknoping. De poëzie als het vergroten van het raadsel.

Er is meer aan de hand in deze bijzondere regel.

Het *ja, wist ik 't maar* vormt een betekenisloze omschrijving van een concrete inhoud.

Het gaat om een toverachtige wensdroom die niettemin in een schoen kan. Om vulsel dat *eigenlijk* vulling is.

Juist door niets van de schoenvulling te verraden toont de dichter Oostveen ons met des te meer kracht de vulbare schoen.

Ook die truc ben ik sindsdien als typisch poëtisch blijven beschouwen.

Via het dak en de schoorsteen – hemelse manna – werd de kinderschoen gevuld. Om een gunstige reactie en affectie van gene zijde op te roepen was enige zelfwerkzaamheid in de vorm van een technische ingreep vereist –

*Hier zet ik wat water
En wat hooi voor 't paard*

– het werd je al meteen in de tweede strofe ingepeperd. Je kon de vergeetachtigheid van de sint – zie de laatste strofe – een handje helpen. Je kon er invloed op uitoefenen of je straks de koek kreeg of de gard.

Het paard van Sinterklaas was, om zo te zeggen, de eerste Tamagotchi.

Je gaf een wortel weg en kreeg marsepein terug. Drie kaatseballen in een net in ruil voor wat water en hooi.

De kinderen die op grotere, onuitsprekelijke wonderen hoopten werden dichter.

DE GECONDENSEERDE DICHTGEEST

Wie fabelt nog van fantasie? – Tien flessen
Gecondenseerde dichtgeest heb 'k gekocht;
En 'k lach met hen, wie het nog lusten mocht
Om aan de Hippokreen hun dorst te lessen.

Met één slok is mijn Pegasus van zessen
Reeds klaar en, waar gij ook ter wereld zocht,
Gij vondt geen schoner, grootser dichtgewrocht
Zelfs bij Homerussen en Sophoklessen.

Eén slok, één enkle en reeds voel ik 't werken;
Dan zweeft mijn dichterwoord op aadlaarsvlerken
De wereld rond, want in de telefoon

Spreek ik mijn zangen uit en over d'aarde
Trilt dan langs duizend draden 't lied zo schoon,
Dat mij gecondenseerde dichtgeest baarde.

P.A.M. Boele van Hensbroek (1853-1912)

Tegen Sinterklaas gaat iedereen dichten. *Sinterklaasdichter*, zou er een Nederlandser woord bestaan?
 Geen woord wordt met zo'n vies gezicht uitgesproken. Het is zowat de verachtelijkste typering die je naar je hoofd geslingerd kunt krijgen. Boerenlul en soepjurk kunnen er niet aan tippen. Toch zal er geen Nederlander zijn die nooit een sinterklaasgedicht heeft geschreven.
 Zegt dat iets over onze relatie tot dichters of alleen iets over onze relatie tot Sinterklaas?
 Het is een tijdelijke bevlieging. Een eendagsbevlieging, net als die van het fenomeen zondagsdichter.
 Die laatste wordt geacht alleen op zondag te dichten.
 Het verschil met de sinterklaasdichter is evenwel dat de zondagsdichter alle dagen dicht.

De sinterklaasdichter is zich ervan bewust geen dichter te zijn. Hij neemt een loopje met de poëtische conventies en legt een duidelijke voorkeur aan de dag voor het kreupelrijm. Hij profileert zich als de eenmalige gelegenheidsdichter die hij is.

De zondagsdichter, daarentegen, probeert in alle opzichten het ware dichterschap te imiteren. Hij voelt zich driedubbel dichter. Hij grossiert in traditionele dichterlijkheden en wil duidelijk laten merken dat hij weet hoe het hoort. Hij laat geen gelegenheid voorbijgaan om anderen zijn producten op te dringen.

Ook thematisch en inhoudelijk zijn er grote verschillen.

De sinterklaasdichter beperkt zich tot het kritisch betuttelen van degene die het cadeau ontvangt. Het moet scherp en toch ook weer niet pijnlijk zijn. Het slachtoffer moet er zelf om kunnen lachen.

De zondagsdichter beschouwt de hele kosmos als zijn werkterrein, met inbegrip van de onstoffelijke. Geen onderwerp is hem te min. Hij heeft er geen flauw benul van – of het interesseert hem niet – dat er ook lezers bestaan die wel eens willen lachen.

Om kort te gaan, voor een sinterklaasdichter is het vertoon van eigen kunnen niet zo belangrijk, voor een zondagsdichter is het *alles*.

Eén eigenschap hebben de twee gemeen: ze zijn nooit onder de indruk van echte dichters.

Het lezen van een goed gedicht brengt ze geen ogenblik op de gedachte er het bijltje maar bij neer te gooien.

Het moet evenwel tot de mogelijkheden worden gerekend dat een sinterklaasdichter iemand een dichtbundel cadeau doet, ter begeleiding van zijn versje. Daarom geef ik aan sinterklaasdichters de voorkeur.

Sint moest eens heel nodig pissen
Tussen Delft en tussen Lisse
maar hij moest het laten gaan
Hij had ook zoveel kleren aan

– ik ben geneigd dit onmiddellijk tot de betere poëzie te rekenen.

Toch moeten we mild zijn voor zondagsdichters. Er zijn erger zonden dan het schrijven van een slecht gedicht. Een slecht gedicht schiet, steekt of wurgt niet. Er is een nis voor de fluitende bakkersjongens en er is een nis voor de Paganini's.

De echte dichters zijn misschien wel een beetje jaloers. Zondagsdichters lijken immers met het grootste gemak te dichten. Van werk en zweet hebben ze nooit gehoord. Noem een onderwerp – liefst iets in de buurt van hemel, verdriet, geknakte liefde – of hun wonderwoorden rollen eruit.

In *De gecondenseerde dichtgeest* geeft de negentiende-eeuwer Boele van Hensbroek gestalte aan de ultieme droom van de zondagsdichter.

Zo'n dichter hoeft niet langer naar de Hippocreen, de muzenbron, om inspiratie op te doen. Dankzij een wondermiddeltje slaat zijn dichterpaard onmiddellijk op hol.

De dichter die hier het woord voert is synoniem met Sinterklaas. Hij deelt gedichten uit.

Maar pas nadat hij zelf eerst iets in zijn schoen heeft gevonden: tien flessen poëzie-extract.

Het kan – als altijd bij zondagsdichters – nooit mooi genoeg zijn.

In zijn enthousiasme doet de gulle dichter er een tweede schepje bovenop. Hij combineert de ingedikte dichtersgeest (Liebig, Oxo, Bovril) met een andere recente uitvinding van zijn tijd, de telefoon.

Het hoort allemaal vanzelf te gaan, luidt de diepste overtuiging van de zondagsdichter. *Als* je al bijzonder bent, waarom zou je ook nog eens je best doen?

Vooral dient de hele wereld als de bliksem deelgenoot van je poëtisch talent te worden gemaakt. Op luide toon en terwijl de inkt nog nat is.

Op internet zijn de zondagsdichters niet te tellen.

v *Waarin een indruk wordt gegeven van de rijkdom aan genres en achtereenvolgens leugengedichten, macaronische gedichten, pendantgedichten, suspense en dichtersroem de revue passeren*

EEN GHENOEGHLIJCK REFEREYN

Een Kalver-staert, ende een Mosselmande
Toghen beyde te samen uut den lande
Over twilde Meyr, om Ridder te zijne;
Een Erte, ende een Keern-melck-stande,
Quamen ghecropen op voeten, en op hande,
Ende brachten met hem een poppen schrijne;
Een Stroobant heeft met kleynder pijne,
Twaelf Molen-steenen deursmeeten teenen slaghe;
Twee Vlieghen zijnder ghecomen vanden Rijne,
Ende hebbender al twater uut ghedraghen;
Een Stiere ghingh doe in stucken saghen
't Kasteel ter Sluys soo elck wel weet.
Diet niet en ghelooft, moch tselve gaen vraghen.
Een Miere doen een Olyphant verbeet,
Dat icker om loghe dat waer mijn leet.
(...)
Twee Blaesbalghen, ende een Lanteerne
Toghen samen int lant van Aveerne,
Om een Keers korf Bisschop te maken;
Een Biervat dreven sy tscheerne
Om dattet hadde ghestaen buyten de Taveerne
Ende hadde nochtans van Hoy geweven goet Laken;
Noch quam daer een Buffel verroter staken,
Ende maeckte Nachtegalen van doode Koeyen
Want daer quamen drie blinde Bagijnen van Aken,
Diet saghen sy waren ghesloten in boeyen;
Oock quamender smeden twee Vilte hoeyen,
Op eenen Aenbeeldt van gras sonder smeet;
Een gheroockt Bockens hooft sachmen bloeyen,
Om dattet teghen een Kemel street,
Dat icker om loghe dat waer my leet.
(...)

Anoniem (zestiende eeuw)

Dit leugenrefrein heeft een plaats gevonden in de bloemlezing met gedichten uit de zeventiende en de achttiende eeuw, omdat het afkomstig is uit de fameuze bundel *Veelderhande geneuchlicke dichten* uit 1607.

Het bevindt zich eigenlijk in het verkeerde boek.

Leugengedichten kunnen op elke willekeurige plaats staan.

Zulke gedichten kennen een lange voorgeschiedenis en blijven al even hardnekkig voortleven.

't Is een soort volksgenre dat je in allerlei gedaanten steeds weer ziet opduiken.

In de leugenverhalen van de baron van Münchhausen kom je anekdoten tegen die al eeuwen rondzongen. Avonturen van anderen worden door de baron opnieuw beleefd.

In dit genre stelen en bloemlezen ze van elkaar dat het een lust is.

Een moorddadige beer komt op de held afgestapt. Maar de held is onvervaard –

En stack zyn hant in den mond tot aen den steert,
Hy keerden hem om, tvleesch buyten met pyne
Ende hy vercocht het vel

– we herkennen hier de kloeke daad van de baron. In werkelijkheid staan deze regels in een Nederlands gedicht uit 1603.

Dieren die aan menselijke of anderszins branchevreemde dingen doen, zoals in het hier weergegeven refrein waar vliegen de emmer hanteren en stieren de zaag, blijven tot ver in de negentiende eeuw de fantasie prikkelen –

Een Meerbaars zag ik op een boom,
Die dronk een glaasje warme room,
En ging toen verder vliegen

schrijft een zekere Hendrik anno 1850 in een bundel met kindergedichten.

In de kinder- en volksliteratuur houden vaker thema's stand

die door de officiële literatuur zijn uitgekauwd en in de hoek gesmeten.

Dromen, nachtmerries, vergezichten.

Leugenliteratuur vertoont als genre de neiging tot uitwaaieren. Niet altijd zijn de grenzen even duidelijk. Je hebt de afdeling Münchhausen en Gulliver. Je hebt de utopie van luilekkerland en je hebt het negatief van de verkeerde wereld. De imaginaire reizen, veel heiligenlevens en nog veel meer autobiografieën vallen eronder.

Het is het genre van de idealisering en de omkering.

Zeer geschikt voor satire dus, en zedenlessen.

En voor het foppen van de censuur.

Leugengedichten als het bijgaande vormen een genre op zichzelf. Het betreft hier het aan elkaar naaien van ongelijksoortigheden, een spel dat later bij de surrealisten weer in de smaak zou vallen.

't Is een ongelukkige term, leugengedichten.

Niet alleen omdat het pleonastisch is – alle dichters zijn leugenaars – maar vooral omdat het zo braaf klinkt.

Om de leugentjes of de grappige verzinsels gaat het niet, van belang is het vervreemdende effect dat wordt bewerkstelligd door het opsommen van zoveel mogelijk herkenbare onbestaanbaarheden.

Het gaat om het irreële binnen de realiteit. Om de ongeloofwaardige daden van de meest geloofwaardige dingen.

Blaasbalg, lantaarn, karnemelkton.

Stillevens, binnenhuistaferelen, vertrouwde landschappen slaan op hol.

Onmogelijkheidsgedichten zou al een betere omschrijving zijn.

Niet de schijnbaar oneindige uitbreidbaarheid van de ongelijkwaardige ontmoetingen is doorslaggevend – er moet vooral een zekere samenhang zijn om het gedicht geslaagd te maken.

Wat in de bloeitijd van deze gedichten het publiek allemaal door het hoofd schoot valt voor ons niet meer te achterhalen. Zoals we ook de aanwezigheid van elk voorwerp op een van die overvolle schilderijen van Bosch of Brueghel niet meer kunnen verantwoorden. Wat in dit gedicht speciaal opvalt is – naast de alledaagsheid en de dode voorwerpen die handelend optreden – dat het veel met consumptie te maken heeft, met eten en drinken of met visioenen daarvan.

Kalverstaart, mosselmand, erwten, karnemelk. Buffel, dooie koe, gerookte bokking. Biervat, taveerne.

Voorts wordt er veel tegen iets op gevochten.

Klein tegen groot, welteverstaan.

De strooien band die in één klap twaalf molenstenen stukslaat. Vliegen die de Rijn leegscheppen, stieren die een kasteel in stukken zagen. Een mier die een olifant bijt.

Bokking met bebloede kop vanwege kameel.

Komen we die herculische taken vooral in de eerste strofe tegen, in de andere strofen overheerst de metamorfose.

Een kaarskorf wordt bisschop. Uit hooi weeft men laken. Nachtegalen worden dooie koeien. Vilten hoeden ontstaan uit een smidse zonder smid.

Het sociale aspect is onmiskenbaar.

Het is een gedicht van en voor hongerlijders en underdogs.

Dat er iets is wat er niet is en dat er iets gebeurt wat niet kan gebeuren vormt het tijdloze aspect.

Wat ons blijft fascineren, zolang we leven, is het beangstigende van de zinloosheid.

Daarvan, en niet van vrijblijvende scherts, getuigt dit soort gedichten.

HONGAARSE RHAPSODIE
(RIKA CSARDAS)
(wijze: Ritka buza, ritka arpa)

Aszick vamme werc komcseggic
szunne menou
rika, rika,
laane menou.
Evve nochwa tetegec kerd
toenoula melos
mal legec, mal legec
toenoula melos.

Em ma proppe, etep proppe
Em ma szèchela melos
Tottic nedde crantep emme
leckurre segret, danszeg tse
kanapee, kanapee
toenoutyn ustoe.

Aszick csavus im melyche mostap
seggictoe
rika, rika,
laane menou.
Evve nochwa pittetyn us
toenoula melos
szotterick, szotterick,
toenoula melos.

Em ma pitte, maffup pitte
Em ma szèchela melos,
Tottic evvelec kursellef
noggetuc kydoe, danszeg tse
szoe menou, szoe menou,
toenoutyn ustoe.

J.M.W. Scheltema (1921-1947)

Dit is geen absurd gedicht, dit is – ahum – macaronische literatuur. Dat wil zeggen literatuur waarbij twee talen worden gemixt.

De een leest de Hongaarse zinnen *aszick vamme werc komcseggic* en *evve nochwa tetegec kerd*, de ander de zinnen *als ik van m'n werk kom zeg ik* en *effe nog wat eten, gekkerd*.

De oogverblindende zigeunerzin *aszick csavus im melyche mostap* wordt voor de nuchtere lezer *als ik 's avonds in m'n litsjumeaux stap*.

En maar zeggen: laat me los.

Toe nou, Tinus, toe.

Het gedicht is niet *echt* macaronisch. De term was oorspronkelijk voorbehouden aan een mengeling van Latijn en Grieks of van Latijn en elementen uit de volkstaal. Later is het begrip aanzienlijk verruimd en gold het voor zowat elke hutspot van twee talen.

De rapsodie van J.M.E. Scheltema – op jonge leeftijd om het leven gekomen en niet te verwarren met H.J. Scheltema (1906-1981), die onder het pseudoniem N.E.M. Pareau gedichten schreef – *is* helemaal niet in het Hongaars gesteld of zelfs maar in een verbastering ervan. Het lijkt er alleen visueel op.

Het is meer wat Jonathan Swift deed –

Apud in is almi de si re,
Mimis tres I ne ver re qui re.
Alo veri findit a gestis,
His miseri ne ver at restis

– een Latijn dat we moeten lezen als

A pudding is all my desire,
My mistress I never require.
A lover I find it a jest is,
His misery never at rest is.

De bloeitijd van het macaronisme viel, zegt men, in de vijftiende en zestiende eeuw. Toch bestaan er uit vroeger eeuwen al voorbeelden van. In *Handgeschreven wereld* van Dini Hogenelst en Frits van Oostrom, de platenatlas van de Middeleeuwen, lezen we

Quant à li parle fait li mauwe
En disant: Wil tu mi trauwen
Ter vel quater?
Joly respons bronser vrouwez
Ne vous atens plus c'une grouwe
Veraciter

– een vermenging van Frans met Nederlands die we zes eeuwen later terugvinden in John O'Mills

Mon oncle qui,
Mon oncle qui,
Mon oncle qui-
tle ma tante

et quand je suis
plus grand je qui-
tlerai ma gouvernante.

Misschien is de mode destijds wel voortgekomen uit de drang Latijnse kerkzangen en gebeden een beetje begrijpelijker te maken door er vertalingen doorheen te hutselen.

Een vroege ondertiteling van kerkwege, zeg maar.

'Eene dichtsoort,' merkt een negentiende-eeuwse kenner van het geestelijk lied op, 'die ons niet anders dan als wansmaak kan voorkomen.'

Ene opmerking die ons nu weer als niet anders dan overbodig voorkomt.

In elk geval leende dit linguïstische half-om-half zich goed voor een wereldse toepassing en voor spot.

In de zeventiende en achttiende eeuw was het niet weg te branden uit de studentenpoëzie.

Nog in de negentiende eeuw sloeg het aan. In de Leidse *Studentenalmanak voor het jaar 1823* komen we een macaronische bespiegeling tegen over het roken met dichtregels als

Non omnes Kokki, longos qui dragere messos

Niet toevallig is Scheltema's rapsodie afkomstig uit een bundel die *Chansons, Gedichten en Studentenliederen* (tweede druk, 1948) heet. Het gaat om façade-Hongaars, zoals het vroeger om potjeslatijn ging.

Totschlago vos sofortissime nisi vos benehmitis bene, dreigde de baron van Münchhausen eens.

't Doet me denken aan het *Nota beide bene!* van Koot en Bie.

Een staaltje modern Nederlands macaronisme.

Het macaronisme heeft de eeuwen getrotseerd. Om het met een citaat uit de *Ulysses* van Joyce te zeggen: *Muchibus thankibus*.

BRUIN BOVEN BLOND

Ruilt nooit uw verf, bevallige Bruinetten,
Voor blanke kleur of blonde kuif.
De roos verbleekt voor bruine violetten,
De witte wijkt de purpren druif.
De bloesemknop, zo teer, zo licht verstoven,
Zwicht voor de rijpe kers in geur.
De statige eik, hoe bruin van verf, praalt boven
De taaie wilgen, wit van kleur.
Al wat natuur poogt krachten bij te zetten,
Hult ze altoos met een bruine huif.
Ruilt nooit uw verf, bevallige Bruinetten,
Voor blanke kleur of blonde kuif.

Elisabeth Koolaart-Hoofman (1664-1736)

*

BLOND BOVEN BRUIN

Ruilt nooit uw zachte kleur, bekorelijke Blonden!
Voor harde verf of bruine kuif;
De lof der bleke roos klinkt toch uit duizend monden,
En zoet is 't blinkend sap der muskadelledruif;
De zachte perzik is het sieraad van de hoven,
Zij wint het van de kers in geur;
De lommerrijke linde, in blonde tooi, praalt boven
De hagedoren, bruin van kleur.
Natuur hult all' wat schoon, beminlijk wordt gevonden,
Steeds met een zachte en blonde huif. –
Ruilt nooit uw blanke kleur, bekorelijke Blonden!
Voor harde verf of bruine kuif.

H.A. Spandaw (1777-1855)

Je hebt dichters in soorten en de meest voorkomende soort is de mengvorm.

Bevlogenheid en aardsheid lopen in de poëzie door elkaar.

De lyrische dichter wil ook wel eens nuchter zijn. De nuchterste dichter reikt af en toe naar de wolken.

Wetenschappelijke scheidslijnen tussen verschillende dichterstypen en tussen manieren van poëtische aanpak zijn nauwelijks aan te brengen.

Zelfs een strikte scheiding tussen makkelijke en moeilijke poëzie is ondoenlijk. Zoals makkelijke gedichten ingewikkelder kunnen zijn dan ze lijken, zo zijn er ook moeilijk lijkende gedichten die bij nadere beschouwing doodsimpel uitvallen.

De dichter is meestal van alles een beetje.

Niet dat zijn werk een ratjetoe zou zijn. Poëzie ontsnapt alleen aan de theorie.

Een lezer kan denken dat hij een gedicht heeft betrapt. Later, onder het toeziend oog van iemand anders, blijkt het een heel ander gedicht te zijn.

Lezers van poëzie – en schrijvers over poëzie – zijn vlindervangers. Ze zien het wonder en toch ook weer niet.

Een goed gedicht is altijd verder dan zijn lezer.

Als we de 'ik' uit het gedicht te pakken denken te hebben, hebben we niet altijd de 'ik' van de dichter te pakken.

Als we dan toch soorten poëzie moeten onderscheiden heb ik een lichte voorkeur voor de volgende tweedeling.

Er zijn dichters die hun 'ik' centraal stellen om het in al zijn emotionele ontwikkelingen te volgen en er zijn dichters die hun 'ik' tegenover iets concreets plaatsen om daarna tot een zeker evenwicht of spannende verhouding te komen.

Het eerste soort dichters is middelpuntvliedend, het tweede middelpuntzoekend. De tasters tegenover de bouwers.

Het eerste soort gaat associatief en naïef te werk, het tweede werkt naar iets toe en is zich van zijn route bewust.

De dichters van het eerste soort proberen wisselende momenten vast te houden. Hun gedichten groeien organisch aan. Die van het tweede soort proberen het moment van verankering nog even te omzeilen. Hun gedichten bestaan al, de dichter moet het alleen nog invullen.

Je kunt de verschillen tussen beide dichterswerelden op allerlei manieren benoemen.

Idee en stemming tegenover structuur en muziek. Een gaaf 'ik' tegenover een meer gespleten 'ik'. Spontaniteit tegenover een controlerende instantie.

Een leerzame tweedeling.

Maar de praktijk bestaat – ik zei het al – uit hutspot en kruisbestuivingen.

De muziek bij dichters kan ook structuurloos zijn, hun idee heel concreet. Zowel de associatieve als de doelgerichte aanpak kan bezweringspoëzie opleveren. Het zogenaamd authentieke 'ik' kan gekunsteld zijn, terwijl een kunstmatig 'ik' juist een heel intense emotie kan oproepen.

Hoe gaat de dichter met zijn ziel om? Ziedaar de vraag.

Theorieën zijn mooi, als de dichters er zelf maar niet in gaan geloven.

Je bent natuurlijk een beroerde dichter als je bewust op die dingen gaat letten. In de wereld van de poëzie kan het ene nu eenmaal altijd het andere zijn. Tegenstellingen naderen tot elkaar. Woorden heffen elkaar op of ontploffen.

De 'ik' kan worden uitgeschakeld. De 'ik' en de buitenwereld kunnen elkaar gaan beschouwen als een ik en een tegen-ik. Het gedicht kan een uitstorting zijn, maar ook de grootste vijand van zijn maker.

Wat zijn meningen waard in de poëzie?

Niets.

Om dat te benadrukken neemt een dichter soms het ene, dan weer het andere standpunt in.

De ene keer geeft hij de voorkeur aan bruin boven blond, de andere keer aan blond boven bruin.

In bijgaande versjes *Bruin boven blond* en wat Spandaw in zijn ondertitel noemt 'Tegenstuk van jufvrouw Koolaart's Bruin boven blond' zijn we getuige van een echo door de tijd heen. In het land van de dichters duren antwoorden soms een eeuw.

Hun discussie gaat over de ideale 'verf', dat wil zeggen kleur, en niet om wie er gelijk heeft. Het is meer een spel van nietes, welles.

Juffrouw Koolaart en de heer Spandaw zouden zo nog uren kunnen doorgaan.

Ze schertsen en stoeien wat met de erotische clichés uit hun tijd.

Es machet die Blondine
zwar eine teure Mine;
Doch leget die Brünette,
sich eher auf das Bette!

Dat de bleke roos de voorkeur verdient omdat duizend monden de lof ervan zingen, het ruikt naar een democratie die niet erg poëtisch is. Wat doet het ertoe? Alleen bij elkaar betekenen deze gedichten iets.

Niets.

Het mooiste is vanzelf als zulke pendanten afkomstig zijn uit de pen van een en dezelfde persoon. Als de dichter zijn *eigen* werk als het ware opheft.

Dan pas is hij werkelijk ongrijpbaar voor de lezer. Dan pas verdwijnt hij volmaakt. Dan pas heeft de poëzie gezegevierd.

Zwartlokkige maagd Maria!

roept in de negentiende eeuw een verliefde Kees Kregel aan het begin van een gedicht uit, maar als hij eenmaal is bedrogen herschrijft hij zijn vers tot

Laaghartige maagd Maria!

– en ook al de regels daarna krijgen een nét iets andere draai. Het gedicht verkeert in zijn tegendeel.

Dit is maar een voorbeeld uit het werk van een mindere dichter. Ook de grootste dichters zijn alleen groot als ze op afroep in staat zijn tot zulke algehele omzwenkingen in stemming en standpunt.

AI, DENKT GE NOG WEL

Ai, denkt ge nog wel aan de poot van het bankje,
Waar 'k menig verkoudheidje op heb gedaan,
Wanneer wij de deur op een kier lieten staan,
En beiden verdiept in het schijnsel der maan,
De suizende Zephyr zijn gang lieten gaan?

Ai, denkt ge nog wel aan de poot van het bankje,
Waarop ik zo menige zalige stond,
Zo menige weelde, aan uw zijde ondervond? –
Ai, denkt ge nog wel aan de poot van het bankje,
Die, toen mij uw kusje te driftig ontstak,
En toen 't in mijn oog stond te lezen: 'Ik dankje!'
En toen – al te zwak –
Ai, denkt ge nog wel aan de poot van het bankje,
Die toen – al te zwak –
De poot van het bankje, die brak?

J. Kerbert (1820-1890)

Mensen die verstand hebben van films en moderne romans hoor je nogal eens praten over *suspense*. Het lijkt een begrip uit de trommel met vlotte ideeën. Suspense, dat is iets uit Hollywood. Toch kunnen we betekenis en techniek van het begrip al uitstekend bestuderen aan de hand van dit voor het eerst in 1844 verschenen Hollandse gedichtje.

Suspense heeft te maken met spanning, opgebouwd door uitstel.

Of preciezer en niet minder pedant gezegd: suspense komt neer op de subtiele verhouding tussen informatie die je prijsgeeft en informatie die je achter de hand houdt.

Het uitstel – de vertraging – komt tot stand door uitweidingen en afdwalingen.

De afloop wordt, als het goed is, steeds onvermijdelijker en pas op het laatst heeft de ontknoping plaats.

Tot zover de definitie als het om de moderne cinema en romankunst gaat. Het is een definitie die ook geheel en al van toepassing is op dit *Ai, denkt ge nog wel* uit het jaar van de eerste geïllustreerde tijdschriften en de *Neue Gedichte* van Heinrich Heine.

Dat er met de poot van het bankje iets vervelends aan de hand zou zijn wordt in de tweede regel

Waar 'k menig verkoudheidje op heb gedaan

onmiddellijk weggewimpeld. Verkoudheidjes, *die* zijn pas echt vervelend.

't Is logisch dat de aandacht van de Nederlandse lezer onmiddellijk en voor honderd procent zal uitgaan naar de verkoudheid.

De dichter kent de reflexen van zijn publiek.

De poot verdwijnt volkomen uit zicht als het ook nog eens om een romantische vrijage à la Hollandaise blijkt te gaan – minnekozen op de tocht en met de maan binnenshuis.

De dichter gooit er, om de eerste regel te isoleren, meteen maar viermaal hetzelfde rijm tegenaan: gedaan, staan, maan, gaan.

Nét als de eerste regel bijna vergeten is staat hij er weer, als zesde regel –

Ai, denkt ge nog wel aan de poot van het bankje

– vanzelfsprekend staat hij daar weer. Letterlijk in zijn oude gedaante.

De dichter had hem niet voor niets geïsoleerd.

Nu is hij, zowel voor de goede als de minder goede verstaander, meteen de spilregel van het vers.

We beginnen nattigheid te ruiken.

De dichter gooit er, om ons reukorgaan te misleiden en ons opnieuw van de regel weg te lokken, weer een worst tegenaan, ditmaal een héél verleidelijke worst –

Waarop ik zo menige zalige stond,
Zo menige weelde, aan uw zijde ondervond

– zalige stond, weelde aan de zijde. Waar de argwaan groter wordt, dient er harder te worden gewerkt om de lezer om de tuin te leiden.

Báng, daar staat de regel weer.

Dat is precies die subtiliteit van het spel. De dichter maakt zijn afleiding intenser en de tussenpozen worden steeds korter. Hij stuwt ons, geheel volgens de suspensewetten, naar het slot toe.

Hij probeert het verhaal nog te rekken.

Het *te* driftige kusje, daar geeft hij eigenlijk al te veel prijs.

Maar door het nu in de vorm van kleine plagerijtjes te gieten houdt hij het knap vol. Plaagstootjes die vooral niet te lang mogen duren: de drift van de kus, een eerste verstrengeling met het bankje door het op 'Ik dankje' te laten rijmen en dan, onvermijdelijk, de korter wordende en hakkelende regels.

En toen – al te zwak.

Die toen – al te zwak.

We zijn er bijna.

De cirkel wordt steeds nauwer om de poot van het bankje getrokken, tot hij er moederziel alleen bij staat en dan deerlijk breekt –

De poot van het bankje, die brak

– pas in de allerlaatste twee woorden na de komma breekt hij.

Op dat moment ook heeft dat ene woordje *Ai* – aanvangswoord en onheilsverkondiging – zijn diepere betekenis gekregen.

Zo kunnen we het begrip suspense niet alleen bestuderen aan de hand van Roman Polanski of Patricia Highsmith, maar ook aan die van J. Kerbert, een verder volstrekt onbekend negentiende-eeuws dichter.

Hij leverde vier bijdragen aan de tweede jaargang van het satirische tijdschrift *Braga* (1842-1844).

De handboeken zijn zeer schaars met biografische gegevens. Zelfs K. ter Laan, die in zijn *Letterkundig woordenboek voor noord en zuid* voor dat soort obscure namen nog wel eens uitkomst wil bieden, laat verstek gaan. Ook het *Biographisch woordenboek der Noord- en Zuidnederlandsche letteren* van Frederiks en Van den Branden vermeldt hem niet. Alleen bij A. Winkler Prins – die in 1883 de *Braga* heruitgaf, met commentaar en onthulling van de auteursnamen die bij de oorspronkelijk anonieme bijdragen hoorden – vinden we, en dan nog ergens in een voetnoot op blz. 329: 'thans predikant te Zwolle'.

Uit de inleiding van Winkler Prins valt verder op te maken dat J. Kerbert oud-lid van NEK was, een Amsterdamse studentenkring die elke woensdag tot laat in de nacht vergaderde 'om het bestuderen van de beste dichtstukken uit de gouden eeuw (...) af te wisselen met het voorlezen van eigen voortbrengselen, met scherpe kritiek, met improvisatie, met vrolijke kout en gulle scherts'.

Je ziet het voor je. Daar blijft het bij.

We kunnen er nu aan toevoegen dat J. Kerbert de auteur was van een schoolvoorbeeld van een suspensegedicht.

Als we het gedicht herlezen *blijven* we de charme ervaren, al weten we allang dat de poot van het bankje straks zal breken.

We hebben geen plezier in de anekdote, we hebben plezier in de vaardigheid van de dichter. Onze voorkennis past juist in de moderne definitie. Suspense hangt in die definitie immers voor een deel af van het feit dat het publiek zich bewust is van een gevaar dat de medespelers in het verhaal nog onbekend is.

AUGUST VON PLATEN

Hem baatte het niet wanneer zijn oog blonk
bij 't aanschouwen van schoonheid langs de Tiber;
al waren zijn sonnetten zwaar kaliber,
hij miste kiezen, vroeg, zijn adem stonk.

Bellini, Titiaan – en altijd liep er
dwars door de peinture een romeinse bonk
die hem geen liefde, wel liederen schonk.
Waarvoor hij leefde, leed en stierf. Hij schiep er

dit monument mee van zelfmededogen:
schoonheid behelst dood, liefde heeft gelogen,
lauwerkransen brengen vertraagd geluk.

Schaamte door trots, geest door natuur bedrogen.
Rijmwoord werd moord. Van wie hij was bevlogen
in een vers sloeg zijn laatste hoektand stuk.

C.O. Jellema (geb. 1936)

Gedichten over dichters, dat is misschien geen apart genre. *Alle* gedichten vallen daaronder. Een dichter heeft altijd een dichter als onderwerp van zijn gedicht – zichzelf.

Gedichten van een dichter over een *andere* dichter, dat klinkt beter. Daar hebben we een genre bij de staart.

Zo'n gedicht kan een gedicht zijn *op* of *over*, een eerbetoon of een portret.

Meestal is het van allebei iets. Als je een gedicht over iemand schrijft vooronderstelt dat al een bewondering of verwantschap en omdat de poëzie je dwingt kernachtig te zijn en de essentie te raken ontstaan er vaak voortreffelijke portretten. Marsman schreef een gedicht *Herman Gorter*, Gerrit Achterberg schreef een gedicht *Marsman*, en hoe imago-bepalend zijn niet de regels

O, Gij, die sneller schrijft dan God kan lezen!

van A. Roland Holst geweest uit zijn gedicht *Simon Vestdijk*.

Aan, *op* en *over* Gerrit Achterberg zijn zelfs zo veel gedichten geschreven dat Wim Hazeu er een bundel, *Dichter bij Achterberg*, van kon samenstellen. Sindsdien kwamen er weer een flink aantal bij.

Het heeft – dat is het bezwaar – soms iets van inteelt als dichters hun levende collega's bezingen.

Het liefst zie ik ze dichters portretteren uit een ander land, uit een andere eeuw – ver en dood. Dan is de factor herkenning en zelfportret het sterkst, dan geeft de dichter het meest van zichzelf bloot. Dan zijn er geen neveneffecten als stroop om de mond of dank voor geleende tientjes.

Graf August von Platen is de dichter die C.O. Jellema bij de horens vat. Duitsland, eerste helft van de negentiende eeuw. Homoseksueel. Dichter van gebeeldhouwde verzen. Dagboekschrijver. Verguisd.

Ook met gedichten van Nederlandse dichters over Platen zou inmiddels een boekje te vullen zijn – een poëtisch Platen-dossier. Willem Kloos schreef een sonnet *An Platen* – in het Duits. Albert Verwey koos hem als onderwerp. Willem de Mérode schreef zelfs drie gedichten met Platen in de hoofdrol. Ook Jellema schreef nog een tweede gedicht dat op hem is geënt, *Von Platen in Trastevere*.

En dan de Nederlandse dichters die hem hebben vertaald... Hélène Swarth, Victor van Vriesland, Hans Warren en, opnieuw, C.O. Jellema.

Jellema's vertaling van drie sonnetten van Platen staat in de bundel *Sacra conversazione,* die in 1995 verscheen, enkele jaren na de verzamelbundel waaruit bijgaand portret afkomstig is.

Platen is voor Jellema duidelijk meer dan een vluchtige voorkeur. Zo'n man *heeft* iets met zo'n man – en naar zo'n portret zijn we extra nieuwsgierig. Vaak staat er iets memorabelers in dan in de dikste biografie.

Hem baatte het niet – zo begint Jellema's sonnet, met de nadruk op het eerste woord.

Anderen baatte het soms wel.

Platen wordt meteen in zijn rol van afgewezen lelijkerd geduwd. Hier wordt ons een gefrustreerde cruiser voorgeschoteld. Al het hooggestemde over Platen – de helder schemerende winternacht in Rome, de dood in Venetië, het

Wie de schoonheid zag met eigen ogen
Is reeds aan de dood ten prooi gegeven

(vertaling Victor van Vriesland) – wordt onmiddellijk gerelativeerd. Er klinkt spot door in de kwalificatie 'zwaar kaliber'.

De licht ironische toon wordt volgehouden met het 'dwars door de peinture' en de daarmee hevig contrasterende 'romeinse bonk'

die hem geen liefde, wel liederen schonk.

Ja, liederen die meneer de graaf zelf moest maken. Maar met de woorden 'leefde, leed en stierf' wordt de dichter Jellema weer ernstig.

Door zijn eerdere relativering geloven we in zijn ernst.

De dichter gebruikt het woord 'monument'. Een gewichtig woord zelfs.

In de laatste vijf regels moet dat monument gestalte krijgen en daarin moet veel worden samengebald.

De dichter heeft er zich, met zijn aankondiging, zelf toe verplicht.

In vijf regels volgt daar dan de essentie van Platens leven en werk. Zijn luidste credo, zijn stilste drijfveren.

Gedichten van dichters over dichters zijn een soort *Reader's Digest*, een ideale literatuurgeschiedenis.

Want korter kan het niet.

Dat er zoveel mogelijk op een zo klein mogelijke oppervlakte wordt gezegd, daarvoor zorgt de poëzie.

Met de 'laatste hoektand' keert ten slotte iets van de ironie terug, maar ze heeft een scherpe, bittere kant gekregen.

Er werd dan ook niets minder dan het *artis natura magistra* op z'n kop gezet.

De kunst kwam voor Platen niet uit het leven voort, het leven reageerde op de kunst.

En niet zachtzinnig.

ENTR'ACTE

UITKIJK

Soms zit ik op den uitkijk in een boom
boven de vlakte en zie de mensen lopen.
Zij ijlen gelijk schimmen in een droom;
zij scheiden om weer samen te gaan hopen.

Zij draven, draaien, dretsen links en rechts,
te voet, per huifkar, rijwiel of in treinen.
Pioenen op het schaakbord eens gevechts?
Of niets dan ijdel spel van dwarse lijnen?

En hoe ik dit krioelen en dit kolken
van op mijn uitkijk wijselijk bespied,
of 't wellicht een gedachte wil vertolken:
Ik dub mij scheel. En gij? Ontwert gij iet?

Richard Minne (1891-1965)

Dit is een gedicht met zo'n beginregel waarvan je denkt: dát noem ik met de deur in huis vallen.
  De dichter doet het zo achteloos dat je meteen met hem meevalt en niet eens in de gaten hebt dat hij je iets ongewoons voorschotelde –

Soms zit ik op den uitkijk in een boom

– jawel, de dichter zit daar een beetje in de boom. Niet vaak weliswaar, maar toch geregeld.
  Daar zit hij dan op de uitkijk, zoals dat gaat bij dichters.
  't Roept een beetje die andere eerste regel van Minne bij je wakker –

De dichter zit in het bordeel en denkt

– ook al zo langs de neus weg gezegd. Ook al zo zonder enige tegenspraak te dulden. Zó boem-pats dat je de gekkigheid ervan vergeet.

Niet de gekkigheid dat de dichter in het bordeel zit, bedoel ik, maar dat hij denkt.

De dichter zit dus in de boom, akkoord, en hij observeert vanuit zijn hoge positie het mensengewoel.

De omschrijving 'een boom boven de vlakte' duidt op een solitaire boom en dus ook op een *eenzame* positie.

Alles bij elkaar heeft het iets van de beruchte ivoren toren, al gebruikt Minne de meest dagelijkse taal.

Uitkijk, boom, vlakte, mensen. Zitten, lopen.

Pas in de derde regel tilt hij het beeld naar een symbolisch plan. Een lokaal feit verhevigt zich tot algemeen idee.

Het lopen van mensen wordt het ijlen van schimmen in een droom.

Omdat Minne de zotte situatie van de eerste twee regels zo zakelijk bracht accepteren we het abstracte vervolg als een realistische voorstelling.

De dichter schrijft het levendig genoeg op.

De mensen gaan uit elkaar om vervolgens nieuwe bendes te vormen – opstootjes lijken in de formulering van Minne onvermijdelijk – en

Zij draven, draaien, dretsen links en rechts

– dat *dretsen* is volgens het WNT West-Vlaams voor slenteren, 'zonder doel of zonder houding lopen'. Ze hollen maar wat, zonder te weten waarheen of waarvoor. En dat doen ze

te voet, per huifkar, rijwiel of in treinen

– dus in oude tijden, in de negentiende eeuw, in onze moderne twintigste eeuw, kortom sinds de mens twee benen heeft.

We zitten midden in een kosmisch beeld van de Mensheid door Alle Tijden heen.

Toch heeft Minne geen hoogdravend woord gebruikt.

De dichter spreekt duidelijk over de maatschappij. Hij blijkt niet te beroerd zich met de wereld te bemoeien.

Hij heeft hier zijn ivoren toren verlaten. De boom blijkt inderdaad gewoon een boom.

Wat resteert zijn vraagtekens. Twee opeenvolgende regels worden ermee besloten. Wat laat de mensen rennen? Zijn ze pionnen in een machtsspel? Of is het niets dan hun chaotische aard?

Hij komt er niet uit.

En hoe ik... – het 'en' aan het begin van de regel hier heeft een functie, het zegt iets over zijn enorme geduld.

Hoe lang hij ook, zo besluit hij, dit krioelen en dit kolken

van op mijn uitkijk wijselijk bespied

– dat wil zeggen, zo goed als hij kan, met al het oordeelsvermogen dat in hem is – hij kan er maar niet achter komen of er wellicht een diepere zin schuilt in al het gedraaf van die zielloze stippen op de aardkorst.

Wat voor zinvols en verstandigs kunnen we eraan ontlenen, aan dat fanatieke, haast dwangmatige samenscholen en beoorlogen?

Ik dub mij scheel. En gij? Ontwert gij iet?

Ook de slotregel mag er zijn. Een ideale zin voor alle spandoeken ter wereld.

De verleiding is groot, na het deftige huifkar en 'eens gevechts', maar vooral door de associatie die het woord 'scheel' met kijken wekt, om in *ontwert* het werkwoord *ontwaren* te lezen.

Ontwaart gij iets?

't Gaat natuurlijk om *ontwarren*. De slotregel heeft met nadenken en in de knoop geraakt zijn te maken.

Veel verschil voor de betekenis maakt het uiteindelijk niet. De dichter peinst zich suf. Hij ziet geen ontwarring van het raadsel.

En u? Komt u eruit?

't Is een knappe zet dat Minne hier de lezer rechtstreeks aanspreekt. Hij is niet uit op een advies, hij benadrukt alleen het retorische van de vraag. Tegelijk smeedt hij een band met de lezer door hem in vertrouwen te nemen.

Wij komen er met ons allen niet uit.

Nee, nu u het zegt, we snappen er ook niks van.

Als een dichter 'er niet uit komt', uit vragen van oorlog en vrede, dan heeft dat met een ivoren-torenhouding niets te maken. Dan is hij daarin als ieder ander zich scheel dubbend mens. Ziedaar de bijdrage van Richard Minne, vermaard dichter, aan het vraagstuk van literatuur en engagement.

MEER DAN DE SOM DER DELEN

VI *Waarin we van het ongedierte in het sublieme glijden, of van cactus tot verlatingsangst*

VLO

Vlo, verre vlo, sinds jij de show verliet
zweeg het orkest in het theater stil,
mist zonder oorzaak en gevolg de wil
de weg de wet van dans en levenslied

(ach vlo, ik weet jij schuilt in het gordijn;
daar zijn ook harlekijn, pierrot en maan-
licht schijnt op rodica en dodica,
die treuren om de trekharmonica,
daar reikt een slanke dodezwarte zwaan
de hals naar dingen die niet mogen zijn)

te vinden, of jij ons voorgoed verstiet.
Ik zou willen hopen. 't Is hier zo kil.
Soms denk ik in de coulissen een pril
geritsel, muziek te horen. 't Is niets.

Koos Geerds (geb. 1948)

Het verlangen naar vlo. Meteen aan het begin al van het gedicht is daar die roep en die hunkering.

Vlo! het is de O! van de vocatief.

Vlo, verre vlo – het is duidelijk dat de vlo er niet meer is.

Het vlooientheater mist zijn voornaamste attractie. De show verlaten, het heeft iets van verraad. Show rijmt niet langer op vlo.

Dan moet de dichter zelf maar springerig zijn. Koos Geerds doet in de regels daarop zijn best ons op het verkeerde been te zetten.

Mist zonder oorzaak en gevolg, denk je dat er in de derde regel staat. Geen hand voor ogen te zien.

Het kan. Maar dat het orkest de wil mist kan ook. Of dat de wil iets mist.

De wil de weg, lees je. Waar een wil is is een weg, denk je.

Het kan. Maar dat de wil wordt gemist om de weg te vinden kan ook. In dat geval moet je de haakjes overspringen om 'te vinden' te vinden.

Weer zoiets van de moderne poëzie, denk je. Zo'n lange tussenzin tussen haakjes.

Maar dat overspringen over die flinke onderbreking van zes regels, het kan ook de sprong van de vlo zijn.

Grapje van de dichter!

Het *kan* niet alleen, het lijkt het waarschijnlijkst. Ook de rijmwoorden immers worden na de haakjes weer opgepikt, of er intussen niets is gebeurd. Nu ja, een luchtsprongetje.

De wil is dus weg om de weg te vinden. Welke weg? De wet van dans en levenslied.

Theater en poëzie. We bevinden ons tussen haakjes. In het gordijn schuilt daar de vlo die over zichzelf heen springt – in het toneelgordijn.

Harlekijn, Pierrot en de maan, we horen Martinus Nijhoff. Het schijnwerperlicht valt op rodica en dodica, die we kennen uit de *Rijke armoede van de trekharmonika* van Paul van Ostaijen. En die slanke dodezwarte zwaan kan ook alleen maar van een dichter zijn. De zwaan reikt met zijn hals naar iets onbereikbaars, iets onmogelijks.

Weer dat gemis.

Tussen de haakjes heerst melancholie, die theatrale vorm van het verlangen. Als je 'te vinden' eenmaal hebt gevonden *zag* je de vlo springen. Ze werd gevisualiseerd en dat maakt haar afwezigheid nog intenser.

De dichter heeft het over 'verstoten' – inderdaad een soort verraad. Nog even is er de hoop en de illusie. Maar het geritsel dat aanleiding gaf tot muziek is er niet.

't Is niets.

Het klinkt als een bevestiging, omdat de dichter zich al in het niets bevond toen hij tussen haakjes verkeerde.

De ruimte waarin een afwezige vlo over zichzelf heen springt mogen we toch wel een vacuüm noemen.

't Is hier zo kil

– schrijft de dichter. Het is of hij zeggen wil dat hij iets essentieels mist. Of hij zonder de vlo niet compleet is.

Tussen de haakjes bleek de vlo aardig thuis in de literatuur. De vlo heeft de literatuur gelukkig niet verlaten. Ze heeft zich altijd op haar gemak gevoeld en schuilgehouden in de literatuur.

Zelden zal iets zo kleins zo veel inkt van literatoren hebben doen vloeien.

Der literarische Flohzirkus is zelfs de titel van een beroemde bloemlezing (1922) uit de vlooienliteratuur. Het was niet de eerste bloemlezing en de verzameling is sindsdien meermalen aangevuld.

Je hebt uiteraard ook vlo-bibliografieën, boeken over boeken over vlooien. We leren eruit dat het vlo-gehunker een constante is in de literatuur.

Ook in de Nederlandse. Er bestaat uit de vroege Middeleeuwen al een schertsgedicht over de symbiose tussen vlo en vrouw, Constantijn Huygens vertaalde *The Flea* van John Donne en in de achttiende en de negentiende eeuw trad de vlo op in talloze fabels en satires.

Hygiëne en spuitbussen hebben de vlo nadien ietwat uit het zicht laten verdwijnen.

Toch ken ik, naast dit voorbeeld van Koos Geerds, uit onze tijd nog vlo-gedichten van J.C. van Schagen en Tomas Lieske. 'De vlo is de losmaker van gedachten,' schrijft de laatste. En –

De ogen staan bij nader inzien wat vermoeid
in deze kleine insekten die ondanks hun capriolen
niet kunnen bogen, ook niet op vleugels,
maar die de wereld bevolken en vervolmaken.

Weer die volmaaktheidsgedachte. De vlo heeft duidelijk een groot krediet bij dichters.

DE WURM

Er zit een wurm in onze juttepeer,
dat weten we nu zoetjesaan wel zeker.
Het ligt misschien, wie weet, wel aan de kweker
of aan de groenteman, of aan het weer.

De ene mens denkt aldoor vol verdriet:
hoe komt die wurm erin. Hij wil het weten.
De and're mens wil nooit meer peren eten,
maar dat is overdreven, vindt u niet?

Dan is er altijd ook nog wel een man,
zo een, die denkt de wurm eruit te krijgen
door bovenmatig met zijn vuist te dreigen,
maar nebbisj, zeg, daar schrikt die wurm niet van.

Er zijn er ook, die houden zo van fruit,
dat zij de peer met wurm en al verslinden,
en zeggen dat ze 't overheerlijk vinden,
maar in het donker spugen ze hem uit.

En daar in dat cafeetje zit er een,
die zegt: het is geen peer. Het is een appel.
Ik zeg maar zo, wat maak je je te sappel,
alla, 'n wurm. Ik eet er maar omheen.

Annie M.G. Schmidt (1911-1995)

Gedichten van Annie M.G. Schmidt worden gekend, gelezen en gezongen. Dat haar werk in twee dikke dundrukdelen is verschenen heeft daar geen afbreuk aan gedaan.

Ietwat verbijsterd denk ik dan aan de drie dundrukdelen waarin het werk van Pierre Kemp ligt begraven. Daarbuiten hebben zijn gedichten geen leven meer en daarbinnen kijkt er niemand naar om. Ze zijn onttrokken aan de circulatie, weggezogen uit het literaire verkeer en uit de ruimte van het poëtisch bewustzijn.

Gedeponeerd in drie chique archiefdozen.

Ook de meer dan duizend bladzijden tellende definitieve uitgave van de gedichten van Chris van Geel vervult je met zo'n treurigheid. De uitgave is wel *erg* definitief. Wat losjes en intrigerend door onze hoofden hoorde rond te huppelen ligt vastgespijkerd en uit het zicht in een linnen graf. Zie je poëzieliefhebbers, minnaars en dromers al gulzig bladeren in zo'n boek? Het is een prestigeobject. Het kan in de kast worden bijgezet. Als je een *Verzameld Werk* aanschaft heb je voor eens en voorgoed je schuld jegens de dichter ingelost.

Wie te vroeg op bijbelpapier wordt vereeuwigd raakt makkelijk vergeten.

Annie M.G. Schmidt vormt daar onder de naoorlogse dichters een uitzondering op. Zij hoefde niet op haar verzameld werk in kalfsleren cassette met leeslint te wachten om klassiek te worden.

Ze was al zo ongeveer sinds haar eerste bundels een beetje klassiek.

Niet klassiek in de trant van bijgezet en gebalsemd, maar klassiek in de trant van geliefd en op ieders lip.

We moeten haar liedjes en gedichten in dundruk maar zien als een literair eerbetoon. Op die manier vervult zo'n uitgave – die voor andere dichters als een literaire moordaanslag is – nog enige functie.

Ik wil niet beweren dat de literaire wereld tot het moment van verschijnen neerkeek op haar lichtvoetigheid en humor. Veel 'serieuze' dichters citeerden haar graag. Maar ook als je het niet als een *minder* genre beschouwde, het bleef een *ander* genre.

Om van mijn weemoed te genezen kijk ik wel eens naar de ruggen van Annie M.G. Schmidt, zoals die nu naast de ruggen van Chris van Geel en Pierre Kemp staan, en dan verheug ik me over dat kortstondig vertoon van rechtvaardigheid.

Allemaal poëzie.

Er zit een wurm in onze juttepeer,
dat weten we nu zoetjesaan wel zeker.

Niet *een worm in de appel*, maar *een wurm in de juttepeer*. Dat heet in gewone spreektaal afwijken van de geijkte taal. Dat heet met een zekere gemaaktheid gewoon doen.
 Straatironie.
 Tegelijkertijd verbergt het een boel ernst.
 In *onze* juttepeer.
 Het begint ons allemaal zo langzamerhand wel te dagen, wil de dichteres zeggen, dat er iets rot is met de wereld van ons.
 Vervolgens zet ze, in speelse vermomming, op een rijtje welke eigenwijze, aandoenlijke, zinloze of donquichotterige pogingen de mens onderneemt om die inwendige rottenis het hoofd te bieden.
 Een schuldige is er niet, zoveel blijkt wel uit regel drie en vier.
 De ene mens wordt tobberig en religieus, de andere zet er walging tegenover. Een derde vertoont agressie, een vierde deint hypocriet mee.
 En in dat cafeetje zit de vijfde, de katholieke existentialist. Het is tenslotte een gedicht uit 1950.
 We komen weer bij *onze* juttepeer terecht omdat de dichteres zichzelf – als zesde en laatste – niet buiten beschouwing laat.
 We zitten allemaal in hetzelfde schuitje.
 Daardoor krijgen de anderen in hun sukkelachtigheid iets sympathieks.
 Met de dappere mislukkelingen die Annie M.G. Schmidt opvoert heb je altijd een beetje te doen. Maar nooit is haar relativerende spot over de nietigheid en het lichtelijk ridicule van ons streven gespeend van een oordeel en een standpunt. Annie M.G. Schmidt is niet braaf. Ze kan venijniger zijn dan de hardvochtigste maatschappijcriticus.
 Ze heeft welbeschouwd altijd een boodschap. Nu – boodschap is bij haar een te zwaar woord.
 Vergelijk het met iemand die er heel hevig naar verlangt zo onopvallend mogelijk te zijn, bijna afwezig. Zo'n verlangen zou

dan, om bij de persoon te passen, *ook* heel licht en onopvallend moeten zijn. In elk geval niet hevig. In een wereld die niets weegt misstaat een expliciet verlangen.

Op dezelfde wijze schuilt het wonder van de boodschap van Annie M.G. Schmidt altijd in het zoveel mogelijk verbergen en terugdringen van de boodschap.

Steeds raken we vervuld van een warm gevoel over het oordeel dat ze niet lijkt te hebben.

DE CACTUS

Kaal staat hij voor de blankheid der gordijnen,
verschrompeld in wat kiezel en wat zand
en mist zijn ziel: het alverschroeiend schijnen
der eeuwige zomers van zijn vaderland.

Maar aan het einde van zijn lijdzaam dulden,
spruit op een lichte morgen, als een vlam
van 't heet verlangen dat hem gans vervulde,
een bloem van heimwee uit zijn dorre stam.

Hij bloeit; en in die onverwachte droom
laat hij een stond zijn heimlijk wezen blinken
in 't graf van broze bloemblad en aroom,

zoals de dichter die, na harde strijd,
zijn innigst voelen in een lied doet klinken
en weerkeert tot zijn oude eenzelvigheid.

Jan van Nijlen (1884-1965)

De dichter is een koe, zei een dichter. De dichter is een cactus, zegt Jan van Nijlen.
 Beide vergelijkingen hebben wel iets met elkaar gemeen.
 Een koe herkauwt en zwelt gestaag, tot de melk van de poëzie er klaterend uit *moet*, een gebeurtenis waar 't arme beest geen greep meer op heeft.
 Ook bij Van Nijlens cactus is er sprake

van 't heet verlangen dat hem gans vervulde

en dat *nolens volens* op zekere dag zomaar naar buiten treedt.
 Koe en cactus zijn beide trage wezens, ook *die* boodschap van de dichter is duidelijk.

Zwelling, verlossing.

Een gedicht wordt binnen deze beeldspraak gepresenteerd als iets wat moeizaam totstandkomt.

Zwijgende bereidheid, geduldig wachten, barensweeën.

Jan van Nijlen heeft geen dichters op het oog die op bestelling leveren of die om de haverklap en voor de vuist weg een vrolijk deuntje ten gehore kunnen brengen. Gedichten dienen te rijpen in de dichtersziel en kunnen om die reden alleen spaarzaam worden geproduceerd. Poëzie is een zaak van innerlijke noodzaak, van heilig moeten.

Als grootleveranciers van oppervlakkige wegwerpproducten, zo zien dichters zichzelf niet graag.

Dat alles ligt in dit cactusgedicht besloten.

Het eert de bijzondere status van de dichter. Niet die van de spectaculaire of zich spectaculair wanende goochelaar, maar die van de nederige werker, de stille dienaar.

Eenzaampjes aan het vensterraam.

Onopvallend en dor lijkt onze cactus. Hij 'mist zijn ziel'. Die apotheose van gemis, aan het begin van de derde regel, werkt dramatisch.

Ineens is het gewone, zelfs ietwat burgerlijke dingetje uit de eerste twee regels iets geworden met zowel een ziel als een gemis. We spitsen onze oren. Dan volgt de omschrijving van de ziel die zo deerlijk wordt gemist door het schamele wezen –

het alverschroeiend schijnen
der eeuwige zomers van zijn vaderland

– met andere woorden: het zinderende licht beheerst zijn dromen.

Hier houdt de overeenkomst met de koe-metafoor geheel en al op.

Een koe zou natuurlijk nooit zo dromen. Een koe droomt van weilanden en niet van woestijnen.

We zien over het hoofd dat ook een dromende cactus zelden wordt waargenomen en constateren dat dit beeld van een vader-

land met een alverschroeiende, eeuwige zomer een schitterend beeld is.
Het land van herkomst van de cactus.
De oerbron van de poëzie, het totale licht.
Dat weten we op dat moment nog niet. Jan van Nijlen geeft stapsgewijs zijn bedoelingen prijs. Tot driemaal toe doet hij dat aan het begin van een zin. Eerst met dat –

en mist zijn ziel...

– vervolgens met het

Hij bloeit...

– en ten slotte, als een soort definitieve ontknoping, met

zoals de dichter die...

Het zijn alle drie keren niet alleen samenvattingen van het voorafgaande, maar tevens uitwaaieringen naar nieuwe informatie.
    De plant heeft een ziel. De ziel heeft een droom. De droom baart een bloem. De bloei is een kortstondig en broos geschenk. Het geschenk bestaat uit de schepping van de dichter: het geslaagde gedicht. Cactus en dichter keren na hun wonderbaarlijke bevalling allebei terug tot hun schuwe, wereldvreemde staat.
    De slotterzine van het sonnet – de derde trap van de drietrapsraket – maakt de vergelijking rond en benadrukt tegelijk het cyclische karakter van het proces.
    Het kan lang duren, maar ooit komt er opnieuw een essentieel gedicht dat de tijd trotseert.
    De oorsprong van de poëzie is, volgens Van Nijlen, visionair en chaotisch. De aanleiding duister en onverwacht. Het resultaat om onbegrijpelijke redenen volmaakt.
    Bepaalde sleutelwoorden in *De cactus* roepen onwillekeurig het sonnet *Dichtkunst* van Gerrit Achterberg in herinnering, met de befaamde slotterzine

Het scala schokt. De symmetrie verstrakt.
Uit alle lijnen klimmen steile vlakken
tegen de nu gevonden evenaar

– steilten die als de bloemen van heimwee zijn, als de duizelingwekkende bloemen van de cactus.

Laat u intussen niet wijsmaken dat alle gedichten zo moeizaam en nobel totstandkomen. Geloof dichters nooit op hun woord. Weliswaar ken ik een dichter die er in het dagelijks leven uitziet als een droge cactus, maar dat is iets anders.

Gedichten komen ook wel eens simpeler ter wereld, anders zouden er niet zo veel gedichten zijn.

Een beetje waarheid zit er toch in, in *De cactus*.

ROCOCO

Gracielijk en licht sterven,
een kleine zucht in de paniers
en 't is niet meer.

dien avond heeft men ons
gekleed te bed gelegd,
als in een rose medaillon
voor iedereen te kijk –

en o bepoederde horreur,
het clavecin speelt door.

Wilfred Smit (1933-1972)

Rococo staat in de debuutbundel *Een harp op wielen*, uit 1959, van Wilfred Smit. Er verscheen in 1963 nog een tweede bundel van hem, *Franje*.

1959, 1963 – de topjaren van het woordgeweld van de Vijftigers en hun meelopers.

De gedichten van Wilfred Smit staken daar opvallend tegen af, met hun zuinigheid en verfijnde kieskeurigheid. Smit deed er nog een schepje bovenop door zijn gedichten bewust als afkomstig uit een andere periode te laten lijken.

Rococo, achttiende eeuw – maar meestal met een eigentijdse draai.

In zijn geciseleerde paneeltjes schuilt de houtwurm van de moderne cultuur. Lieflijk, roze en idyllisch trekken zijn gedichten aan ons voorbij, maar de rozigheid herbergt het noodlot, in het lieflijke ligt het verval besloten en de idylle baart een ramp.

Wat dat betreft was Wilfred Smit geen spat minder modern dan de spraakmakende poëzie van zijn tijd.

Hij schildert miniatuurtjes. Om binnen de sfeer daarvan te blijven gebruikt hij alleen aan het begin van het gedicht een hoofdletter – 'daar had als in anonyme middeleeuwse uitgaven zo'n met goud en veel krullen versierde kapitaal moeten staan,' schrijft hij zelf in een onvoltooid gebleven biografische schets, 'zo mogelijk met een prentje erin verwerkt.'

Het belangrijkste in dit citaat is de suggestie dat hij het liefst anoniem gepubliceerd zou hebben.

Het verdwijnen van het luidruchtige 'ik', het leven in een decoratieve achtergrond, de verstilling en een punctualiteit die zich niets gelegen laat liggen aan de klok – het zijn hoofdkenmerken van Wilfred Smits poëzie.

Het craquelé van een scheurende wereld, de besuikerde catastrofe, ze vormen een voor hem onmisbare uitrusting –

Het moet er zijn
als aan een stil ontbijt, erinyen
weggesloten in de honingpot –
wat zij wraakzuchtig neuriën
raakt ons niet meer

– dicht hij zelf in *Toevluchtsoord*. Wat *is* dat voor een toevluchtsoord waar de grommend aanstormende schikgodinnen onder controle worden gehouden?

De glazen, luchtdichte pot van de poëzie.

Zolang je het onheil bezweert ben je onaantastbaar. Doe het deksel op de onheilspellendheden van de wereld en je bent gezeten aan een stil ontbijt.

Argeloos begint de dag.

Tot het geneurie weer te sterk wordt en er een nieuw gedicht moet volgen.

Craquelé, de porseleinkast, rococo.

Archaïsch in dit gedicht zijn alleen al de woorden. Gracielijk, paniers, dien avond, horreur, clavecin. Maar ook de sfeer is die van een biscuitgroep, een oude speeldoos of een decadent avondbal. Alles is doorschijnend, *gothic*, bepoeierd.

In de eerste strofe lijkt het sterven iets moois, beweeglijks en vluchtigs. In de tweede strofe heeft het praalbed dat als lijkbaar dient al iets stijfs en voyeuristisch. In de derde strofe blijkt de ramp groter dan vermoed –

en o bepoederde horreur,
het clavecin speelt door

– het subtiele halfrijm benadrukt de gruwel van het feit dat de wereld onaangedaan haar bezigheden vervolgt.

(Als je het deftig, op z'n uitgestorven Haags, uitspreekt kan *horreur* ook helemaal op *door* rijmen.)

't Is allemaal opperst Wilfred Smitachtig, dat dansante doodgaan, die kijkdoos als roze medaillon –

alles wat rond is in zichzelf
en slapeloos –

zoals het in een ander gedicht van hem heet en, ten slotte, die combinatie van hemelse klanken en horror.

Alleen blijf ik zitten met één grote vraag: *wie* worden hier gekleed te bed gelegd? Wie zijn 'ons'?

Doorgaans gaat het bij Wilfred Smit om een breekbaar stel. Twee kerstboomballen. Een erwt en een erwtenbloesem.

Kan de kleine zucht in de paniers mij hier uitsluitsel geven? *Paniers* vormen als bloemkorf of opengewerkt vruchtenmandje een geliefd decoratief element in de rococo, maar *wat* zucht er? Brood, kersen, perziken, oesters?

Uitgedanste muggen?

Rozen?

Het *dien avond* zou een literaire knipoog kunnen zijn. Dien avond en die roze. Gezelle, om u te dienen. Maar ik zie toch moeilijk een tweetal rozen gekleed te bed liggen.

Moeten we onder 'een kleine zucht in de paniers' dan misschien het licht gekraak verstaan van hoepelrokken? Een dansend paartje valt om – en 't (het leven) is niet meer?

't Is voor mij een kwaadaardige rebus, dit gedicht.

Hoe intenser ik naar het prentje tuur, hoe hardnekkiger het me ontsnapt. Ik heb sterk het vermoeden dat iedereen onmiddellijk de oplossing ziet, behalve ik.

Ondubbelzinnig staat daar iets en alleen *ik* heb geen idee wat. Lieve lezer, lieve lezeres, wek me niet uit m'n droom. Hou het ei van Columbus bij u. Dit is mijn intrigerendste gedicht, neem het me niet af.

P.S. Ik kreeg dus een brief van een lezer en ik kreeg een brief van een lezeres. De lezer, de heer G. de Wilde, schreef: 'Smit en ik bewoonden in de jaren 1954-1955 het studiehuis Oude Vest 49 in Leiden en wij maakten – onder meer – studie van het Russisch. In fysiek opzicht was Smit een miniatuur, klein, licht en kaal met een snorretje. Hij was verfijnd zonder verwijfd te zijn. Op de trap in dat studentenhuis vertrouwde hij mij eens toe dat hij Ernestine ten huwelijk had gevraagd en dat ze nee had gezegd. Maar, zo voegde hij er met een fijn lachje aan toe, "wij meenden het geen van beiden".'

Dat was tenminste nog geen moord.

Een lezeres, mevrouw T.M.C. van Prooije, schreef: 'Ik denk aan een fresco van J.B. Zimmermann, geschilderd omstreeks 1739, in het slot Nymphenburg van de keurvorsten van Beieren, bij München. Het fresco is, evenals de rest van het slot, in rococostijl. Men ziet hierop, midden in een park, op een verhoging bij een fontein, een bleke dame, zittend op een roze kleed en leunend tegen een zuil. Een geknielde vrouw biedt haar een panier met rozen aan. Onder een pergola op de achtergrond wordt muziek gemaakt door een luitspeler.

Mijn droombeeld is: De keurvorstin, staande voor dit fresco, heeft in de bleke dame zichzelf herkend en mijmert nu over haar levenseinde. Zo broos is ze, dat een zuchtje wind door de paniers in het park haar noodlottig kan worden. Ze ziet het voor zich, hoe ze dan op haar praalbed zal liggen. Als vorstin gebruikt zij de pluralis majestatis "ons".

Een afbeelding van het bedoelde fresco staat in *Elseviers Grote Kunstgeschiedenis* van Gina Pischel, 1977, pag. 497.'

AAN DE GEDACHTEN

Gezwinde dochters van nooit maalens moede zinnen,
Gedachten, die u zelfs in duizend vormen giet,
Tuchthoudsters heusch in schyn, wanhebbelyk van binnen,
Waarom verlaat gy my ook in myn droomen niet?

Of is de slaap, de slaap, die 't alles kan beleezen,
Die 't al betoov'ren kan, in klem van uw gewelt?
En moet ik u by nacht, en u by dag dan vreezen,
Die my by dag en nacht uw wilde wetten stelt?

Postloopsters zonder toom, onmogelyk om hooven,
Spoorbystere gezin, onzeker, ongewis;
My dwingt uw onbescheid om zeker te gelooven,
Dat waaken droomen, en dat droomen waaken is.

Joan van Broekhuizen (1649-1707)

Als de gezwinde dochters van zintuigen die nooit moe worden van malen – wentelen, woelen –, zo spreekt de dichter in de eerste regel de gedachten aan.

In de tweede regel heet het dat ze zich in duizenden vormen weten te gieten.

Rusteloos en ongrijpbaar zijn deze gedachten dus – en toch heel concreet.

Het gaat niet om een symbolische vergelijking tussen slapen en waken in dit gedicht. De slotconclusie

Dat waaken droomen, en dat droomen waaken is

heeft nauwelijks betrekking op het bij dichters zo geliefde thema *Droom is het leven, anders niet* – het betreft hier geen metafoor, hier wordt op een klinische wijze een zielstoestand beschreven.

Joan van Broekhuizen – neolatinist en *minor poet* uit de nabloei van de zeventiende eeuw – spreekt in dit gedicht zijn gedachten toe. Hij bezit er blijkbaar veel. Hij omschrijft ze als snel, onvermoeibaar, altijd wisselend.

Naar de schijn lijken ze de zaak onder controle te hebben, als heuse *tuchthoudsters*, maar in wezen zijn ze ordeloos, *wanhebbelyk*. Ze teisteren hem tot in zijn dromen.

De dichter kent de slaap een grote macht toe. De slaap weet alles te *belezen*, dat wil zeggen ritueel uit te drijven of, in een zwakkere betekenis, te kalmeren.

Maar de slaap die alles bezweert en betovert kan zijn gedachten niet tot bedaren brengen. Zelfs zij – de almachtige – is de slaaf van gedachten.

De dichter gebruikt hier woorden als *geweld* en *wilde wetten*. Hij heeft het dus over dwingende gedachten, steeds terugkerende gedachten.

De dichter gebruikt hier het woord *vrezen*. Hij heeft het dus over ongewenste gedachten.

Ze laten hem geen moment – bij dag en bij nacht – met rust.

Welnu, dit lijkt geen ode op de gedachterijkdom van de mens of op zijn vlijtige voorstellingsvermogen. Vaak worden gedachten als een loffelijk bezit voorgesteld –

Va pensiero, sull'ali dorate

– als een bron van hoge vluchten, van liefde of opbouwende wijsheid.

Joan van Broekhuizen herinnert er ons aan dat onder ons schedeldak ook stofnesten en vernietigende duivels huizen.

Niet altijd gaan gedachten op adelaarsvleugels. Ze strompelen soms. Ze kwellen en ontstellen. Of ze draaien, simpelweg, in een kringetje. Alleen al door hun eeuwige terugkeer – nooit malensmoe – matten ze ons af.

Dezelfde hardnekkige gedachte vermomt zich in steeds andere formuleringen – in duizend vormen – en gunt ons geen moment van rust. Het zijn jagende gedachten die van geen verdoving willen weten. Die zelfs de op één na grootste verdover, de slaap, in hun wurggreep houden. *In klem.*

Veel gedachten, tobberige gedachten – het gedicht zou over de melancholie kunnen gaan.

Toch geloof ik dat de dichter iets sterkers beoogt. Hij ziet zijn gedachten als iets onvermoeibaar vermoeiends – ze gunnen de moeheid geen ogenblik de triomf van de slaap.

Dit lijkt me geen ode op de gedachteweelde of een gedicht op de melancholie, dit lijkt me een poëtische kenschets van de dwangneurose.

Eeuwen voor de psychologie er een naam voor bedacht beschreven dichters het verschijnsel al. Zo ook hier. In zijn slotstrofe laat Joan van Broekhuizen er geen twijfel over bestaan dat hij het over ontregelde en ontregelende gedachten heeft.

Hij noemt ze – als echo van *tuchthoudsters heusch in schyn* – allereerst *postloopsters zonder toom.* Op hol geslagen koeriers of postiljons. Onbeteugelde berichtenbrengers.

Onmogelyk om hooven noemt hij ze onmiddellijk daarop. Ik denk dat dit zoiets betekent als: onmogelijk om een vast verblijf te vinden.

Spoorbystere gezin heten ze in de compacte opeenvolging ten slotte – met *gezin* in de betekenis van *gezindte,* troep, gezelschap, volgelingen.

Inwonenden die eigenlijk niet kunnen inwonen. Boodschappers die teugelloos rondrennen.

Gedachten zonder houvast, zonder basis, zonder richting. Voortvluchtig, chaotisch. Boodschappen die nergens gedeponeerd kunnen worden, zodat niemand weet wat de boodschap inhoudt.

Onzeker, ongewis.

Ondanks hun ongewisheid zijn ze onstuitbaar, gewelddadig en urgent – dwanggedachten.

Zodra we dit hebben begrepen gebruikt de dichter in de voorlaatste regel zelf het woord *dwingt.* Al zijn onzekere dwanggedachten bij elkaar *dwingen* hem door hun *onbescheid* – dat wil zeggen door hun gekte en roekeloos gedrag – uiteindelijk tot één zekere gedachte.

De vraag van regel vier –

Waarom verlaat gy my ook in myn droomen niet?

– wordt in de slotregel trefzeker, gewis en standvastig beantwoord. Wakker zijn en dromen is een en hetzelfde. De zorgen van de nacht zijn de zorgen van de dag.
Van die neurose komt de ware tobber nooit af.

POÈME DE L'EXTASE (SKRJABIN)

Rustige avond met een glaasje,
Poes, die warme zak
en Skrjabin. Hoe hoger
dat koper hoe hoger
hoe geraakter.

Tot dat beest moet hebben gedacht:
die blijft geen schoot,
die gaat weer uit deze stoel
als een langzame duif
in de lucht staan wuiven,
die gaat weer als een merel
met zijn ogen dicht
zijn bek staan tuiten –
want hij dook onder tafel.

En even later sloeg ik
de bekkens en de maat,
floot ik trompetten
en fluiten.

Erik Menkveld (geb. 1959)

Braver kan een gedicht toch al niet beginnen –

Rustige avond met een glaasje,
Poes, die warme zak –

een gedicht dat met zo'n idylle inzet zou misschien ook verder een heel braaf, tuttig gedicht kunnen worden, maar een beetje poëzielezer weet natuurlijk al dat zoiets niet kan duren en dat zó veel gezelligheid een angel in zich moet bergen.

In de negentiende eeuw zou – in de verdere coupletten – vast nog luid gesnord worden door Poes, het glaasje zou op het vaderland worden geleegd, waarna kindje binnenkwam en heel het huisgezin het op een oorverdovend juichen zou zetten.

De moderne poëzielezer is geschoolder geworden, al heeft hij nooit les gehad in poëzie. Getrainder, argwanender.

Rustige avond met een glaasje

– oei, denkt de moderne lezer meteen al, het zal wel. Als dat maar goed afloopt.

Dat wordt onweer met gerinkel.

Wij zien té veel vrede onmiddellijk als een signaal.

Niet de poëzie heeft ons zo afgericht, maar de wereld, ons leven.

Het mooie aan zo'n inzet is – en dat weet de dichter – dat er maar één idylle is en dat het daarna op eindeloos veel manieren fout kan gaan.

Hoe de idylle wordt verstoord blijft steeds weer een verrassing.

Van de kwaliteit van de dichter hangt de kwaliteit van de idylleverstoring af.

Bij Erik Menkveld is het de extatische toestand die het overneemt. Van rust naar extase is een grote stap. Menkveld neemt die stap – van de huiskamer naar de hemel, zal ik maar zeggen – moeiteloos.

Rustige avond met een glaasje,
Poes, die warme zak
en Skrjabin.

Jawel, één woord extra. Skrjabin. De muziek draait –

Hoe hoger
dat koper hoe hoger
hoe geraakter

– let op dat herhaalde *hoe hoger*. De eerste en nog louter mechanische omwenteling van de plaat, de cd, zit daarin – het *moet* de hoorder nog raken, het raakt, het is geraakter.

Tot dat beest moet hebben gedacht:
die blijft geen schoot,
die gaat weer –

enfin, Poes zág het dus al aankomen. Niet zozeer uit muzikale begaafdheid als wel omdat het niet de eerste keer is dat schoot van baas zo gek begint te doen.

Die blijft geen schoot, een pars pro toto, mooi is dat.

En het *weer* tekent de poes als vertrouweling van de situatie die nu intreedt.

Deze Menkveldse komiek en dit laconieke laten de overgang van burgerlijke naar mystieke staat haast ongemerkt verlopen: de baas is al opgestaan, de schoot is los, de geest is verrezen, de kat zit onder tafel.

Het lukt Menkveld zijn zotte toestand van vervoering aannemelijk te maken door de haast verontschuldigende ondertoon van spot. Extase is een honds moeilijk en explosief gegeven, waar veel dichters hun vingers en ziel aan hebben gebrand.

Het lukt hem door deze extase uitsluitend aan de hand van uiterlijke kenmerken te beschrijven en dan ook nog eens, voor het grootste deel, gezien door de ogen van Poes.

Staan wuiven als een langzame duif. Met zijn ogen dicht zijn bek staan tuiten als een merel.

Vanzelfsprekend denkt een poes in vogelmetaforen.

De doeltreffendheid van de omtrekkende beweging.

Even later – Poes weg – is de mystieke toestand compleet. Wuivend, tuitend, slaand en fluiten fluitend staat de zot daar.

Wij herkennen hem. We zijn betrapt. We worden bespied – zoals we de dichter bespieden – op een moment dat men zich onbespied waant. We zien de extase van het enthousiasme, van de vervoering die door een grote vervoering wordt teweeggebracht.

We kennen het allemaal: hoe hoger hoe geraakter tot het raak is.

De vervoering van de *concentratie* die op de meest alledaagse avonden bij een glaasje kan toeslaan. De overgave waarmee we onszelf voor gek zetten, en vertel het niet verder.

Dit is niet zozeer een gedicht van een toestand, maar van een gebaar – van dat punt waarop je, eerst nog langzaam deinend en schokkend, *moet*.

Je overgeven. Gekke gezichten trekken. Meedirigeren. Van de wereld af zijn. Opgaan in de kunstenaar. Zelf kunstenaar zijn.

Zo laat een gedicht af en toe de mens zien, zielsnaakt, zoals we ons in werkelijkheid voor geen goud zouden willen tonen, in onze meest lachwekkende kwetsbaarheid.

VERJAREN

Zo kwam de dag dat kleren kleren waren
en elke wens hem weer te laten leven
een daad van diep geloof, een streven
om flarden van herinneren te sparen

die elk op zich te mistig bleven
om vlees te worden, geur te geven
laat staan een samenhangend beeld te weven
van wie hij was voordat hij stierf.

Dus gooide ik zijn kleren weg, zijn foto
verbleekte aan de muur en hij verdween

voorgoed. Alleen zijn naam bestaat, een steen
nog even en hij is geruimd, dag Romeo

Th. van Os (geb. 1954)

Om stemmingen vast te houden – en op te roepen – die te maken hebben met vergankelijkheid en vluchtigheid, ook daar leent de poëzie zich uitstekend voor.

Vast omdat een gedicht *zelf* zo kort duurt.

Door de relatieve breedsprakerigheid die bij proza hoort wordt dat soort stemmingen vaak meteen gedood.

Wie een gevoel van gemis of een ervaring van vergankelijkheid omstandig gaat uitleggen, brengt de onbestemdheid van het gevoel en de kortstondigheid van de ervaring om zeep.

En juist een goed gedicht legt niets uit, laat staan omstandig.

Het effect van een smartelijke flits blijft overeind omdat het gedicht zelf vaak een smartelijke flits is.

Dood en herfst en schemer, afscheid en aarzeling en verdwijning, al die tussentoestanden komen in poëzie optimaal tot hun recht.

Verjaren, verbleken, flarden, mist – woorden die duidelijk maken dat ook dit gedicht een tussentoestand behandelt.

Een tussentoestand van korte duur, of liever gezegd een overgangstoestand – het ene is al definitief ingetreden en een glimp van het andere is er nog.

Zoiets kan je alleen oproepen in een gedicht, omdat een gedicht een optelsom is van omtrekkende bewegingen en omdat een gedicht van ophouden weet.

Poëzie kan uitdrukking geven aan een woordeloze ervaring zonder zelf woordeloos te zijn. Poëzie kan de lezer achterlaten met de impressie van een vaag, onbestemd gevoel terwijl ze zelf uit exacte, heldere taal bestaat.

Dit is een gedicht zonder pathetiek.

Toch zet het *even* een flitslicht op zowat de meest troosteloze ervaring die de mens kent, de ervaring van het definitieve afscheid, het totale verdwijnen.

Er was iemand die ons liefde vroeg of gaf, er is een lijk, er is een herinnering en een portret, er zijn herinneringen die je in de steek laten en een portret dat verbleekt, er is een klank en een laatste glimp, er is helemaal niets meer.

Allemaal mooi en wel, maar geef zoiets eens even vluchtig weer als het in werkelijkheid is. Laat zoiets eens net zo schrijnend opflakkeren als in de realiteit.

Dat kan dus alleen in een gedicht.

In dit gedicht. Niet door die ervaring uit te leggen, maar door zomaar een paar woordjes op de juiste plek te zetten. Niet door te roepen in een toeter, maar door hier en daar achteloos iets te laten vallen.

Ach, wat kunnen dichters veel bereiken door zo weinig mogelijk te doen.

Wat is het mooi om dichters bij de hand te hebben.

Een paar bescheiden accenten heeft Th. van Os in dit gedicht maar nodig. Eigenlijk alleen in de eerste en laatste regel, waar een zekere benadrukking toch al niet ongewoon is.

Dit keer geen seks en hardhandigheid, thema's waar de poëzie van Van Os in uitblinkt. Hij schrijft hier in feite een ietwat traditioneel gedicht, met rijm, cesuur en enjambement op de poëtisch correcte plaatsen.

't Is of hij zo weinig mogelijk wil opvallen om zoveel mogelijk in zijn opzet te slagen: het oproepen van het schokkend besef van voorbij en o, voorgoed voorbij.

Zo kwam de dag dat kleren kleren waren

– de evocatie van het *voorbij* begint niet voor niets met de kleren van de dode. Kleren – die het dichtst bij zijn huid waren. Kleren vormden zijn lichaam toen hij nog leefde. Kleren droegen zijn geur. Kleren waren, om kort te gaan, de drager van het tastbare én het vluchtige.

Spreekt misschien ook ergens de betekenis kolere kolere mee? De verdubbeling zou het doen vermoeden. Maar *kleren kleren* is op zich al bitter genoeg.

Verbittering over het vervagen: dat er zelfs voor de *wens* om iemand te laten herleven nu een diep geloof nodig zou zijn betekent dat er aanvankelijk iets van een geloof heerste.

Dat geloof werd volstrekt ongeloof. Elk streven werd een onmogelijkheid.

De realiteit dient te worden aanvaard, de kleren zijn gewoon weer wat ze waren – kleren.

Het sparen van flarden, de mistigheid van elke herinnering op zichzelf: wat hier staat is dat de reconstructie van de dode neerkomt op het verzamelen van mist, op de optelsom van nul en nul.

Ook de laatste geur heeft de kleren verlaten en daarmee verdween zelfs het onstoffelijke beeld van het lichaam, het samenhangende beeld van hemd en geur en lijf.

Niet alleen het weefsel vervaagde, ook alles wat het weefsel weefde –

Dus gooide ik zijn kleren weg

– het klinkt niet eens cru, het is de logische gevolgtrekking van het voorafgaande.

Het hadden ook de kleren van zomaar iemand kunnen zijn.
Lichaam weg, herinnering weg. Zowel de kleren als de foto weg.
Een allerlaatste glimp nog, de naam op de steen –

nog even en hij is geruimd –

– niet alleen fysiek opgeruimd, opgeruimd ook in de herinnering van de dichter.
Bitter dat op het sterven nog de vergetelheid volgt. Dat er na het verdwijnen van de aarde ook nog eens uit het hart verdwenen moet worden.
Of de dichter dit al of niet betreurt, we weten het niet, hij *beseft* het in elk geval –

nog even en hij is geruimd, dag Romeo –

– snel, na de komma, prevelt hij nog een laatste vaarwel.
Een accentje dat klinkt als een klok.
Een simpel *dag*. De simpele naam *Romeo*, de naam van alle jonge minnaars en geliefden.
Geen punt erachter, nee, een groet die wegschoot in het niets.
De dichter laat zijn Romeo zó grondig verdwijnen dat we zijn Romeo een seconde lang levensgroot voor ons zien.
Alle Romeo's.
Door het wegschrijven van Romeo schrijft hij een ode op de liefde.
We zullen nooit weten of de dichter het *dag Romeo* achteloos, wegwuivend bedoelde of dat het – te midden van de verdere seks en hardhandigheden – klinkt als een angstig piepje. Het zou *daar ga je, jongen, dat was het dan* kunnen betekenen, het zou een ultieme uitroep van verlatingsangst kunnen zijn.
Een tabee of een help.
Wat doet het ertoe? Er hééft iemand geleefd en hij heette Romeo.

DE POP

Gelijk een spelend kind, in zoete waan,
Haar pop aan 't liefdevolle hartje drukt,
Van 't zielloos mondje menig kusje plukt
En meent haar kindjes hart te voelen slaan,
Het vlassen haar met bloem en lintje smukt,
De kleertjes aantrekt, die zo mooi haar staan,
De wassen wang, wier rooskleur haar verrukt,
Warm streelt – de verf hangt lipje en vingers aan –

Zo deed ik, dwaze, met mijn dichterdroom.
Mijn leven leende ik aan de lieve pop.
O glimlach niet: ik was zo jong, zo mild!

Mijn popje doste ik uit en sierde ik op
En kuste en minde ik, o zo teer, zo vroom,
Zo lang... Wee mij! ik heb mijn ziel verspild!

Hélène Swarth (1859-1941)

Dit is een gedicht van een vrouw die over haar pop schrijft, maar niet heus. Dit is een poppengedicht voor kinderen, maar vergeet het.

Er is niets lievigs en zoets aan dit sonnet.

Al staan haast alle regels vol met hemelse woordjes, het is een sonnet met duivelse trekken.

O, het begint heel lieftallig –

Gelijk een spelend kind, in zoete waan,
Haar pop aan 't liefdevolle hartje drukt

– een homerische vergelijking die een vervolg belooft van spel, zoetheid, liefde en omhelzingen.

Misschien dat iemand in de uitdrukking *zoete waan* al een

worm in de appel vermoedt, maar dan moet zo iemand wel een erg argwanende lezer zijn.

Dat er iets wordt aangekondigd staat wel vast.

Wat ons in dit gedicht verbaast is hoezeer de dichteres de spanning weet vol te houden. Door geen moment te verdonkeremanen *dat* er iets aan de hand is. Door niets te verraden van *wat* er straks aan de hand zal zijn.

Ze zet, om zo te zeggen, de lezer op het verkeerde been en laat hem zo lang mogelijk op dat been staan.

Wie door de *zoete waan* geen argwaan kreeg zal dat zeker door *'t zielloos mondje* krijgen.

Het mondje geeft niets terug, er moet van dat mondje *geplukt* worden.

Wat volgt is een hele *reeks* dompers op de vreugde van de zoetheid en het liefdevolle hart.

Het kind *meent* het andere hart te horen slaan. Eerder de waan van het misverstand dus dan van de verbeelding. De pop heeft *vlassen* haar en een *wassen* wang, de kleur en de substantie van de imitatie. Het binnenrijm – vlassen, wassen – benadrukt de dreiging van de levensloosheid.

We voelen dat we ergens naar toe geleid worden, al weten we niet precies waar naar toe.

Er heeft zich al iets voltrokken, maar wat? Geen idee.

We zien in de voorstelling van het spelende kind met de pop de ironie groeien, al hebben we geen vermoeden van de reden voor die ironie.

Het *kind* blijft verrukt. Het *kind* blijft de zielloze wang warm strelen.

Het kind weet nog niet beter.

De dichteres kreeg het intussen voor elkaar dat het kind dat alles bleef doen tegen *ons* beter weten in.

Alleen weten we weer niet *welk* beter weten.

Achteloos, tussen twee gedachtestreepjes

– de verf hangt lipje en vingers aan –

geeft de dichteres de ergste eigenschap prijs van de automaat die voor het kind het alomvattend begrip beduidde van moederschap. De verf bladdert er af. De verf blijft plakken op lip en vingers.

Dooier en ondankbaarder kan een troetelwezen niet zijn.

Zelfs op dat moment weten we *nog* niet waar de dichteres heen wil. We tasten volkomen in het duister over de tweede helft van de vergelijking.

De dichteres speelt met ons. Het lijkt of ze de lezer als een pop in haar handen houdt.

Na de eerste acht regels van een sonnet volgt, zoals dat heet, de *chute*.

Nu, geen chute zo'n chute als hier.

Zo deed ik, dwaze, met mijn dichterdroom.

Boem, en meteen een punt. Er is maar één regel nodig om met beide benen op de grond te komen. De spanning rond de onechtheid van de pop werd alleen opgebouwd om te belanden bij de dwaasheid van het kind.

Onmiddellijk pakt de dichteres de beeldentaal van pop en uitdossing weer op.

Er lijkt geen breuk, de chute was alleen het scharnierpunt van een symmetrie.

Je had een verwachting en je had een onvoorspelbare ontknoping. De zoete spanning van de eerste helft en de bittere ontnuchtering van de tweede. Maar het gedicht brak niet in tweeën.

De dichteres presenteert zich *zelf* als volledig uit het veld geslagen –

Wee mij! ik heb mijn ziel verspild!

– maar ondanks die radeloze kreet loodst ze het gedicht beheerst naar de laatste regel.

De kreet aan het eind komt er des te snijdender door aan.

De kreet van een Faust. Maar de dichteres heeft haar ziel niet verkocht, ze heeft haar ziel verspild. Haar verzoeking heette niet Mefistofeles, haar verzoeking heette Pinocchio.

De pop wordt in de tweede helft geen verwijt gemaakt. Het wordt de droom niet aangewreven dat ze lieftallig en het koesteren waard was.

De dichteres verwijt zich haar eigen naïveteit. Ze was zo dom in haar droom te geloven – dat ze het dode door haar kunst tot leven kon wekken.

Als symmetrie werkelijk geslaagd is – en dat is ze hier – keert de lezer terug naar de eerste helft.

Daar staat met terugwerkende kracht dat de dichterdroom vals is. Dat niemand bij machte is hem leven in te blazen, zelfs niet met de grootste toewijding. Dat de kunst koud is en afbladdert.

Alleen – het kind weet het niet. In de eerste helft werd juist de kunstenaar geen verwijt gemaakt.

Wat houdt dit allemaal in?

De ware dichter gaat onbewust te werk. Zodra hij zich van zijn kunstjes bewust wordt sterft de poëzie.

En ook: een kunstenaar maakt kunst niet zielvol door er zijn eigen ziel in te stoppen.

En ook: dichten doen alleen speel- en spilzieke kinderen.

En ook: kunst ontnuchtert door haar hardvochtigheid en laat de ziende met lege handen achter.

En ook: jeugd weet niet wat ze bezit en volwassenheid is het toegeven van verlies.

En zo nog het een en ander.

Het *Wee mij!* werkt in alle gevallen als een deur die dichtknalt.

HEIMWEE

Het voorjaar was wat schuw en wispelturig
Dat duidt op levenskracht en goede zin,
De jeugd als ik die voorsta en bemin
Moet tegelijk verlegen zijn en vurig.

Maar bloemen zijn er al in overdaad
En in een zo verbijsterende schakering
Dat zelfs een kind kan zien hoe deze nering
Door dolle spilzucht moet te gronde gaan.

De dennen en de huizen op de helling
Zijn naar mijn smaak met overleg geplaatst
En als de baai dan nog het blauw weerkaatst
Vormt het geheel een vriendlijke bestelling,

Een paradijs zelfs, als de propagande
In woord en beeld zó agressief beweert,
Dat wie als ik een ander heil begeert,
Het liefst beschaamd zou zwijgen van die schande.

Maar als ik spreken moet als eerlijk man
Beken ik dat dit onvolprezen eden
Wat míj aangaat met toekomst en verleden
Finaal en integraal in 't niet verzinken kan

Met ál zijn tuinen, kapen, zeeën, einders,
Met mens en dier, de hele santekraam; –
Als ik ontsnappen mag door 't open raam
Naar Nederland, naar Amsterdam, naar Reinders.

J. Greshoff (1888-1971)

Wie precies weet wat heimwee is kent de heimwee niet.

Hoe meer je ermee te maken krijgt hoe ongrijpbaarder het fenomeen wordt. Bij elke nieuwe aanval van heimwee krijgt het begrip er een betekenislaag bij. Op 't laatst valt de heimwee die je hebt aan niemand meer uit te leggen.

Het is niet vrolijk en het is niet verschrikkelijk, het is niet chronisch en het is niet acuut, het is niet lastig en het is niet gemakkelijk.

En het is al helemaal niets daartussenin.

Het is een gecompliceerde ervaring, opgebouwd uit alle eerdere ervaringen van heimwee. Bij elke nieuwe aanval wordt het moeilijker te begrijpen voor een ander en oninteressanter voor jezelf. Voor jezelf resteert van de wonden alleen de korst.

Verlang je nooit terug naar daar-en-daar?

Het lijkt in het begin een eenvoudige vraag. Hoe langer je van huis bent, hoe vaker je van hier naar daar bent gegaan en van daar naar hier, hoe moeilijker het antwoord.

Heimwee begint naar twee kanten te werken, heimwee naar het land van herkomst en heimwee naar het land van ballingschap.

Heimwee kan zo dikwijls en zo stormachtig zijn opgestoken en weer gedoofd dat hij door herhaling betekenisloos wordt, een routineheimwee.

Er kan, als je niet goed uitkijkt, iets van heimwee naar het heimwee zelf ontstaan.

Wil je ergens zijn omdat je er *juist niet* bent of wil je ergens zijn omdat je er *graag* bent? Wat betekent ballingschap in een tijd dat je binnen een etmaal de hele aardbol om vliegt?

De vraag of iemand aan heimwee lijdt is geen vraag waar je met een simpel ja of nee op antwoordt.

Heimwee kan een gril worden, een uiting van masochisme, een daad van chantage. Heimwee valt niet te scheiden van je andere stemmingen, van je karakterstructuur.

Wie op het punt staat te vertrekken begrijpt heimwee. Wie zojuist is vertrokken begrijpt en kent heimwee. Wie een jaar in den vreemde woont begrijpt heimwee. Wie drie jaar in den vreemde woont begrijpt en kent heimwee. Wie vijftien jaar in den vreemde woont begrijpt weinig meer van heimwee.

In het beste geval wordt heimwee een spel.

De sentimentaliteit verdwijnt en het sarcasme dient zich aan. Je wordt iets van een heimweedeskundige. Meewarig zie je neer op degenen voor wie heimwee iets is als verdriet, isolement en verlangen.

Heimwee is geen zeuren en treuren, heimwee is vloeken en tieren.

De dichter van dit *Heimwee* geheten gedicht vertrok in 1939 uit Nederland en bleef tot zijn dood in 1971 een balling. Tweeëndertig jaar lang, in een tijd dat ver weg nog echt ver weg was.

Kaapstad – Nederlands-Indië – New York – Kaapstad.

Een beginneling in het heimwee zal het verlangen naar een café in zijn vaderland als een kinderachtige opwelling beschouwen en het schelden op zijn nieuwe vaderland als een verraad. Greshoff had er geen last van.

Hij is duidelijk van plan zijn omgeving een moment te haten. 'n Prachtig voorjaartje, jawel, net als de jeugd 'zoals ik die voorsta en bemin', maar ook met zó allemachtig veel bloemen

Dat zelfs een kind kan zien hoe deze nering
Door dolle spilzucht moet te gronde gaan

– in het woord 'nering' begint de afstandelijkheid door te klinken. Met elke zin groeit nu de minachting.

De dennen en de huizen zijn 'naar mijn smaak met overleg geplaatst'. En als de baai 'dan nog' het blauw weerkaatst – kortom, de huidige omgeving is een 'vriendlijke bestelling'. De versterkte echo van 'nering'.

Een paradijs zelfs –

– dat is dus de doodklap. Even refereert de dichter aan de schaamte die zo'n sarcastisch verraad bij beginnelingen in de heimwee wel eens opwekt. Dan barst hij los –

Maar als ik spreken moet als eerlijk man

– dat wil zeggen, als ik het je rechtuit in je gezicht mag zeggen, dan kan dat hele onvolprezen eden ontploffen, met elk levend wezen erbij.

Die hele benauwende gevangenis die mij weghoudt van Nederland, Amsterdam, Reinders.

De smart en de dierbaarheid worden benadrukt door deze concentrische cirkels in een ander heelal: land, stad, café. Reinders was een bij de generatie-Greshoff geliefd artiestencafé aan het Leidseplein.

'Mijn land is waar mijn vrienden zijn.'

Er zijn bij Greshoff nauwelijks feller regels aan te treffen dan het laatste achttal van dit gedicht.

Je moet je sporen als balling hebben verdiend om zo'n verschrikkelijk moment van heimwee neer te zetten.

Onmogelijke vernietiging, onmogelijke droom.

Heb met degene die deze verschrikking doorstaat mededogen.

Ook niet langer dan een moment.

UIT: VERZEN AAN ZEE EN IN EEN TUIN

Een ster: een klompken ijs tussen mijn hete tanden...
Terwijl ge onzichtbaar zijt, o zee, die naauwlijks hijgt;
terwijl mijn hart gelijk een oude zuster zwijgt,
komt deze stipte oneindlijkheid mijn lippen branden.

– Mijn nachten waren ene mand vol droom aan droom;
mijn dagen, 't vast getal der appelen die zwellen
in elken boom-gaard en aan elken zwaren boom.
Ik had geen vingren om mijn weelden aan te tellen.

Thans: ijlt'. De tijd is guur en onberoerd. De tijd
is als de kille en dorre zee, die zwoegt noch krijt.
Ik ben alleen; ik pers mijn strakke lippen samen
op eenzaam deze grote sterre, die ze bijt.

Karel van de Woestijne (1878-1929)

Als we eens behoefte hebben, tussen alle laconieke regeltjes en zelfrelativeringen door, aan poëzie die nog poëzie is, degelijk en onvervalst, dan beschikken we gelukkig over Karel van de Woestijne.

Willem Kloos is te waterig en te jengelend voor Nederlanders, Boutens te vergeeld en te geforceerd. Alleen Karel van de Woestijne biedt het volle pond.

Hij schrijft een poëzie die niet meer kan en die niettemin overeind staat.

Hier en daar moet ze wellicht een beetje worden gestut, maar ze stáát.

Een monument waarvan de aanwezigheid je verzoent met het feit dat zo veel andere monumenten zijn verdwenen.

Zoals de ware gastronoom die weken leefde op een verantwoord dieet van nouvelle cuisine wel eens naar steviger kost verlangt, zo trekt de ware poëzieliefhebber af en toe een echt gedicht uit de muur.

Een ouwerwets gedicht, maar geen gebakken lucht. Heavy, maar substantieel.

Een gedicht uit een tijd dat ze nog dichterlijk durfden te zijn. Halfslachtige pogingen van toen interesseren ons niet langer, wat we willen is de taal van een geboren dichter.

In de breedte, in de diepte en in de hoogte.

Een ster: een klompken ijs tussen mijn hete tanden...

– zoiets kan alleen bij Van de Woestijne. Zijn dichterlijkheid overtuigt omdat ze uit de ingewanden lijkt te komen.

Hoogdravendheid en profetentoon waren in zijn tijd in de mode. Het hogere 'ik' genoot nog algemeen aanzien. Maar bij het aanzwellen en wegebben van Van de Woestijnes muziek worden we geconfronteerd met een interne samenhang die de gewaagdste gekkigheden geloofwaardig maakt. Hij is consequent van nature.

Je accepteert hem omdat je bij al zijn aanstellerijen voelt dat hij zich niet aanstelt.

Hij is de vleesgeworden moeder van alle Nederlandstalige barden.

Dat hij consistent en consequent is blijkt uit het feit dat je bij elke regel uit dit gedicht wel een associatie krijgt met een regel uit een ander gedicht van Van de Woestijne –

Ik ben alleen; ik pers mijn strakke lippen samen

– je hoort onmiddellijk de regel

Ik ben met u alleen, mijn ogen droog en wijd

en ook in regels als

Ik ben de laatste peer in de ijlte van de boom

hoor je de nodige echo's of voorafschaduwingen. 't Is of Van de Woestijne een levenslang symfonisch muziekstuk creëert rondom een paar stokregels.

Hij beschikt over een hoofdmotief en een paar nevenmotiefjes en daaromheen denderen zijn gedichten voort – meer Richard Strauss dan Debussy.

Steeds komt ook het wat ik maar noem gekke riedeltje terug. Zo'n korte passage waarbij je eigenlijk in de lach zou moeten schieten maar het niet doet vanwege de onverstoorbaarheid waarmee de dichter zijn weg vervolgt.

In dit gedicht is dat uiteraard de zin

terwijl mijn hart gelijk een oude zuster zwijgt

– ja, het hart wil ook wel eens zwijgen gelijk een oude drinkebroer. Het is zo'n zin die hoge ogen gooit naast

*Ik ben de hazel-noot. – Een bleke, weke made
bewoont mijn kamer, en die blind is, en die knaagt*

of

ik ben de late; ik ben de slechte; ik ben de dwaze

– allemaal regels die je met een half toegeknepen neus en vertoon van veel oogwit zou moeten voorlezen om de lachers op je hand te krijgen.

Vóór de lach kan uitbreken is hij alweer gedempt door de volgende regel.

Dat de lezer zich bij spotternij ongemakkelijk voelt, dat er een gek soort taboe rust op het ridiculiseren van een onderdeel (je wilt wel, maar het zit je niet lekker), daarin onderscheidt zich in het geschrevene de aanstellerij van het sublieme.

Het sublieme is onveranderlijk Van de Woestijnes inzet.

In dit gedicht gaat het om het streven naar stilte, onthechting, vergeestelijking en oneindigheid.

IJlte, het is een sleutelwoord bij de dichter.

Die opperste staat van genade betekent hier beslist niet een staat van geluk. Hij wordt geassocieerd met guurheid, kilte, doodsheid, 'een klompken ijs'.

De dichter stelt er zijn herinneringen tegenover aan de tijd van zinnelijkheid en overdadige oogst, toen hij vingers tekortkwam om zijn zegeningen te tellen.

Nu heeft hij zijn hoogste ideaal bereikt. Hij wilde deel uitmaken van de natuur en samenvallen met het heelal, en zie: hij is kil en dor geworden als de tijd en de sterren zelf.

Hij moet sterren als distels kauwen, zijn lippen bevriezen in de melkweg.

De hazelnoot die het tot God schopte is een vergeten God. 't Is een nogal bitter gedicht.

HOERA! DE HERFST KOMT

De roodkoperen kont van de kunst
wordt door velen gekust,
zo komen ook op de 60watts gloeilamp
vliegen en torren af bij miriaden

denkend: waar 't licht is is 't lekker
De schrik van de torren ontlaadt zich
in minuscule stippen, hun altaren
die zij bouwen op het glas van de gloeilamp

Hoera! de herfst komt! veel duister
veel lampen veel vleugelslag
Lezer onder je gloeilamp hef je hoofd op:
de trekvogels gaan, de uiltjes komen.

H.H. ter Balkt (geb. 1938)

De dichter Ter Balkt dicht een beetje zoals natuurgeweld overweldigt. Het walst over je heen, het *is* er duidelijk, het gaat er rumoerig en woest aan toe, maar wat de zin er precies van is, je weet het niet.

Je hebt je houvast verloren.

Ter Balkts gedichten zijn als de stormwind. Onberedeneerd steken ze op en ze zijn voorbij voor je beseft wat er aan de hand was.

Vergeef me de herfstachtige beeldspraak. Het is in de geest van dit gedicht, moet u maar denken. Er valt aan Ter Balkts poëzie nu eenmaal weinig uit te leggen. Hoogstens kun je het hebben over een paar boompjes die in je hoofd zijn omgewaaid, een paar takken die na het lezen geknakt zijn achtergebleven.

Hoera! Zo begint het gedicht.

Dat woord is meteen de geheime sleutel tot alle poëzie van deze dichter.

Een onstuitbaar enthousiasme, eerst voorwaarts en dan pas

nadenken. De dichter die als een vaandeldrager de tijd, de ongemakken en de elementen trotseert met het gedicht in zijn kielzog.
't Is poëzie die als een gehypnotiseerde colonne achter de hoofdman aan rent.
Zonder vooraf-denken, zei ik, zonder dat er bij de hoofdman van een strategie sprake lijkt. Maar achteraf, als het gedicht zich geheel heeft ontrold, blijken intuïtie en enthousiasme ruimschoots op te wegen tegen beredenering en organisatie.
Ik heb het alleen over de *indruk* die Ter Balkts gedichten maken. Over hoe ze totstandkomen, daar weet ik niets van.
Misschien wikt en weegt Ter Balkt elk woord eerst duizendmaal. Zijn barokke expressionisme kan in werkelijkheid wel berusten op een schoorvoetende onzekerheid, God mag het weten.
De kracht van deze gedichten sluit zo'n mogelijkheid niet uit. Dat we blijven gissen of het om een juichend trompetgeschal gaat of om schuchter gefluister door een megafoon, het *is* de kracht van deze gedichten.
Ze verdoven je.
Je bent getuige van geweld en mededogen tegelijk. Je hebt te maken met de natuur en met een advocaat van de natuur.
De dichter maakt kunst en is dus met iets onnatuurlijks bezig. De spanning tussen natuur en cultuur speelt vaak een rol in Ter Balkts werk. Ook in dit gedicht, denk ik.
Er is sprake van een tegenstelling tussen het heldere kunstlicht van de gloeilamp en de duistere dagen van de herfst. De gloeilamp wordt in de eerste regel gelijkgesteld aan de kunst – *zo komen ook...* – en aan het slot wordt de kunstminnaar rechtstreeks aangeroepen –

Lezer onder je gloeilamp hef je hoofd op

– de kunstminnaar, gevangen in zijn culturele kegel, wordt aangespoord zijn begrenzing te verlaten.
Binnen die culturele begin- en slotregels schetst de dichter de natuur, of liever: hoe de natuur botst met de kunst. Hoe natuur zich – ondanks haar enthousiasme – stukloopt op kunst.

Voorpret wordt schrik. Het kunstlicht blijkt het echte licht niet.

De roodkoperen kont van de kunst

– in die lucebertiaanse aanhef ligt het oordeel over kunst al besloten. De roodkoperen kont, het geeft tegelijk het kunstmatige en het hoerige weer.

Het is een kunstkont en het is een jofele kont.

Je kan me de kont kussen, gaat de uitdrukking. Hetgeen in dit gedicht ook door *velen* wordt gedaan.

zo komen ook op de 60watts gloeilamp
vliegen en torren af bij miriaden

– ho, dat moet misgaan, denk je. Vergeet niet, de dichter schreef dit waarschijnlijk in een tijd dat de 60watts gloeilamp nog tot de reuzen onder de lampen behoorde, in het prehalogene tijdperk. Het gaat om bedrieglijk veel licht.

Snel moeten de vliegen en torren hun eredienst aan de glazen kont van de lamp dan ook betreuren. De 'altaren die zij bouwen op het glas' bestaan uit minuscule stippen: de ontlading van hun schrik.

Of ze zichzelf opofferen of er alleen hun kont mee afvegen, het is me niet helemaal duidelijk. Er zijn ook de vliegen nog. Minuscule stippen van miriaden zullen niettemin het kunstlicht aanmerkelijk dimmen.

Hoera! de herfst komt! veel duister
veel lampen veel vleugelslag

– de herfst als uitkomst. Maar eerst wordt het beeld van de kunst en de kunstliefhebber – de kont en de gedweeë likker – nog verder aangesnoerd.

Er zal in de herfst meer licht nodig zijn. Veel lampen zullen er moeten komen. Veel vleugelslag zal volgen.

De cyclus van de onechte aantrekkingskracht en de kunstluis die de zaak verduistert draait op topsnelheid.

De oproep aan de lezer kan niet op een geschikter tijdstip komen.

Hij die door 'lezer' te zijn deel uitmaakt van de velen die de roodkoperen kont van de kunst kussen, kan zich nog aan de cyclus onttrekken. Gewoon – door zijn hoofd op te heffen, door fier de werkelijkheid in ogenschouw te nemen –

de trekvogels gaan, de uiltjes komen

– een lieflijke, ja ietwat onhandige mededeling die ineens, zoals vaker bij Ter Balkt, een golf van ontroering teweegbrengt.

De vergeten natuur staat een ogenblik centraal.

De keuze voor de woorden *trekvogels* en *uiltjes* laat vermoeden dat Ter Balkt toch weloverwogener te werk gaat dan het soms lijkt. Zwervers en wijsheid gaan hier hand in hand.

Een ogenblik is de natuur onze leermeester.

En wel – o paradox – door de schijnwerper van de poëzie. Helaas of hoera?

VII *Waarin ook de lichamelijkheid een grote dichterlijke boodschap blijkt*

DE LOF DER STRONT
[fragment]

Ik hou van drinken en van eten,
Ik hou van vlees, ik hou van vis,
Ik hou van smakelijke beten,
In 't kort, van al wat lekker is;
Ik hou van mijne vrindenkringen,
'k Hou van mijn vrouw, 'k hou van mijn hond,
Ik hou van alle goede dingen,
Maar 'k hou ook duivels veel van stront.

Stront wens ik aan Hermafrodieten,
Stront die een jonge meid verkracht,
Stront die bij meisjes bokken schieten,
Stront die niet houdt van 't schoon geslacht,
Stront hem die 't houdt met andre vrouwen,
Stront die een blauwe scheen oploopt,
Stront die met ene hoer wil trouwen,
Stront die zich voor een meid opknoopt.

'k Wens stront aan die de stront niet prijzen,
Stront die niet zegt de stront is goed,
Stront die de stront geen eer bewijzen,
Stront die in stront iets kwaads vermoedt,
Stront die voor stront de neus ophalen,
Stront die mijn stront niet gaarne hoort,
En die mij om mijn stront komt malen,
Voor hem is stront mijn eeuwig woord.

Enz. enz.

Anoniem (ca. 1830)

Ineens viel daar, toen ik in de Suid-Afrikaanse Bibliotheek van Kaapstad aan het snuffelen was, *De Lof der Stront* uit een map met kleinere en zeldzame uitgaven. Gedrukt in 1882 bij De Jong & Co, Worcester, en volgens een notitie in handschrift 'geschreven door J.E. de Jong'. De Jong, in 1847 in Deventer geboren, was als jonge meester-drukker naar Zuid-Afrika verhuisd.

Ik citeer er maar drie strofen uit. Het zijn er in totaal driehonderd.

De stront wordt aan alle kanten tegen het licht gehouden en groeit uit tot metafoor van menselijke en maatschappelijke zwakheden – een scatologische *Lof der Zotheid*, zeg maar. Het bijzondere is niet dat het woord stront er zoveel duizenden malen in voorkomt – dat is ook bijzonder –, het wonderlijke is dat het als gedicht zo voortreffelijk is. *De Lof der Stront* is meteen op het eerste gezicht méér dan het product van een bekwaam versificateur, het *moet* afkomstig zijn van een dichter met ideeën, met een wereldbeeld.

Het is geen curiositeit, het is een topper uit onze negentiende-eeuwse poëzie.

Het bleek helemaal niet door J.E. de Jong geschreven. Er kwam een veel vroeger afschrift boven water, uit 1868, door een zekere A. van Houte te Kadzand. Het gedicht waarvan ik, met een onmiskenbaar tekort aan bibliografisch wantrouwen, een fragment had opgenomen in *De Afrikaanse poëzie in duizend en enige gedichten*, diende te verhuizen naar de Nederlandse literatuur.

Ook deze A. van Houte was duidelijk niet de auteur. De gedichten van zijn eigen hand die het pakket met het afschrift vergezelden haalden bij verre na niet het niveau van *De Lof der Stront*.

Dat hele bibliografische parcours staat beschreven in mijn inleiding bij de herdruk van de driehonderd welriekende strofen door Boris Rousseeuw van De Carbolineum Pers. Driehonderd strofen, volledig met de hand gezet en gedrukt in zestig exemplaren, ziedaar een heroïsch werk.

Wie nog de hand weet te leggen op een exemplaar mag zich gelukkig prijzen.

Ik kom in die inleiding met de gissing, of liever met de aan zekerheid grenzende waarschijnlijkheid, dat *De Lof der Stront* een geliefde tekst is geweest in het declamatiecircuit.

Uit enkele historische toespelingen blijkt dat de oertekst al in de periode 1829-1830 moet zijn ontstaan. Een eeuw lang hebben de mensen het epos met de hand overgeschreven, om ook eens iets anders te kunnen declameren dan *De Overwintering op Nova Zembla* op hun gezellige, maar berucht lange negentiende-eeuwse avonden.

Zelfs in de bagagehut naar de Kaap ging de tekst mee.

Daar las onze De Jong het voor, als altijd onder grote hilariteit, en omdat hij toch drukker was zou het gedicht daar voor het eerst worden gedrukt. Het was te onfatsoenlijk en te direct om in Nederland ook maar één vermelding in het literaire circuit te verdienen. De kaffers in de zetterij van Worcester begrepen er gelukkig weinig van.

Onlangs schreef een historicus me dat zijn grootvader nog in 1900 een schrift had aangelegd met komische voordrachten, waarin 37 strofen voorkwamen uit *De Lof der Stront*. Het schrift vertoonde ernstige tekenen van slijtage.

Dat we hier met *oral culture* te maken hebben is duidelijk. De vraag blijft: wie is de auteur?

'Uit de school van Pieter Boddaert Junior', opperde ik in mijn inleiding. Op enkele plaatsen in *De Lof der Stront* werd namelijk uitdrukkelijk naar deze auteur van de *Erotische portefeuille* verwezen.

Het blijft een desoriënterend gedicht. Want nu heb ik weer een andere gissing. De aanleiding is een raadselachtige opmerking in strofe 12 –

't Woord stront heeft veel betekenissen,
Zo noemt men het bijvoorbeeld 'Nood',
Gij moet u daarom niet vergissen
En denken dat 'k mijn naam u bood –

Suggereert de anonieme dichter hier dat zijn naam een synoniem van stront zou zijn? *Kak, derrie, poep, schijt, drol of hoop*, noemt hij zelf twee regels verderop als synoniemen.

De enige dichtersnaam daaronder is Hoop.

Adriaan van der Hoop Junior – de vader trouwens van de Adriaan van der Hoop Juniorszoon (zie zijn gedicht *Inmaken*, elders in dit boek) die later nog een geruchtmakende periode aan de Kaap zou doorbrengen.

Dat is weer een heel ander verhaal.

Adriaan van der Hoop Junior leefde van 1802-1841. Ideale jaren voor onze dader. Hij was een romanticus met een grote politieke belangstelling. Steil of humorloos was hij beslist niet. Een tijdlang 'deed' hij een satirisch tijdschrift. Ooit werd (abusievelijk) het poëtische schotschrift *De Hippokreen-Ontzwavelaar* aan hem toegeschreven. Ergens in de biografie van Jacob van Lennep zit hij als een gek om een paar komische versjes te schateren.

Het is – ik ben voorzichtig geworden – maar een gissing. Ik sla *De Lof der Stront* dicht en in het 'allerlaatste Couplet' stuit ik op de volgende regels –

Maar vrienden ik wil toch niet hopen
Dat gij nu soms behagen vond
Om mijnen naam eens te herdopen
En noemen mij mijnheer van Stront...

Weer die Hoop. Vooral de combinatie *hopen, herdopen* draagt verdacht veel bij aan een bevestiging van mijn vermoeden.

GEBRUIKSAANWIJZING

Wie in zee begraven wordt, gaat nooit verloren.
De zee is spaarzaam als een dichter.
En ik was aan zee en ik was op een berg:
twee eeuwenoude makkers.

Wie op een berg wordt bijgezet,
wil nog jongleren met de sterren,
snakt nog belachelijk naar lucht
met al de roofzucht van zijn lijk.

Wanneer men mij per se begraven wil,
dan liefst niet al te ver van de zee,
deemoedig bij een koeienvlaai
of ergens bij een ezelsdrol.

Ik bleef zo lang gezond, zo lang in leven,
doordat ik steeds beleefd bleef voor de dood,
voor hem boog en hem fêteerde
als een hoogverheven heer.

Luuk Gruwez (geb. 1953)

We mogen met *De Lof der Stront* alleen al blij zijn omdat de negentiende eeuw in Nederland verder niet één scatologisch gedicht van belang heeft opgeleverd.

In Frankrijk en Duitsland was dat anders. En in de zeventiende en achttiende eeuw trompetterde Nederland wel degelijk mee. De *drekpoëten* vormden toen bijna een school.

In de negentiende eeuw bleef het merkwaardig stil. Pas in de twintigste eeuw begonnen de drol en de wind in de Nederlandse poëzie weer hun partij mee te blazen.

Bij wijze van scabreuze grap, gewoon om te choqueren of om er iets mee uit te drukken omtrent de ridicule vermetelheid van elk menselijk streven, zoals dat in *De Lof der Stront* het geval was.

Van stof zijt ge, en tot stof zult ge wederkeren.

Het zal niemand verbazen dat verwijzingen naar de lagere, achterwaarts gerichte instincten juist in de naoorlogse poëzie toenemen, al is het nog steeds geen vetpot.

Toch zouden we er een keurige bloemlezing uit kunnen samenstellen, van de uiterst korte kreet

Wat zie je poep
moe je witte?

van de straat geplukt door Herman Brood en ondergebracht in de bundel *Zoon van alle moeders* (1988) tot Huub Beurskens die in *Iets zo eenvoudigs* (1995) een hele cyclus schreef onder de titel *Ontlastingen*.

Een verheven onderwerp als poep & stront leent zich vanzelf ideaal voor parodieën, zoals in *Warme stront*, de bekende variatie die Ingmar Heytze vervaardigde op het overbekende *Jonge sla* van Rutger Kopland –

Maar hondestront in oktober,
net gelegd, warm nog,
onder me zole, nee!

– ook al in volkstaal gecodeerd, net als de regels van Herman Brood, alsof het ordinaire een beetje benadrukt moet worden.

Toch bestaan er ook scatologische toepassingen van serieuze aard.

In de gedichten van Luuk Gruwez zouden we de scatologie zelfs een constante kunnen noemen.

In zijn bundel *Vuile manieren* (1994) schreef hij een gedicht dat *Oma's po* heet, over een demente oude vrouw die met haar po rondzeult –

Een half pond stront als dagelijks bewijs

– en een gedicht, *Juffrouw Pipi* geheten, over een juffrouw van de retirade.

Gebruiksaanwijzing komt uit zijn laatste bundel, *Dieven en geliefden* (2000).

De dichter begint met het tegen elkaar uitspelen van zee en berg. De zee wordt geassocieerd met eeuwigheid en spaarzaamheid, de berg met overmoed en roofzucht.

Als hij begraven moet worden, zal het in de nederige aarde dienen te zijn, 'liefst niet al te ver van de zee', dus niet in de zee en niet in de bergen.

Ter hoogte van de zeespiegel, deemoedig bij vlaai en drol.

Het doet onweerstaanbaar denken aan het kwatrijn van Hugo Claus, uit *Almanak* (1982) –

Twee houtduiven.
De ene vloog naar de rotsen,
de andere naar zee.
Wie ben ik? De bescheten steen

– want ook bij Luuk Gruwez vormt het verlangen om dicht bij de stront te zijn het antwoord op de vraag: Wie ben ik?

Een dichter die niet zo spaarzaam wil zijn als de zee en niet inhaliger dan de berg – twee voor hem onaantrekkelijke makkers en dodenakkers – is een dichter die iets daartussenin wil zijn, beleefd en onopvallend. Al was het maar om aan de gramschap van de dood te ontsnappen.

Hij is zo oud geworden, beweert hij, omdat hij respect had voor de dood. Vandaar de plechtstatige ironie van de laatste vier regels met hun opeenvolging van e-klanken, aangekondigd door het al even verheven

Wanneer men mij per se begraven wil
dan liefst niet al te ver van de zee

– waarin je met gemak de echo kunt horen van Multatuli's zang van Saïdjah.

Vlaai en drol staan hier voor de eis tot bescheidenheid, dezelfde eis die de dichter van *De Lof der Stront* zijn medemensen al stelde.

Het vergankelijke leven staat boven de eeuwige kunst. Dat voegt Luuk Gruwez eraan toe.

Kunst is streven naar economie (de zee) of baldadig vertoon van kunstjes (de berg). Abstraheren of overdrijven. Het diepe of het hemelse.

Leven betekent nietigheid en onopvallendheid. Het aardse, de gezellige stront.

MEPHISTOPHELES EPICUREUS

Ik zie de mens, maar ik begrijp hem niet: –
Hij eet van 't leven al wat lekker smaakt,
En proeft van ál zijn passies: zijn mond raakt
Iedere vrucht, die iedre hand hem biedt.

Hij zoekt in dronkenschap een droom, die vliedt,
In 't leven, – tot hij, moede en koud, ontwaakt,
Naakt en gebroken: op zijn lippen smaakt
Des levens droesem bitter als verdriet.

En dan noemt hij de wijn, die vreugde geeft –
Zijn passie – zonde, en nuchterzijn zijn deugd,
Daar hij zich dwaas dronk in een mooie droom,

En in het leven schijn zocht, die niet leeft.
Hij vleit zich met de erinn'ring zijner vreugd,
Maar durft geen appel proeven zonder schroom.

Albert Verwey (1865-1937)

Iets stemmigs voor de afwisseling. Een herderlijk woord voor tussen de rondvliegende winden. Kijk in de spiegel en huiver.
   Mephistopheles Epicureus luidt de titel. De satanische afgezant en de levensgenieter ineen, de worm in de oliebol.

Ik zie de mens, maar ik begrijp hem niet: –

– hoe simpel die aanhef, en toch hoe vervuld van radeloosheid. Er is, zegt de dichter, iets onvatbaars in de mens, iets tegenstrijdigs.
   Zo wordt meteen duidelijk dat *Mephistopheles Epicureus* – de naam van een gedrocht, twee zielen in één borst – niet de spreker is, de ik, maar dat het op 'de mens' slaat. Waarvan de 'ik' deel uitmaakt, natuurlijk. Wie

Ik zie de mens, maar ik begrijp hem niet: –

zegt, heeft het in de eerste plaats over zichzelf. Dit *ecce homo* gaat een geval van introspectie worden.

Er is verderop in het gedicht sprake van dronkenschap, droesem, wijn, nuchterzijn en zich dwaas drinken.

Toch beseffen we óók onmiddellijk dat dit geen dronkaardsbiecht of een geheelonthoudersliedje gaat worden.

Drank en wijn en dronkenschap zijn hier metaforen voor de seksuele roes. Rivieren vol wijn zullen door iemands keelgat moeten vloeien alvorens hij

– moede en koud, ontwaakt,
Naakt en gebroken –

– dat is geen reguliere kater of zomaar een moeilijke morgen, dat is een zware *tristitia*. Beter bekend onder de naam walging.

Afkeer die ontstaat door een teveel.

Een levensfase.

De dichter suggereert al aan het begin dat we dit *teveel* niet te lichtvaardig moeten opvatten. De mens die hij voor ogen heeft eet *alles* wat lekker smaakt –

En proeft van ál zijn passies: zijn mond raakt
Iedere vrucht, die iedre hand hem biedt.

– *iedere* vrucht die *iedere* hand hem biedt, zeker, het blijft bij suggesties.

Dat kon in het jaar dat het gedicht verscheen – in 1885 – ook nauwelijks anders.

Toch wist de oplettende lezer, toen en nu, wat er werd bedoeld.

Promiscuïteit, vreemde verlangens, gevaarlijke vriendschappen, erotische oververhitting.

Kortom, veel en met iedereen, maar altijd exquis en satanisch.

De dichter verbaast zich over het moment van verzadiging –

En dan noemt hij de wijn, die vreugde geeft –
Zijn passie – zonde, en nuchterzijn zijn deugd

– even verkeren we in de mening dat hij de wijn zijn passie noemde, al worden we meteen op de vingers getikt.

De passie is maar nevengeschikt. Hij roept zijn passie, alias de wijn, uit tot zonde. Het gevolg van deze constructie is wél dat we niet alleen lezen 'zijn passie van eertijds', maar dat er ook iets meeflitst van: toch is het nog steeds zijn passie.

Diep in zijn hart – al noemt hij het ook duizendmaal zonde – blijft het 't enige wat hem interesseert.

Als iemand nuchterheid – lees kuisheid – een deugd noemt

Daar hij zich dwaas dronk in een mooie droom

– dan gaat het duidelijk om wat iemand *zichzelf* probeert wijs te maken. Toch?

We zijn hier beslist geen getuige van een christelijke bekering of een overwinning van het matigheidsgenootschap.

Dit is een decadent gedicht over *ennui*, geen krachtpatserij van een moraalridder. Dat de erotische ervaringen niet worden verworpen, wordt bevestigd door de regel –

Hij vleit zich met de erinn'ring zijner vreugd

– hij *vleit* zich, wat iets anders is dan tandenknarsen van spijt.

Wat de dichter in de eerste regel beloofde – *Ik zie de mens, maar ik begrijp hem niet* – maakt hij in de rest van het gedicht waar. De paradox wordt gehandhaafd.

Eerst geniet de mens van de zonde en vervolgens geniet hij in zekere zin van zijn zondebesef.

Hij vleit zich met de herinnering aan al zijn uitspattingen –

Maar durft geen appel proeven zonder schroom

– een pracht van een slotregel. 'Van de appel proeven'. Het assortiment vruchten uit de vierde regel is teruggebracht tot één vrucht.

    De zondeval?

    Wie het gedicht oppervlakkig leest zou kunnen denken dat de dichter hier de hypocrisie van de mens aan de kaak stelt. Eerder lijkt het me dat 't om een mens gaat die weet kreeg van de worm in de appel, een mens die op de bittere bodem van het leven – naakt en gebroken – de wormstekigheid heeft leren kennen.

    Zijn tweestrijd is er een tussen erotiek en dood, tussen bed en vergetelheid.

    De eerste regel blijft tot en met de laatste waar.

FLORENTIJNS JONGENSPORTRET

Olijf-ovaal, met van de olijf ook mee de
steenharde koelte, zijn gelaat; zijn ogen,
de twee juwelen, in hun dunne bogen
ver uit elkander glanzend losgesneden.

Zijn haar, aanhoudend als door wind bewogen,
vertrouwt zijn oor iets toe, iets waar beneden
zijn mond, zijn meisjesmond, om lacht; geen tweede
dauw heeft ooit druiven als zijn kin betogen.

Voor ú buigt de rivier zich door de stad;
voor ú, in wijn en brood, stremt de natuur
haar zware stroom; en 't is alleen opdat

gij zorgloos zingt, een hand in uw ceintuur,
dat de ezel zwoegt langs 't ongebaande pad
en de oude vrouw hurkt bij het houtskoolvuur.

Martinus Nijhoff (1894-1953)

Olijf-vaal had de zetter ervan gemaakt, bij de eerste druk van dit gedicht. Nijhoff was er nogal onthutst over. Het is vervelend als een gedicht al *begint* met het verkeerde woord. Het moet hem ook hebben gestoken dat de vergelijking met de *vorm* verloren was gegaan, terwijl vorm in dit gedicht geen onbelangrijke rol speelt.
 Niet om de vale kleur van een olijf, maar om de ovale vorm van een olijf ging het.
 Ooo-lijf, ooo-vaal, je hebt met de beide o's ook meteen de ogen in het koele, gladde gezicht.
 Er staan twee gedurfde, maar indrukwekkende enjambementen in de eerste helft van dit gedicht, het

met van de olijf ook mee de

en enkele regels verderop het enjambement van *tweede* en ***dauw***.

Met koorddansen en beweging wordt iets statisch als een portret neergezet.

De wind door het haar, de uit elkaar losgesneden ogen, de boodschapper die van het haar via het oor naar de mond 'beneden' gaat, de dauw die over de kin trekt – er worden allemaal lijnen getrokken die het ongenaakbare, de steenharde koelte, zo intens mogelijk willen beroeren.

Het heeft iets episch. En ondanks de beweging iets van grote stilstand.

Ik heb – dit terzijde – nooit goed kunnen wennen aan de achtste regel. Ik weet dat daar staat: geen tweede dauw heeft ooit druiven zó betogen als ze hier zijn kin be-be, ja be-wat?

Wat is de tegenwoordige tijd van betogen? Betiën, lees ik in Van Dale. Hemel.

Of is het tijgen?

Ik wéét dus dat daar staat: geen tweede dauw heeft ooit druiven zó betogen als ze hier zijn kin betiet.

Toch lees ik onwillekeurig steeds weer: geen tweede dauw heeft ooit zulke druiven zoals zijn kin betogen.

Die voorstelling van een kin als een stel druiven stoort me.

Zodra ik me weer heb vermand besef ik: hier staat het klassieke portret geschilderd van de jongen zonder genade.

Einde terzijde.

De tweede helft van het sonnet is louter incantatie.

Het slepende, bewegende rijm bij het gestolde portret maakt plaats voor staand rijm. Er moet iets bezworen worden.

De strengheid van het beeld vloeit over in de strengheid van de bezweerder. Het is niet de enige wijziging van perspectief.

De unieke persoon wordt het universum, het portret wordt de natuur, de bepaaldheid wordt het ongebaande pad, het ideaalbeeld wordt de maatschappij.

Van *dunne* bogen naar *zware* stroom – het gaat van introvert naar extrovert, van aanraking naar heerschappij.

In de eerste helft van het sonnet bewoog de beschrijver. In de tweede helft beweegt het beschrevene. De ezel zwoegt, de vrouw hurkt.

Voor ú buigt de rivier zich door de stad;
voor ú, in wijn en brood, stremt de natuur
haar zware stroom

– we zijn van het portret, verweven met een voorgeschiedenis en een verleden, rechtstreeks beland in het harde heden.

Het moet om een *historische* actualiteit gaan, beseffen we.

De laatste zes regels slaan op het ongeschilderde deel van een en hetzelfde portret.

Het verleden en het nu, wat we zien en wat we zouden moeten zien – het loopt, zoals vaker bij Nijhoff, knap door elkaar.

Er hangt een schaduw over de zwoegende ezel, het ongebaande pad en de hurkende vrouw. In de slotregel is ineens sprake van ouderdom, armoede en donkerte.

Maar ze zijn opgenomen in één majesteit met de zich willig buigende rivier en de dienstbaar pauzerende natuur. Zowel de vruchtbaarheid als het zweet maakt deel uit van het paradijs.

Nog één keer duikt de jongen op, als aangesprokene –

en 't is alleen opdat
gij zorgloos zingt, een hand in uw ceintuur

– een onmiskenbare heershershouding. Alles is weldaad bij hem – wijn, olijven, brood en honing (als we de *mede* uit de eerste regel tenminste meerekenen). We staan tegenover een vorst, een koningszoon.

Door wie geschilderd? Del Sarto? Bronzino? Parmigianino?

De koningszoon is superieur in zijn portret. Zijn mond kan lachen om wat zijn haar vertelt.

Hij is superieur in de wereld. Om hem in leven te houden beweegt de aarde.

Is dit een gedicht over macht en over het blinde buigen voor de macht?

Ik zou het niet weten.

Veel in gedichten komt associatief tot stand. Ook het lezen en ondergaan van een gedicht verloopt in hoge mate associatief. We kunnen ons best doen de associaties van de dichter te reconstrueren. We ontkomen ook nooit aan onze eigen associaties.

Waarom dat woord 'meisjesmond' met die suggestie van androgynie? Waarom die hermetische zinsconstructie van een natuur die haar stroom stremt in wijn en brood?

Wat is het geheim van dit gedicht?

Het kan ook zijn dat de aarde hier wordt voorgesteld als onderworpen aan de fysieke schoonheid.

Olijf-ovaal.

Of dat de aarde zich ademloos tot de mindere verklaart van de onschuld.

Dauw.

Of dat ze haar schatplichtigheid erkent aan de nutteloosheid.

De zorgloze zang, de werkeloze hand.

Of wil dit gedicht uiteindelijk zeggen dat alles ter wereld alleen bestaansrecht en betekenis heeft als het uitloopt op kunst?

Mogelijk.

Misschien gaat het gedicht nog een stap verder. Misschien zegt het wel dat de wereld haar motoriek ontleent aan de aanwezigheid van een geheim.

VIII *Waarin we te maken krijgen met gezinsomstandigheden, moeders en zonen, vaders en dochters, en uiteindelijk met de dood. Waaraan toegevoegd een excursie over jonggestorvenen en zelfmoordenaars*

DE MOEDER DE VROUW

Ik ging naar Bommel om de brug te zien.
Ik zag de nieuwe brug. Twee overzijden
die elkaar vroeger schenen te vermijden,
worden weer buren. Een minuut of tien
dat ik daar lag, in 't gras, mijn thee gedronken,
mijn hoofd vol van het landschap wijd en zijd –
laat mij daar midden uit de oneindigheid
een stem vernemen dat mijn oren klonken.

Het was een vrouw. Het schip dat zij bevoer
kwam langzaam stroomaf door de brug gevaren.
Zij was alleen aan dek, zij stond bij 't roer,

en wat zij zong hoorde ik dat psalmen waren.
O, dacht ik, o, dat daar mijn moeder voer.
Prijs God, zong zij, Zijn hand zal u bewaren.

Martinus Nijhoff (1894-1953)

Die eerste regel, nu zo befaamd, kwam er maar toevallig uit te zien zoals hij eruitziet.
    De dichter wilde beginnen met de exactheid van een actuele aanleiding.
    Er was een nieuwe brug gekomen in Zaltbommel, een Hollands waterwerkwonder. De dichter had er een uitstapje tegenaan gegooid, zoals anderen zich zouden gaan vergapen aan de Eiffeltoren in Parijs of aan een aangespoelde walvis op het strand, of hij had een ander over zo'n uitstapje horen vertellen –

Ik ging naar Bommel om de nieuwe brug te zien

– dat liep natuurlijk niet. Die zin was twee lettergrepen te lang. De dichter verplaatste de nieuwheid van het wonder naar de tweede regel door de zin te hernemen –

Ik ging naar Bommel om de brug te zien.
Ik zag de nieuwe brug

– ziezo, dat stond er. Een simpele ingreep die er meteen voor zorgde dat de dichter verkocht was.

Hij ging om te zien en hij zag. Hij wou iets en het was al gebeurd. Twee tijden schoven ineen. Iets had 'klik' gezegd in het hoofd van de dichter. Door een min of meer willekeurige ingreep zou het gedicht een onvermijdelijke wending nemen.

Of zoiets bewust of onbewust gebeurt, ik weet het niet.

Als je aan een gedicht schrijft lijkt het me onvermijdelijk dat er een sterke suggestie uitgaat van wat er al staat.

Regels, beelden en indrukken stuwen elkaar voort.

Je mag gerust zeggen dat op een gegeven moment een gedicht 'zichzelf schrijft'. Mits je niet vergeet dat het *binnen* het hoofd van de dichter gebeurt.

Nijhoff moest zich bij het schrijven van dit gedicht al bij de tweede regel gewonnen geven.

De tijd die samenviel suggereerde onmiddellijk een ruimte die kon samenvallen. Twee overzijden worden weer buren.

Wacht even, dacht de dichter, ik kan het heft niet zomaar uit handen geven. Ik heb zelf ook nog iets in de melk te brokkelen.

Ik was exact begonnen en ik zal terugkeren naar mijn exactheid. Dus begint hij zijn volgende regel met

een minuut of tien

– nu, niet *precies* tien minuten, maar met de picknick in het gras erbij lijkt het reëel genoeg.

Hij verneemt een stem. Het was een vrouw.

Is een stem een vrouw? Nee, maar we accepteren inmiddels dat de dichter makkelijk overschakelt van suggestie naar realiteit. En omgekeerd.

Wat eerst zomaar 'een vrouw' was zal later geloofwaardiger

zijn moeder worden. Van de precisie van het echte Bommel naar de precisie van de gefingeerde moeder – het ene beeld versterkt de visuele aanwezigheid van het andere beeld.

Door toeval en suggestie en door lichtjes bijsturen, zo ontstond dit resultaat van een psalmzingende, in een wensdroom voorbijvarende moeder.

Een beeld dat vele poëzielezers heeft ontroerd.

Maar niet die moeder met haar psalmen zorgde voor de ontroering, al zou ik ze niet graag de kost geven die vinden van wel.

Ook met de verklaring dat het hier een algemener beeld betreft, dat van de doodsrivier (stroomaf) of van het water van de vergetelheid met de dood zelve als roerganger aan dek, komen we er niet.

Je kan honderdmaal *moeder* en *dood* en *symboliek* roepen en nog barst er niemand in snikken uit.

Wat is er in dit gedicht gaande dat het beeld *wel* effect heeft, zelfs zó dat het je blijft heugen?

Ik denk dat het de manier is waarop er wordt gemanoeuvreerd met tijd en ruimte. De tijd en de ruimte die in de eerste regels al over elkaar heen schoven, zoals later de voorstelling van de moeder over de voorstelling schuift van de vrouw.

Ik ging, ik zag – het suggereert een zekere tijdloosheid. Twee overzijden die zich zij aan zij voegen – op een zeer specifieke plek, bij de brug van Bommel – het laat iets van een plekloosheid ontstaan.

Het landschap wijd en zijd en vervolgens de oneindigheid zijn daar een logisch vervolg op.

De dichter vermijdt nadrukkelijk de stem van omhoog te laten komen, de galm weerklinkt van

midden uit de oneindigheid

– niets mag het beeld van de horizontale bewegingen verstoren.

De tocht naar Bommel, de elkaar opzoekende brughelften, het landschap in het hoofd, de stem uit de oneindigheid, het schip stroomaf, het is allemaal in beweging, en dan ineens, roerloos en verticaal –

Zij was alleen aan dek, zij stond bij 't roer

– even is alles statisch en wordt de horizontaliteit doorbroken.

De vrouw staat stil.

In werkelijkheid beweegt zij natuurlijk mee met het schip.

De brug staat stil en maakt dat wij haar zien doorvaren, des te rijzender, des te statiger.

De moeder de vrouw is een gedicht vol horizontale lijnen. De brug en de overzijden, het liggen in 't gras, het landschap, het stroomaf varen.

De vrouw, staande aan het dek, is de enige verticale lijn.

Zij staat stil en niettemin beweegt ze. Het universele voortstromen en de dood, het heden en het verleden, de actualiteit en de herinnering schuiven via haar ineen, verbonden door haar gezang.

Die gestalte rechtop, dat visioen dat haaks op de eeuwige golven staat – we weten zeker dat haar psalmen rechtstreeks omhoog naar God vertrekken.

Het lied is de enige andere verticale lijn in dit gedicht.

Zij zingt dat het davert.

Met een 'klik' werden eerst tijd en ruimte uit hun scharnieren gelicht. Over de dood heen stijgt vervolgens het lied omhoog.

Bommel en de moeder staan voor het aardse tabernakel en de poëzie.

DE MOEDER

Hij sprak en zeide
In 't zaêl zich wendend:
Vaarwel, o moeder,
Nooit keer ik weêr...
En door de lanen
Zag zij hem gaan en
Sprak geen vervloeking maar weende zeer.

Sprak geen vervloeking...
Doch, bijna blijde,
Beval den maegden:
Laat immermeer
De zetels staan en
De lampen aan en
De poort geopend, de slotbrug neer.

En toen, na jaren,
Melaats, een zwerver
Ter poorte klaagde:
Uw zóon keert weer...
Zag zij hem aan en
Vond geen tranen,
Voor zoveel vreugde geen tranen meer.

Geerten Gossaert (1884-1958)

Jawel, iedereen kent het en iedereen vindt het mooi en prachtig, maar *waarom* vinden we het mooi en prachtig?

Met een beetje brutaliteit zouden we kunnen zeggen: omdat het zo'n gedicht is waarvan we ons maar moeilijk kunnen voorstellen dat het ooit *niet* bestond. Het heeft iets gemakkelijks, iets afgeronds, iets compleets. Kortom, iets vanzelfsprekends.

Het past in onze poëtische voorraadschuur als een pollepel in de keukenla.

Toch is die sensatie van vanzelfsprekendheid eigenaardig. Het is geen gedicht in de taal die we dagelijks hanteren. Het staat vol archaïsche uitdrukkingen –

Hij sprak en zeide

– in de eerste regel is het al raak. Dat klinkt ouderwets, dat klinkt plechtstatig. En meteen daarop –

In 't zaêl zich wendend

– wie gebruikt er nu zaêl als hij zadel bedoelt? Onweer voor onweder, neer voor neder, we herkennen het verschijnsel, maar veel voor vedel, aal voor adel en zaal voor zadel, dat klinkt eerder aanstellerig dan natuurlijk.

Op school dacht ik altijd – dit is een echt school- en declamatiegedicht – dat zich hier iemand omdraaide in een grote zaal. Over zijn schouder zijn moeder aankijkend. In een huis met lanen en een slotbrug neem je afscheid in een zaal, nietwaar?

Wat te zeggen van de zin met *Beval den maegden* – een ware opeenhoping van gekunsteldheden? Die derde naamval is archaïsch, de spelling met *ae* is reactionair en het hele begrip *maagden* voor *dienstmeiden* riekt naar de tijden van ver vóór de uitvinding van de doorspoel-wc.

Natuurlijk zit er in die negentiende-eeuwse plechtstatigheid een groot element van pastiche en parodie.

De dichter Gossaert knipoogt bewust naar Bilderdijk en Beets.

Zo, op die manier, kunnen we het in onze tijd alleen maar lezen – als een travestie van de traditie.

Dat neemt niet weg dat in de tijd van Gossaert zelf dit soort poëtisch leentjebuur-spelen voor de conservatieve haters van de ontaarding en de modernismevreters de reden vormde zijn poëzie in te lijven en verkeerd te begrijpen.

De bijna fantastische waardering voor zijn gedichten tussen 1911, het jaar waarin zijn enige bundel *Experimenten* voor het eerst verscheen, en het uitbreken van de Tweede Wereldoorlog berust, met een aan zekerheid grenzende waarschijnlijkheid, op een misverstand.

Het waren de poëzielezers van de rancune en de nostalgie die met Geerten Gossaert dweepten.

We hebben er de herontdekking van de negentiende eeuw voor nodig gehad en een hernieuwd gevoel voor de geraffineerde interacties buiten dichtersscholen, ismen en de canon om, om Gossaert ook nu nog te kunnen waarderen.

De dood van Gossaerts publiek heeft de poëzie van Gossaert gered.

Het gedicht *De moeder* is van begin tot eind een precieus maakwerk, een taalbouwsel dat zich niet geneert voor zijn gekunsteldheid en retorische foefjes. Dát verschaft ons de suggestie van een zekere vanzelfsprekendheid.

Het blijft luchtig, het vlindert. Het wordt geen dreun.

Wat we meestal zien, als poëten zich nu aan archaïsche vormen te buiten gaan, hetzij om hun vernuft te tonen, hetzij om de klassieken in een Nederlands jasje te steken, is dat hun resultaten een hoog Prikkebeen-gehalte vertonen.

Bij Gossaert zijn schema en maat er ook, maar juist zijn haast ongemerkte variaties op het schema en de afwijkingen in de maat doen het hem.

't Is eigenlijk niet meer dan een *air*, een melodietje dat hij hier ten beste geeft, een simpel iets, maar we *horen* dat het knap is.

We *weten* dat het knap is, want het wil maar niet uit ons hoofd.

De herhaling van dezelfde of bijna dezelfde rijmklanken, sleutelwoorden als moeder, vervloeking en zwerver die door hun ongepaardheid *nog* luider rijmen, de extatische versnelling die in de tweede strofe optreedt, onder meer door het dubbele enjambement, waarna de slotbrug oorverdovend geopend blijft, heel die strenge knapheid verzoent ons met het toch wel heel sentimentele verhaaltje.

Ik zou ook de Gossaert-bewonderaars niet graag de kost geven voor wie *De moeder* altijd iets van een geheide tearjerker was.

Ze dachten dat de inhoud ze ontroerde, de aloude parabel van de verloren zoon met de overbekende afloop, terwijl hun ontroering in dit geval toch geheel op rekening kwam van de muziek.

De door de dichter gehanteerde vorm is zo'n korset dat *elk* verhaaltje erin onder hoogspanning zou staan.

Niet meer dan drie kale strofen, de eerste met tranen, de tweede 'blijde', de derde verheugd met onzichtbare tranen.

Drie bijna identieke strofen. Toch klinken ze op Gossaerts instrument telkens anders.

De eerste bitter en koud, de tweede gejaagd en buiten adem, de derde elegisch, een adagio.

Alleen virtuozen variëren zo op één gegeven.

MIJN MOEDER IS MIJN NAAM VERGETEN...

> Mijn moeder is mijn naam vergeten,
> mijn kind weet nog niet hoe ik heet.
> hoe moet ik mij geborgen weten?
>
> Noem mij, bevestig mijn bestaan,
> laat mijn naam zijn als een keten.
> Noem mij, noem mij, spreek mij aan,
> o, noem mij bij mijn diepste naam.
>
> Voor wie ik liefheb, wil ik heten.
>
> Neeltje Maria Min (geb. 1944)

Ook dit gedicht behoort tot de door het publiek gekozen 'favoriete gedichten van Nederland en Vlaanderen'. Het staat zelfs bij de eerste tien, samen met *Herinnering aan Holland*, *De moeder de vrouw* ('Ik ging naar Bommel om de brug te zien'), *De tuinman en de dood* en Bloems *Dapperstraat*.

Je zou het dus beter een legendarisch gedicht kunnen noemen.

'Voor wie ik liefheb, wil ik zweten,' hoor je wel eens, en 'voor wie ik liefheb, laat ik scheten' en, nogal rammelend, 'van wie ik sief heb, wil ik niet weten'. Allemaal hoogst ordinaire verbasteringen, die intussen veelzeggend zijn voor de populariteit van het vers.

Het verscheen in 1966 in een bundel met de titel *Voor wie ik liefheb wil ik heten* (zonder komma) en die bundel was onmiddellijk een succes.

Niemand herinnerde zich ooit een poëziebundel op de bestsellerlijst te hebben meegemaakt en nu was het zover. Herdruk op herdruk volgde. Neeltje Maria Min was op ieders lip.

Een tijdlang leek het of de dichteres onder het succes was bezweken. Als ze je als wonderkind hebben begroet is het moeilijk jezelf nog eens te bewijzen, *kun* je jezelf niet eens meer bewijzen.

Toch schreef Neeltje Maria Min nadien nog een paar mooie gedichten.

Spaarzaam en zorgvuldig word je van zo'n aanvankelijk succes wel, dat viel te verwachten.

Waarom sprak dit openingsgedicht zo aan?

Misschien door het dwingende karakter. Het is kort, het bevat geen typisch dichterlijke woorden (en maar één bijvoeglijk naamwoord), het is bezwerend en het is voor een groot deel gesteld in de gebiedende wijs.

Een soort toverspreuk. Je kunt het scanderen als een liedje om iemand in slaap te wiegen. Tegelijk komt het uit een bron van louter radeloosheid en opstandigheid.

Een stampvoetend wiegenlied.

Wat vorm betreft is het doorzichtig genoeg. Niet meer dan twee rijmwoorden, de herhalingen van *mijn*, *mij* en *noem*, de zwijgende eenlettergrepige meerderheid, een kind kan de was doen.

Op die manier moet je stampvoeten, op die manier moet je dwingen.

Maar het gedicht zit ook verder heel gezwaluwstaart in elkaar. In de eerste strofe hebben we die naamloze als schakel tussen moeder en kind. In de tweede strofe komt het verlangen naar een naam 'als een keten' terug. In de eerste strofe ontdekt de dichteres het probleem van de geborgenheid, in de tweede strofe is er *de wil* tot geborgenheid. Haar diepste naam is haar *verborgen* naam, we horen hier de echo van *geborgen*. De eerste strofe eindigt met een vraagteken, de tweede met een uitroepteken, want zo mogen we de o! aan het begin van de regel toch wel noemen.

Die gebiedende wijs is waarschijnlijk de hoofdoorzaak van de populariteit van het gedicht.

Poëzielezers hebben iets met de gebiedende wijs.

De dichter als iemand die absoluut en compromisloos is –

Zeven maal om de aarde te gaan,
als het zou moeten op handen en voeten

en

Kom vanavond met verhalen
hoe de oorlog is verdwenen,
en herhaal ze honderd malen

– om maar twee voorbeelden te noemen. Voorbeelden van Ida Gerhardt en Leo Vroman, uit gedichten die eveneens in de toptien figureren.

De dichter incanteert, de dichter wekt schimmen op uit het dodenrijk.

In *Mijn moeder is mijn naam vergeten...* wekt een dichteres zichzelf tot leven.

Het was een tweeëntwintigjarige die dit gedicht publiceerde. Ze is nog een kind, zegt ons de eerste regel. Ze is al een jonge moeder, luidt het in de tweede.

Kortom, de schreeuw van iemand die naakt en verloren is, op zoek naar houvast, herkenning, erkenning. Op zoek naar een beeld dat haar weerkaatst.

Ze is een hopeloze anonieme flodder die naar een warme plek verlangt in de eeuwige wisseling der dingen. Ze is betekenisloos en wil een zinvolle schakel worden tussen de geslachten.

Iemand, zoals we het nu zouden noemen, *op zoek naar haar identiteit*.

Dat is geen excuus voor poëzielezers om zich daar meteen in te herkennen.

Op zoek naar identiteit zijn we allemaal, keizer, koning, admiraal.

Wat de lezer destijds heeft gevloerd zal het absolute karakter van haar identiteitsverlangen zijn geweest. Ze zoekt niet, ze eist.

Verscheur mijn beeld, vergeet mijn naam

– al net zo gebiedend eindigt Tollens, uitgerekend de negentiende-eeuwer Tollens, een albumversje. Ook voor hem waren naam en liefde identiek.

Het lijkt allemaal voor de hand te liggen.

Maar in de poëzie overleeft niets als het om wegwerpduidelijkheid gaat. *Mijn moeder is mijn naam vergeten...* laat ons ook met een intrigerende vraag achter.

Heeft de dichteres het in de slotregel over een minnaar of minnares? Over de Ene die vooralsnog als Grote Onbekende in de coulissen staat? Over de sprookjesprins die haar wakker zal kussen?

Is ze in afwachting van het moment waarop de *ik* en de *voor wie ik liefheb* elkaar zullen verlossen? Erotische tinteling, hoopvolle verwachting?

't Is wat je een tweeëntwintigjarig meisje graag zou toedichten.

Maar de regels zouden evengoed van begin tot eind tot haar moeder en haar kind gericht kunnen zijn. Ze wenst haar demente moeder opnieuw de gave van de herkenning toe, ze verlangt naar het allereerste woord van haar kind. 'Moeder.' Moeder en kind zijn de enigen op aarde voor wie ze wil bestaan.

Ze wil zelf alleen bestaan als moeder en kind.

Het kan een gedicht zijn over volwassen worden.

Het kan ook zijn dat het gaat over iemand die *niet* volwassen wil worden.

Is de slotregel verruimend of juist beperkend?

Er moet iets te raden overblijven. Pas dan gaat een gedicht wat langer mee.

Dat het een gedicht zou kunnen zijn over een ongewenst zwanger meisje, een moeder die niets meer van haar wil weten en een jongen die ze smeekt zijn vaderschap te erkennen door met haar te trouwen, zoiets was alleen in 1966 spannend.

In *Nederlandse literatuur 1960-1988* heeft Jaap Goedegebuure het slechts terloops over 'het wonder- en zondagskind Neeltje Maria Min, die in 1966 een onverbiddelijke bestseller had met *Voor wie ik liefheb wil ik heten*'. Ook in *Aan de mond van al die rivieren. Een geschiedenis van de Nederlandse poëzie sinds 1945* van Redbad Fokkema wordt ze zuinigjes één keer genoemd. En dan nog in verband met een ander. Omdat mogelijkerwijs de debuuttitel ontleend was aan een regel uit de bundel *Met huid en hand* (1959) van Mischa de Vreede –

voor wie mij liefheeft
lang en zacht

– en verder doet Fokkema er het zwijgen toe.

Toch schreef Neeltje Maria Min dit legendarische gedicht.

Soms vraag je je af wat ze in de literatuurgeschiedenis bedoelen met geschiedenis. Staat daarin wat er geschied is of wat de auteurs denken dat er geschied had moeten zijn?

Eén keer raden is genoeg.

DE ZOON DIE IK NIET HAD

Bleek een monster met een vacht
die slechts ontstaan kan in het donker
onder stenen. Het was een wonder
dat hij zag dat ik er stond.

Er liep wat speeksel uit zijn mond.
Praten kon hij niet en hij was bang;
hij zag dat iets bestond buiten de kelder
waar hij jaren in lag vastgebonden.

Hij stonk, stond krom, zijn honger
was reusachtig. Ik sloeg
mijn armen om hem heen. We vielen om.

Schokkend in de groene vacht van het gras
begon hij te lachen. Hij lacht nog steeds.
Ik hoop nog steeds dat hij stopt.

Esther Jansma (geb. 1958)

Het begint met een hoofdletter en eindigt met een punt. Het heeft met zijn tweemaal vier en tweemaal drie regels een regelmatige, afgeronde vorm. Een sonnetvorm.

Er zijn meer gedichten, hoor ik u zeggen, die met een hoofdletter beginnen en eindigen met een punt.

Jawel, maar er is ook nog die titel, die tegelijk titel is en eerste regel –

De zoon die ik niet had
bleek een monster met een vacht

– die eerste regel spot met de hoofdletter en vloekt met de symmetrie van de vorm.

Het gedicht geeft signalen af dat de titel er los bij hangt en toch maakt de titel deel uit van het corpus.
Duidelijker kan een dichter niet aangeven dat

De zoon die ik niet had

bij voorbaat een uitgestotene is. Uitgeworpen, geïsoleerd. Een zoon die nooit is geboren.
Een doodgeboren zoon, een gedroomde zoon, we weten het niet.
Zo'n ontkenning van een zoon hoort tegelijk *wel* en *niet* bij de baarmoeder. Of liever, door er niet bij te horen hoort hij er heel hevig bij.
Zo ook met de ontkennende titel. Door niet bij de regels van het gedicht te horen is hij de meest essentiële regel.
De zoon die ik niet had blijkt een monster met een vacht. Het versterkt het beeld van een misgeboorte of een droomgestalte. Het gaat om een verschijning van vóór het bestaan, iets uit het domein van de fantasie.
Het monster is bekleed met een vacht

die slechts ontstaan kan in het donker
onder stenen.

Dat suggereert twee dingen. Dat de fantasie die het monster heeft ingekleed een duistere, nachtelijke fantasie is. En dat het monster zich ergens beneden schuilhoudt, onder donkere stenen.
Zo ontmoeten de nachtzijde van de fantasie van 'ik' en de schaduwzijde van 'zoon' elkaar.
Een ontstelde geest droomt zich een gedrocht.

Het was een wonder
dat hij zag dat ik er stond.

Bij deze regel gekomen zien we de zoon vanuit de diepte naar boven kijken, naar de 'ik' die hem geestelijk heeft geschapen.

Het is een beeld dat, of je wilt of niet, onmiddellijk dat beeld van Nijhoff oproept die een dag uit vissen zou gaan en moedeloos met de hand een wak in het kroos maakte –

Er steeg licht op van beneden
uit de zwarte spiegelgrond.
Ik zag een tuin onbetreden
en een kind dat daar stond

– dat kind schrijft dan de woorden van de dichter op en alle woorden die hij ooit nog hoopt te schrijven. Telkens als de dichter knikt 'liet hij het water beven en het werd uitgewist'.

Hier is de optiek omgekeerd.

Het kind kijkt door de koker omhoog, naar de bekijker. Het kind zoekt de bekijker. En onmiddellijk zijn daar ook, of je wilt of niet, de regels uit Nijhoffs *Het stenen kindje* –

O zoontje in me, o woord ongeschreven,
O vleesloze, o kon ik u baren –
De nood van ongeboren leven
Wreekt gij met dit verwijtend staren

– dat alles speelt ook mee in de confrontatie bij Esther Jansma. De dichter die baart of juist niet kan baren. De hoop en de vertwijfeling van de geestelijke creatie.

Bij beide dichters ook dat *hijgen* bijna naar vleselijke schepping.

De verbeelding als een machteloos surrogaat voor ouderschap.

Bij Jansma baart de geest geen engel, maar een monster. Het kind huist niet in vruchtwater, maar in een dorre kelder met enkel wat speekseldraden.

Door de o's van monster, donker, wonder, van stond, mond, bestond en vastgebonden – van o zoon, ongeboren – wordt de zin aangekondigd –

Hij stonk, stond krom, zijn honger

– een samenballing waar de nodige dreiging van uitgaat.

Het onbereikbare ideaal van Nijhoff heeft plaatsgemaakt voor de uit de kluiten gewassen reus die toegrijpt. Het kind zoekt de bekijker op. De zoon maakt lichamelijk contact. Het monster versmelt met de dromer.

Er is een gebaar van ontferming. 'Ik sloeg mijn armen om hem heen.'

Er is een beeld van gezamenlijkheid. 'We vielen om.'

Er is een suggestie van hoop. De zoon begint te lachen. 'Hij lacht nog steeds.'

Maar hoezeer we ons vergissen in dat gebaar, dat beeld en die suggestie blijkt uit de slotzin –

Ik hoop nog steeds dat hij stopt.

De wanhoop ten top. De wraak van het verlangen. Wat moet het ondraaglijk klinken, dat niet te stuiten gelach van het toonbeeld van stilte – de vleesloze ongeborenheid.

Dit is geen omkering van Nijhoff, dit is Nijhoff in een met de vuist versplinterde spiegel. Ook de o's zijn er nog één keer hevig.

AAN HET WERK

Ik kijk mijn zoon.
Hij slaapt, ik schrik
en zie: daar ligt mijn vader.
Ik vraag hen wie ik wezen wil
en of ik die al nader.
Zij zwijgen dat ik verder moet.

Ik kus zijn halsslagader:
Barbara, klopt zij, Barbara.
(zijn mond geurt nog naar tandpasta)

Aan het werk dus, aan het werk!
De slagen der stomheid
zien te verslaan
door kakelend op
mijn handen te staan.

Kees van Kooten (geb. 1941)

Bij de naam Kees van Kooten denken we niet meteen aan een dichter. Hij zal zijn poëtisch talent ook zelf in alle toonaarden ontkennen, geheel volgens verwachting.

Toch herinner ik me ergens te hebben gelezen dat hij wel meer gedichten heeft geschreven. 'In portefeuille.' In elk geval heeft hij er weinig gepubliceerd. Een paar in het boek *Zeven sloten*. Het bijgaande *Aan het werk* staat achter op de verhalenbundel *Veertig*.

Het is geen humoristisch gedicht. Het gáát wel over een humorist.

De hele Kooten-kosmos is in dit gedicht aanwezig, zoals de scherven van spiegels weer complete spiegels zijn.

De taalverhaspeling is er. 'Ik kijk mijn zoon.' 'Zij zwijgen dat.'

Een vlucht voor het gewone, om het ongewone van dat gewone te benadrukken.

Ook aanwezig is het voluit benoemen van de mensen van wie hij 'het zielst houdt'.

En voorts het bekijken van zichzelf, een variant op zijn nooit aflatende zelfreflectie.

Hij kijkt naar zijn slapende zoon en ziet zijn vader liggen. Dat is een héél intense vorm van zichzelf bekijken.

Ik vraag hen wie ik wezen wil

– dat meervoudige *hen* slaat op het tweetal zoon en vader.

Je hebt weliswaar de intimiteit en de continuïteit van de keten die leidt van de zoon in de vader tot de vader in de zoon (de zoon is de vader van de man), maar tegelijk bevindt de kijkende derde, alias Kees van Kooten, zich in een schrikbarend niemandsland.

Welke kant moet hij op? Vervreemding hoe, identificatie wat?

Het onuitgesproken antwoord luidt dat hij verder moet, in zijn eentje verder.

Niet naar de zoon, niet naar de vader.

'Ik vraag hen wie ik wezen wil', díe vraag kwam neer op het uitleveren van zijn wil. Het was vragen om identiteitsverlies.

Toch *nadert* hij eerst nog. 'Ik kus zijn halsslagader.'

Het gaat opnieuw om de enkelvoudige realiteit. Alleen de zoon is over. Maar in de aanraking van die kwetsbare plek, de snelweg van het verwante bloed, klinkt de naam Barbara op. Een vermaning dat er nog een ander deel heeft aan de zoon. Het zekere teken dat hij definitief uit de cyclus is gestoten.

Je eigen vader herkennen in je eigen zoon, het waren stoffige hersenspinsels. De frisse geur van tandpasta maakt er korte metten mee.

Er zit iets aandoenlijk schutterigs in het rijm van Barbara op tandpasta. Je ziet de dichter als het ware met lege handen staan.

Zo'n rijm zou Drs. P een gruwel zijn. In een interview verklaarde hij dat hij Gorter als een pest beschouwde voor de ontwikkelingsgang van de Nederlandse poëzie, omdat Gorter hongerig op verlangerig had laten rijmen. Voor Drs. P schijnt zelfs het rijmen van een korte ei op een lange ij niet langer door de beugel te kunnen.

Nu, leve Gorter.

Bovendien bewees Kees van Kooten in de regels daarvoor met vader, nader en halsslagader dat hij het best kon. Rijmen.

Aan het werk dus, aan het werk!

Het 'dus' duidt erop dat hij als tussenschakel zijn eenzame positie beseft. Het uitroepteken duidt op de dringende noodzaak van zijn vlucht in het werk.

De slagen der stomheid
zien te verslaan
door kakelend op
mijn handen te staan.

Het is de kortst mogelijke samenvatting van zijn bestaan als komiek.

Die 'slagen der stomheid' komen me bekend voor, alsof ik de uitdrukking al eens tegenkwam bij een officieel erkende dichter, al weet ik zo gauw niet welke.

Komt dat omdat de voorafgaande regel ook al een citaat was?

Aan het werk was de geliefde uitroep van Geert Lubberhuizen, destijds de uitgever van Kees van Kooten, als er weer eens te lang was getreuzeld of feestgevierd.

Aan het werk, zo heette ook de bundel met 'nieuwe verhalen, gedichten, beschouwingen van 81 auteurs uit Nederland en Vlaanderen', verschenen in 1981 en 'opgedragen aan Geert Lubberhuizen bij zijn afscheid als directeur van De Bezige Bij 1942-1981'. In die bundel stond dit *Aan het werk* voor het eerst afgedrukt.

Of verbeeld ik me dat *slagen der stomheid* wel een citaat moet zijn omdat Van Kooten zich, als het om grote woorden gaat, altijd probeert uit de voeten te maken?

Duidelijk is in elk geval dit. Er is een geseling. Er is een stomheid die een groter zwijgen impliceert dan het zwijgen van zoon en vader alleen. Er moet iets 'verslagen' worden, tegen iets gevochten. Er bestaan slagen die de ik, die Kees van Kooten heet, alleen kan overwinnen door terug te slaan.

Het vormt een onvermoede aanduiding voor de zwarte kant van deze humorist.

Dat hij het vak van komiek aan het slot relativerend probeert af te doen als 'kakelend op je handen staan', het mag nauwelijks meer baten. Het hoge woord is eruit.

De schaduw is gevallen. De spanning is gewekt.

Kakelend op je handen staan, het zou een voorbeeldige omschrijving kunnen zijn van vluchtgedrag.

Hier echter staat iemand kakelend op zijn handen in de nok van het circus. Aan de trapeze, op het slappe koord, in het volle licht van de schijnwerper. Hij kakelt om iets te overkakelen. Iets wat martelt en met stomheid slaat.

We wisten toch allang dat er zonder duistere keerzijde geen sprake kan zijn van echte humor?

'S AVONDS LAAT

Moeder, je kwam om elf uur thuis.
Niet later, zei je zelf.
Ik zit nog steeds alleen in huis.
Het is kwart over elf.

Ik kwam uit bed om negen uur,
ik hield het niet meer uit:
geroezemoes achter de muur,
figuren langs de ruit.

Straks komen dieven om de hoek
en klimmen door het raam.
Naar geld en klokken zijn ze op zoek,
ze fluisteren mijn naam.

Ze vinden onze klok nog wel:
hij tikt vannacht zo bang.
Als ik mijn oma nou eens bel?
Maar nee, die slaapt allang.

O, moeder, moeder, kwam je maar.
Of ben je soms op reis?
Ik zit te woelen in mijn haar.
Het wordt al grijs.

Willem Wilmink (geb. 1936)

Jarenlang liep je je een breuk te zoeken naar een bloemlezing uit de Nederlandse kinderpoëzie, alleen om te horen dat zoiets eenvoudig niet verkrijgbaar was.

Met het schrijven voor kinderen begint in de poëzie het hele eieren eten. Het taalbewustzijn en de taal zelf worden ontgonnen, de combinatiezucht en de zin voor harmonie worden gestimuleerd, het spel van het raffinement in de techniek en van de verzwegen simpelheid neemt een aanvang.

Een volwassen poëziegeschiedenis kan niet zonder een geschiedenis van de kinderpoëzie.

Nu is de lacune eindelijk gevuld – met *Van Alphen tot Zonderland. De Nederlandse kinderpoëzie van alle tijden verzameld door Anne de Vries*.

Het 'van alle tijden' dienen we met een korreltje zout te nemen: de kinderpoëzie komt pas in de achttiende en negentiende eeuw goed op gang. Die eeuwen zijn dan ook met fraaie voorbeelden van vaak komisch-plechtstatige braafheid vertegenwoordigd –

'k Wou graag leren breien;
knopen ken ik al!
Pa zegt: 'voor een jongen
staat het al te mal!'

– om uit een gedicht van N.A. van Charante (1811-1873) te citeren dat roldoorbrekend begint maar uiteraard rolbevestigend eindigt.

Met veel plezier trof ik ook een baldadige variant op het aloude leugengedicht aan, van S. Abramsz (1867-1924) –

de slang moest exerceren;
het haasje droeg een pet;
de spiering plukte peren;
en de paling ging naar bed

– zo valt er van alles in deze baanbrekende bloemlezing te genieten. Soms bevreemdt het je een gedicht dat je altijd voor volwassen poëzie had gehouden ineens tot kinderpoëzie omgetoverd te zien, gedichten van Leopold en Van Ostaijen –

Dag ventje met de fiets op de vaas met de bloem
ploem ploem

Het is of je kunstwerken uit de Cobra-groep als kindertekeningen presenteert. Toch heb je met die metamorfose onmiddellijk vrede. In de poëzie is elke confiscatie toegestaan.

In het gedicht van Willem Wilmink gebeurt het omgekeerde. Hier wordt niet op kinderlijke wijze of vanuit een kind gedacht, maar juist vanuit een volwassene.

Er zit een grijze gek te beven bij de haard.

Hij lijdt aan slapeloosheid, hallucinaties en achtervolgingswaanzin en wacht nog altijd op zijn moeder.

Kindse, oude man.

Dankzij de bloemlezing *Van Alphen tot Zonderland* krijgt de lezer dit aangrijpende gedicht meteen in de goeie context gezet. Onontkoombaar beleef je het mee als kind.

De suggestie van een kindermijmering is des te sterker, de ontknoping met Uitzicht op Schrikbeeld in de slotregel komt des te harder aan.

Bij teruglezing blijkt hoe knap Wilmink het raadsel in stand houdt. Dat hier 's *Avonds laat* niet een moeder op haar kind, maar een kind op zijn moeder zit te wachten, het is op z'n minst curieus. Toch koestert de lezer nog geen argwaan.

Als ik mijn oma nou eens bel?
Maar nee, die slaapt allang.

De suggestie dat hier een kind aan het woord is wordt tot op het laatst niet doorbroken.

Vanzelfsprekend betekent 'die slaapt allang' dat het ouwe mens al eeuwen dood is. We hebben alleen geen erg.

Het naderend onheil ligt *natuurlijk* besloten in het bange tikken van de klok, het zijn de klokken die *natuurlijk* meteen al een lichtje bij ons hadden moeten doen opgaan –

ik vrees dat ik vannacht versneld verouder

– om een andere dichter te citeren. Toch blijven we gevangen in een kinderlijke belevingswereld.

's Avonds laat is een gedicht waar je steeds opnieuw argeloos aan kunt beginnen en dat je met de simpelste aller slotwoorden –

Ik zit te woelen in mijn haar.
Het wordt al grijs

steeds opnieuw een dreun geeft. Anne de Vries heeft ook verder in zijn bloemlezing een fijne neus voor gedichten die in hun eigen staart bijten of die een gesloten cirkel vormen, zie bijvoorbeeld *Vraag en antwoord* van Jac. van der Ster (1909-1973) of *Paarden voor de ramen* van Leendert Witvliet (geb. 1936).

Maar dit is in zijn boek wel het mooiste altijd-opnieuw-beginnende gedicht.

HET GESCHENK

I

Hij trok het schuifken open,
Het knaapje stond aan zijn zij,
En zag het uurwerk liggen:
'Och, Grootvader, geef het mij?'

– 'Ik zal 't u wel eens geven,
Toekomende jaar misschien,
Als gij wel leert en braaf zijt,'
Zei de oude, 'wij zullen zien.'

'Toekomend jaar!' sprak het knaapje,
'O Grootvader, maar dan zoudt
Ge lang reeds kunnen dood zijn;
Ge zijt zo ziek en zo oud!'

En de oude man stond te peinzen,
En hij dacht: 'het is wel waar,'
En zijn lange vingren streelden
Des knaapjes krullend haar.

Hij nam het zilvren uurwerk,
En de zware keten er bij,
En lei ze in de gretige handjes,
''t Komt nog van uw vader,' sprak hij.

II

Daar was een grafje gedolven;
De scholieren stonden er rond,
En een oude man boog met moeite
Nog ene knie naar den grond.

> Het koele morgenwindje
> Speelde om zijn haren zacht;
> Het gele kistje zonk neder:
> Arm knaapje, wie had dat gedacht!
>
> Hij keerde terug naar zijn woning,
> De oude vader, en weende zo zeer,
> En lei het zilvren uurwerk
> In 't oude schuifken weer.

Rosalie Loveling (1834-1875)

Vandaag heb ik zin in een smartlap. Vandaag heb ik zin in een wijsje uit de oude doos. Vandaag heb ik zin in een versje van een der gezusters Loveling, en wel in het overbekende, alomgeliefde, sufgebloemleesde *Het Geschenk* –

Hij trok het schuifken open,
Het knaapje stond aan zijn zij

– dat beeld van een grootvader die het schuifken (het laatje) opentrekt, een schuifke dat laag genoeg is om er het knaapje een blik in te gunnen, dat woord 'knaapje' alleen al, dat woord 'uurwerk' voor grootvaders horloge, ach, of je vanuit onze woelige wereld, vanuit het Stedelijk Museum zeg maar, ineens naar een oude houtsnede kijkt, een chromolitho, een vrome oleografie.

Zoals het knaapje een blik opving van het uurwerk, zo vang jij een glimp op van een maatschappij die zich het duurzame middelpunt van de schepping waande.

Die wereld is verdwenen en voorbij, dus mateloos geruststellend.

En soms weer niet zo geruststellend.

Soms zie je de worm in de appel.

Soms zie je op de chromolitho knaapjes met waterhoofden.

Het duurzame middelpunt, zei ik. De maatschappij twijfelde niet aan haar continuïteit en eigen gelijk.

Toch loerde de dood overal – kindersterfte, epidemieën, het slagveld.

De dood is het lievelingsonderwerp van de zusjes Loveling. Van het blozende jonge meisje dat, in een gedicht van Rosalie, voor de spiegel staat –

't Was de koorts, die gloeide op haar wangen,
't Was de dood, die blonk in haar oog!

– tot de dood van een jong soldaat in een gedicht van Virginie, die twee jaar jonger was dan Rosalie en haar zuster bijna een halve eeuw zou overleven –

Zo ver van huis alleen gestorven
In 't gasthuis ener vreemde stad,
En onbeweend naar 't graf gedragen,
Terwijl men ginds zo lief hem had!

Sterven op jeugdige leeftijd was kennelijk zó gebruikelijk dat het loonde die doodsvariant in de kunst 'bespreekbaar' te houden.

De dooie kindertjes zijn net als de rillende populieren en de klotsende zee uit de poëzie verdwenen.

Het Geschenk past bij een verloren tijd.

Toch blijft het herkenbaar. Het blijft herkenbaar door de simpele middelen waarmee de dichteres werkt. Het blijft herkenbaar door een modern begrip als de 'doorbroken verwachting'.

We nemen mét het knaapje aan dat de grootvader snel zal sterven. In plaats daarvan sterft het knaapje het eerst.

Zo'n kunstgreep zouden we nu misschien wat radicaler hanteren.

De grootvader van ons zou het schuifke snel dichtschuiven, bijvoorbeeld, en de knaap in plaats van het klokje een dreun geven. Ook zouden wij aan het begin van het tweede deel de suspense wat rekken en niet meteen door het verkleinwoord 'grafje' prijsgeven dat het om het graf van het knaapje gaat.

Verder is dit gedicht een wonder van suggestieve eenvoud.

Door dat 'grafje' en die 'scholieren' beseffen we wél dat de dood onverwacht snel heeft toegeslagen. In overeenstemming met het 'toekomend jaar' uit de eerste helft van het gedicht, nemen we aan.

Beide gedichthelften weerspiegelen elkaar op meer punten.

Het laatje dat opengaat en het laatje dat dichtgaat. De grootvader die knielt bij het graf en de grootvader die waarschijnlijk al moest bukken voor het schuifke. We zouden er ons een schilderij van Jozef Israëls bij kunnen voorstellen. De vingers die de haren streelden en, ten slotte, de wind die speelt om het haar.

Dat brengt ons op het koele morgenwindje.

'Het koele morgenwindje' is de sleutelregel van het gedicht. Het kunnen de vingers van God zijn. 't Kan ook beduiden dat het leven vergankelijk is, vluchtig, wind. Dat alles naar de oorsprong terugkeert. Dat de laatste regel weer de eerste is.

Dat is ook letterlijk het geval in dit sentimentele en toch strakke gedichtje. Nieuw wordt oud en oud wordt nieuw.

RADIOBERICHT

Te Grave beneden de sluis
voorbij de zware deuren
mag mij het water sleuren
en kantelen met geruis.
– Grave beneden de sluis.

'Wij geven de waterstand.'

O God, hoe kon het gebeuren –
gesloten het venster, de deuren,
gebannen uit liefde en huis.
– Grave beneden de sluis.

'Wij geven de waterstand.'

Grave, dat is groen land
en water, dat draagt mij thuis.

'Grave beneden de sluis.'
Grave, beneden de sluis.

Ida Gerhardt (1905-1997)

Dit is geen gedicht van opstandigheid en berusting, zoals bij oppervlakkige lezing mag lijken. Het is een gedicht van sterkte, door angst en afwijzing verworven.
    De herhaling, de bezwering, het ritueel bewerkstelligen die kracht.
    Eerst is er bij de 'ik' de zelfvernietigingsdrift, de aantrekkingskracht van de chaos –

voorbij de zware deuren
mag mij het water sleuren

– een wens die, zo wordt in het middengedeelte duidelijk, voortkomt uit het gevoel verstoten te zijn. Nu ja, gevoel, het wordt gepresenteerd als een maar al te reële ervaring –

O God, hoe kon het gebeuren –

– een ervaring die in de intiemste kring plaatshad, daar laten de woorden venster, deuren, liefde en huis geen twijfel over bestaan.
Het *moet* op een kinderervaring berusten. Alleen voor kinderen zijn liefde en huis nog synoniem. Je bent *in* het huis en je bent *in* het hart van je ouders. Daarbuiten loert de wrede wereld.
Door de herhaling van de locatie Grave en door de herhaling van het radiobericht

'Wij geven de waterstand.'

wordt de angst bezworen. Waterstanden op de radio waren *zelf* al een ritueel. Ze klonken met net zo'n ijzeren regelmaat en hypnotiserende cadans uit de luidspreker als de voetbaluitslagen –

Volendam-Sittardia

– zeven lettergrepen die mij zelf als kind honderden malen op de zondagmiddag in de oren moeten hebben geklonken. Ze staan als een bezweringsformule in het geheugen gegrift. Als ik verlegen zit om een sentiment van eeuwigheid of om zomaar een zondagmiddaggevoel op een andere planeet hoef ik enkel te zeggen Volendam-Sittardia en het is gepiept. Simsalabim.
Een SOS is ook een radiobericht.
Muziek, repetitie, formule, het is alles. Er maakt zich een nieuwe kracht van de dichter meester –

Grave, dat is groen land
en water, dat draagt mij thuis.

– dat is, dat draagt, punt uit. Eindelijk is er houvast. Grave is niet langer een kolkende sluis, maar door water bevrucht land. En water is de uiteindelijke scheppingskracht, leidend naar een nieuw-gevonden land, het ware thuis.
De poëzie als lot.
Twee regels die er staan als een nuchtere, haast vanzelfsprekende mededeling. Vooral – ze dulden geen tegenspraak.

'Grave beneden de sluis.'
Grave, beneden de sluis.

Wat eerst een citaat van een ander was, van de radio-omroeper, kan nu zonder aanhalingstekens. Het inzicht is op eigen kracht verworven. Het zit nu *in* de dichter.

Is al iemand de verwantschap opgevallen tussen dit gedicht uit de bundel *Het levend monogram* van 1955 en het gedicht *Biografisch II* uit *Vijf vuurstenen* van 1974, bijna twintig jaar later?

Wat in *Radiobericht* tot essentieel skelet was teruggebracht staat er hier aanzienlijk aangekleder bij, gedetailleerder.

In de donkere romp, in de molen,
– en van angst leek mijn bloed te bevriezen –
dáár heb ik als kind mij verscholen,
toen het winnen was of verliezen.
Toen het winnen was of verliezen.

Ook in dit gedicht repeteert en bonkt het. Het gaat over een kind, het spreekt van angst –

Een kind is een muis in het nauw
als de machtigen samenspannen

– en in het laatste couplet staat het er letterlijk

Moed komt uit een afgrond vandaan.

De 'ik' zet aan het eind resoluut zijn kraag op en weet voorgoed dat hij 'ze' zal verslaan.

'Ze' – dat is de wrede buitenwereld, alles wat het kind van een thuishaven en liefhebbende ouders scheidt.

Verlies wordt winst. Uitstoting leidt tot bolstering. Woede leidt tot dichterschap.

INSOMNIA

Denkend aan de dood kan ik niet slapen,
En niet slapend denk ik aan de dood,
En het leven vliedt gelijk het vlood,
En elk zijn is tot niet zijn geschapen.

Hoe onmachtig klinkt het schriel 'te wapen',
Waar de levenswil ten strijd mee noodt,
Naast der doodsklaroenen schrille stoot,
Die de grijsaards oproept met de knapen.

Evenals een vrouw, die eens zich gaf,
Baren moet, of ze al dan niet wil baren,
Want het kind is groeiende in haar schoot,

Is elk wezen zwanger van de dood,
En het voorbestemde doel van 't paren
Is niet minder dan de wieg het graf.

J.C. Bloem (1887-1966)

't Spijt me de J.C. Bloem-fanaten op het hart te moeten trappen, maar de gedichten van hun vereerde meester zijn vaak behoorlijk banaal.

Bloem is de meester van het cliché. En in elk gedicht van hem zijn er dan weer één of twee regels die je door hun formulering onherroepelijk bijblijven.

Soms lijkt het of al dat vulsel er bij hem alleen maar is om die ene regel te stutten. Of hij speciaal maar wat aanbroddelt om een paar mooie regels beter te laten uitkomen.

Bloem kan genadeloos grossieren in gemeenplaatsen en ouwe-wijventheewatergeleuter –

Er was in 't leven niet heel veel te winnen.
Het deert mij niet meer. Heen is elk verweer,
Als men zich op het wereldoude zeer
Van de miljarden voor ons gaat bezinnen

– jawel, Piet Hein, zijn naam is klein. Bij velen zullen die vier regels niet het minste gevoel van herkenning oproepen, terwijl de slotregel van hetzelfde gedicht –

En dan: 't had zoveel erger kunnen zijn

– in ieders geheugen gebeiteld staat. Bloem is de man die voor een paar prachtige regels nu eenmaal zoiets onnozels als een gedicht nodig had. Het donderde niet wat voor gedicht.
Soms is het de eindregel –

Domweg gelukkig in de Dapperstraat

– een andere keer weer de beginregel die het hem doet –

Is dit genoeg: een stuk of wat gedichten

– en ook in het gedicht *Insomnia* gaat het om de beginregels.
't Is eigenaardig bij Bloem: je ziet onmiddellijk het kwaliteitsverschil tussen zijn spreekwoordelijke regels en de rest van het vers.
Bij andere dichters springen dichtregels er soms uit omdat ze uitentreuren werden geciteerd. Je kunt je bijna niet meer voorstellen hoe die regels er moeten hebben uitgezien voor hem of haar die ze voor het eerst las.
Bij Bloem vermoed je dat zulke regels al bij de allereerste kennismaking een citaatrijpe indruk maakten. Nee, je weet het zeker.

Denkend aan de dood kan ik niet slapen,
En niet slapend denk ik aan de dood

– of het door de alliteratie kwam, door de symmetrie of de gedachte, ik laat het in het midden.

Wie denkt dat het komt doordat hier een onthutsend beeld tweemaal wordt gevarieerd – dat het dus louter een muzikale kwestie is – heeft het mis.

Het gaat om twee zeer verschillende regels. De eerste regel handelt over doodsangst. De tweede over slapeloosheid.

Ze beweren niet twee keer hetzelfde, ze vullen elkaar aan. De dood is de grote slaap die vermeden moet worden. De slapeloosheid stimuleert de dichterlijke gedachten –

themes thou lovest best,
Night, sleep, death and the stars

– zoals Walt Whitman op een klare middernacht tot zijn ziel sprak.

Als een slang die in zijn eigen staart bijt, als een eeuwige lus, zo steken de beide regels van Bloem in elkaar.

De doodsangst verwekt slapeloosheid, de slapeloosheid weer doodsangst. De kleine dood en de grote dood trekken elkaar aan en stoten elkaar af. Eerst *wil* de dichter niet slapen en vervolgens *kan* de dichter niet slapen.

Met die twee regels is het gedicht eigenlijk al rond.

De rest dient alleen om te adstrueren dat er niettemin geslapen *moet* worden. Wat we al wisten.

En het leven vliedt gelijk het vlood,
En elk zijn is tot niet zijn geschapen

– het regent meteen clichés. De oude Grieken en Romeinen waarschuwden ons al. Panta rhei. Karthago delenda est.

Het tweede kwatrijn is louter poetskatoen. Ten strijd noden, der doodsklaroenen stoot, het 'met de knapen' in plaats van 'alsmede de knapen', zelfs het magere spelletje met schriel en schril, het komt allemaal uit de oude bardendoos.

Bloem op z'n meest negentiende-eeuws.

Dan, in het sextet, wordt de levenswil vergeleken met de doodsnoodzaak. Met z'n verheven inzet – het *evenals* moet nadrukkelijk worden gerekt, wat tot de gedragenheid bijdraagt – en z'n haast afraffelende afloop, versterkt door het aantal korte lettergrepen, is dat sextet poëtisch misschien deskundig, maar toch zeker niet memorabel.

Ook hier worden twee tegenstrevers – de wieg en het graf – in elkaar verstrengeld.

Alleen een stuk knulliger.

Men paart om iemand te verwekken voor zowel de wieg als het graf, staat er letterlijk.

Wat Bloem suggereert is dat ook de paarders zelf tot de dood zijn gedoemd. Tenminste, dat vermoed je. *Ad lectum ad lethum.* Van het bed naar de dood. Leve opnieuw de Grieken en Romeinen.

Het is frappant wat je Bloem allemaal vergeeft vanwege z'n onvergetelijke regels. Maar je vergeeft het hem.

TRISTITIA ANTE

Op de besneeuwde hei:
de hoeve en de houtmijt zwart
en de donkre spar, sterk en geëtst
onder een ster, bewaaid en strak.

In het stalen maangeplas
ken ik de planten zonderling,
de stompe bijl en de gebroken pot
door het doorzichtig-helle ijs.

Eéns knaagt de kou tot op het been
en mijn eenzaamheid zoekt het schot
dat plots de horizon tot eeuwigheid rekt
op mijn rampzalige zwerftocht.

Tot wanneer ik het bos intreed
en de haas gemarteld vind,
onbewust en stijf
in zijn bloed op de sneeuw.

Er is niets dan hevig wit
in mij, en ik raak dat licht niet kwijt;
en er is niets zo smal en nauw
als het eigen lijf.

Maurice Gilliams (1900-1982)

Dit is weer zo'n gedicht dat met alles wat we van poëzie denken te weten de vloer aanveegt. Het intrigeert en blijft je bij – wat mag je van een gedicht meer verlangen? – en toch beantwoordt het niet aan de boekjes.

De dichter spot met de voorschriften van de poëtische economie. Hij zegt het dubbelop en hij zegt te veel.

Als in de nacht op de besneeuwde hei de hoeve en de houtmijt zwart afsteken begrijpen we vanzelf dat ook de spar aan de donkere kant is.

Bij 'sterk en geëtst' en 'bewaaid en strak' is ons niet meteen duidelijk of – in beeldende zin – de beide omschrijvingen elkaar aanvullen, met elkaar contrasteren of elkaar gewoon maar herhalen.

Dan zijn we pas in de eerste strofe.

Over het geheel genomen is de dichter, dunkt me, iets te kwistig met zijn bijvoeglijke naamwoorden. Besneeuwde hei, donkre spar, stalen maangeplas, stompe bijl, gebroken pot, het doorzichtig-helle ijs, rampzalige zwerftocht. Een zekere overdaad kan het vers niet worden ontzegd.

En dan zijn er nog die grote woorden. Bloed en sneeuw, daar valt in een gedicht mee te leven. Maar eenzaamheid, eeuwigheid, rampzaligheid?

Elke poëziecursus waarschuwt in de eerste les tegen het gebruik van te grote woorden.

Gilliams overtreedt alles wat God, Aristoteles en de schrijversvakschool hebben verboden. En zie, een pracht van een gedicht.

Hoe komt dat?

Waarschijnlijk omdat bij de lezer, als het gedicht eenmaal de laatste regel heeft bereikt, elke herinnering aan overdaad is weggevaagd.

Is hij als lezer getuige geweest van grote woorden en de krullen van een rococodichter? Kom nu! Niet dat hij weet.

Als het gedicht uit is staat er in zijn geheugen een kaal gedicht. Een aangrijpend gedicht.

Het lijkt of we het te danken hebben aan de lezer. We hebben het vanzelf te danken aan de dichter.

Dichters vinden hun eigen regels en geboden uit, elke keer opnieuw. Telkens als we de poëzie onder ons theoretisch vlindernetje gevangen denken te hebben komt er wel weer een gedicht dat aan onze determineerdrift ontsnapt.

Soms is poëzie die met de regels spot niets anders dan poëzie die spot met de verzinner van die regels.

Het is Maurice Gilliams, de dichter, die hier aan zinsbegoocheling doet.

Hij gaat van een breed panorama naar smalte en nauwte, van natuur naar lichaam, van ruimte naar opgeslotenheid, van donker naar licht, van zwart naar wit. Van meer naar minder.

Het gedicht heeft iets van een trechter.

Maar wat gebeurt er precies? Het lijkt of we enkel stemmingen ondergaan. We ervaren een nachtgezicht bij vriesweer, onder een blinkende maan –

In het stalen maangeplas
ken ik de planten zonderling –

en terwijl we ons door de klanken van de nocturne laten meevoeren, en misschien ook afgeleid door het particuliere gebruik van *zonderling* in de oorspronkelijke betekenis van *afzonderlijk* (zoals ook *apart* vreemd en opzichzelfstaand kan betekenen), terwijl we er niet helemaal met onze gedachten bij zijn, zei ik, zien we misschien de meest drastische regel uit het gedicht over het hoofd –

de stompe bijl en de gebroken pot

– uiterst realistische voorwerpen die ook nog eens glashelder worden waargenomen 'door het doorzichtig-helle ijs'.

Wat doen die bijl en pot daar? Waarom is de bijl stomp, de pot gebroken? Is er een moord gepleegd?

Pas dan, na een schijnbare eeuwigheid, volgt er een schot. En pas dan, in een bos verzeild geraakt, staat de dichter oog in oog met de marteling, het verstarren van het bewustzijn en het bloed op de sneeuw.

De dood.

De vier laatste regels vormen een dodendans. Een pilaar van ijs, een staaf van ijzer rijst op uit de volgeproptheid. Het gedicht is ontkruld, de strop resteert.

En het naakte lijf.

Na de nocturne het hoog gefluit. 'Ik raak dat licht niet kwijt,' zegt de dichter. Hij schudt en schokt en danst.

In hem siddert het licht dat wil komen en maar niet wil komen, de explosie van de dood die alles nietig doet lijken.

Tristitia Ante beschrijft de sensatie van de doodsnadering. Het leven is de 'rampzalige zwerftocht' waarin de ramp steeds op til is, de vernieling altijd nadert – de terneergeslagenheid vooraf, de titel zegt het.

De impotentie. De droefheid van vóór het lossen van het schot. 'Eéns knaagt de kou tot op het been', dat vriesheldere besef.

Onder het glazen watervlak worden we gemaand door een stompe bijl en een gebroken pot. Memento mori's. Voorwerpen met gebreken die ze voor hun doel nutteloos en vruchteloos maken. Drastisch onbereikbaar voor enige reparatie en toch zo zichtbaar in de nacht.

VOORDAT

Voordat ik me terugtrek
bij een vrouw
van rubber of papier,
voordat ik niets meer klaarmaak
dan mezelf,
wil ik bij jou zijn.

Voordat de laatste ronde ingaat
en mijn ziel is weggezwommen
in het glas, mijn zinnen
opgelost in drank,
wil ik bij jou zijn.

Voordat mijn gedichten
zijn verjaard tot voorbeeld
van het een of ander,
mijn talenten zijn vervallen
tot verzameld werk,
wil ik bij jou zijn.

Voordat het licht
uit mijn ogen sijpelt,
mijn huid verdort tot vel,
voordat ik al mijn goud
veranderd heb in lood,
wil ik bij jou zijn
tot de dood.

Ingmar Heytze (geb. 1970)

Dat poëzie *bestaat* is al eigenaardig. Je wordt soms gek van de mensen die niet tevreden zijn met het blote bestaan ervan en die van dat eigenaardige iets heiligs willen maken.

Mensen die per se willen dat poëzie iets ongrijpbaars is, geschreven voor ingewijden.

De fenomenale dichter-duider Paul Claes, die het werk van Rimbaud vertaalde en annoteerde, liet onlangs in een interview zelfs doorschemeren dat hij het Rimbaud kwalijk nam sommige gedichten te hebben geschreven voor hij, Paul Claes, ze had kunnen komen uitleggen.

Claes raadde de poëzielezers ten sterkste af zich voortaan nog rechtstreeks tot Rimbauds gedichten te wenden. Daar kon alleen maar onheil van komen.

In zo'n klimaat is het aangenaam als er iemand opduikt die weer eens een beetje solt met dat hogere dichterschap. Die gedichten schrijft die voor zichzelf mogen spreken. Zonder gediplomeerd tussenstation.

'Ik zie poëzie als entertainment,' zegt Ingmar Heytze ergens in een interview, 'zowel op papier als in de voordracht. Vorm, inhoud en metaforiek moeten helder zijn. Mensen verslijten je dan al snel voor cabaretier, rapdichter of songwriter, maar dat is onzin.'

Heytze wil duidelijk voor *dichter* versleten worden. Maar hij weigert *entertainment* en *helderheid* als vloekwoorden te beschouwen.

Poëzie moet voor hem communiceren, zonder klonen van Paul Claes.

Als het traditionele onderscheid tussen het hogere en het lagere – tussen Nijhoff en Bob Dylan – wegvalt is alles mogelijk. In de gedichten van Ingmar Heytze worden ouderwets en nieuw, traditie en populair, citaat en kreet met de grootste mate van achteloosheid verenigd.

Achter zo veel achteloosheid gaat een hyperbewustzijn schuil van wat andere dichters aan het doen zijn en wat de dichters vóór hem hebben gedaan.

Ingmar Heytze parodieert Gorter en Kopland, hij gebruikt regels uit bestaande gedichten en liedjes en toch wekt hij niet één moment de schijn van geleerdheid.

Hij is een cultuurproduct, schrijvend met het gemak van een natuurtalent.

Dat is knap. Die lichtvoetigheid en directheid maken dat je van hem accepteert dat er ineens weer een rits poëtische woorden uit de la worden getrokken.

Grote woorden als liefde en eeuwigheid.

In één gedicht noteerde ik bij elkaar: sterren, vallend herfstblad, oneindigheid.

Grote woorden die in hun nuchtere omgeving weer betekenen wat ze betekenen.

Ingmar Heytze hoeft niet bevreesd te zijn voor het verwijt een symbolisch priesterkleed te dragen, want hij verenigt alles met alles – ironie met oprechtheid, grote woorden met deuntjes, liedteksten met literatuur, grimmigheid met het romantische ideaal –

Dus ga nu weg. Vergeet me maar
en laat me uit de droom ontwaken
van ons nooit gevierde feest

– hier lopen poëzie en smartlap door elkaar. Dat hyperbewustzijn van wat hij poëtisch aan het doen is blijkt duidelijk uit een gedicht als *Uitzicht van de allesvreter*, waarin Ingmar Heytze vanuit zijn 'wankele' woning het poëtisch uitzicht op de vaderlandse poëzie beschrijft. *Clowns to the left of me, jokers to the right*, luidt het motto –

Daartussen staat je kaartenhuis

– een gedicht als een programma.

Ook in het hier afgedrukte *Voordat* komt de poëzie ter sprake, maar dan in combinatie met seks, drank en dood.

Alle ingrediënten uit de ouwe trommel dus, de hele rimram waar de poëzie eeuwen om draaide. En zie, Ingmar Heytze doet of zijn neus bloedt en begint opnieuw.

Hij heeft weet van de regels en tegelijk lijkt het of hij het allemaal fris van de lever te lijf gaat. Het resultaat is entertainment, helder. Wat willen we meer? Uit de algemene pot met middelen is een prachtig liefdesgedicht ontstaan, op het moment van geboorte al klassiek.

Ingmar Heytze schetst in drie stappen de ouderdomsfasen van seks, drank en poëzie.

Hij wil bij zijn geliefde zijn voordat hij seksueel onmachtig wordt, voordat hij een verlopen alcoholist is geworden en voordat hij, het ergste van alles, tot de officiële literatuur is gaan behoren.

Bij alledrie gaat het om het verval van de rechtstreekse communicatie. Voor de seks is er een rubberen pop nodig, de drank laat een gordijn neer van bewusteloosheid en de gedichten moeten

tot voorbeeld
van het een of ander

worden uitgelegd door het liefst Paul Claes.

De vierde strofe brengt het totale verval in beeld. De mogelijkheid van *alle* mogelijkheden bestaat niet langer.

Voordat al zijn goud lood is geworden wil deze Midas bij zijn geliefde zijn –

tot de dood

– een laatste woord dat erin hakt.

Een poëtische draai ook.

Want óf ze moeten jong sterven óf ze blijven bij elkaar tot 'de laatste ronde', met verval en al, wat het *voordat* bij voorbaat bestempelt tot wankele illusie.

De ondubbelzinnigheid van de dood verleent hier de helderheid een dubbele bodem.

DODENLIED

Hopsa, faldera. Van hobbelpaard tot lijkauto over de kasseien.
Het druilde toen grootmoeder werd begraven.

In september schrobt haar dochter het graf al komt er nooit
iemand langs. Mijn knieën zijn kapot, mijmert ze. Zo veel
verloren jaren. Geef mij een spuitje als ik Alzheimer krijg. Of:
arme bonne-maman had schrik dat de konijnen op het kerkhof
aan haar tenen zouden knagen. Als het zover is, laat ik mij
cremeren. In de grond is magere Hein een lekkerbek.

In de mist over de graven: een kamertje bij haar thuis. Grijze
duif staart naar de buis, herkent haar niet. 'Ik heb maar twintig
graden en de televisiegids geeft geen goede programma's. Gij
slaapt toch niet met die man van beneden? Hoe kunt ge! Hij is
een dief, ik verstop mijn geld.'

De geur van brandend aardappelkruid. Moeder neemt afscheid
van de zwanen. De lucht drukt zwaar, de modder zuigt. Artritis
in de schouder. Vlug naar huis.

Een hoorspel op de radio in de woonkamer. Niemand luistert.
De hitparade. Anti-rimpelcrème. En een rozenkrans in de lade.

Peter Holvoet-Hanssen (geb. 1960)

Met een klein toverstafje is Peter Holvoet-Hanssen aan de horizon opgedoken. Het poëtisch landschap lichtte een ogenblik op. Daar kwam een moderne telg uit de visionaire school van Rimbaud ons nieuwe sprookjes vertellen. Merkwaardige gedichten schreef hij in zijn twee eerste bundels, *Dwangbuis van Houdini* uit 1998 en *Strombolicchio. Uit de smidse van Vulcanus* uit 1999.

Hij maakte gebruik van alle registers die de poëzie had te bieden en tegelijk spotte hij met alle conventies.

Hij gebruikte straattaal – fragmenten uit kinderliedjes en songs – en tegelijk was hij hallucinant.

Hij gebruikte de moeilijkste woorden en tegelijk leek het of hij het uitsluitend vanwege de muzikale huivering deed.

Er ging een grote bezwering van zijn barokke woordenrijkdom uit en tegelijk lieten zijn gedichten ons met de nodige decoderingsproblemen zitten.

Kortom, hij is een man van effecten.

Je zou die gedichten hardop moeten horen voorlezen in een circustent –

Andere zonnen, andere planeten.
Stervelingen die van geen ophouden weten, die hoge baren
trotseren, van inzinkingen leren
een vuurproef doorstaan als zij in de waan verkeren

in een baan rond Vuureiland.

Veelzeggend is het dat bij Holvoet-Hanssen begrippen voorkomen als tovenaar, vliegende tapijten, koorddanser. Voortdurend verliest hij net op tijd *niet* zijn evenwicht.

De gedichten vormen zich als massa, substantie, tegenwicht, tegenwind om de dichter overeind te houden.

Een slangenmens is hij ook, met

het universum als een spiraaltje in het rectum van de dwaas

– maar vaker toch staat hij overeind, met de zweep of de balanceerstok in de hand. Altijd bezig met zijn ars combinatoria, met nog nooit vertoonde combinaties die hem als het ware worden opgedrongen en waar hijzelf ietwat verbluft van staat te kijken –

Zoutzuilen zijn geveld. Over hete pek kun je niet ver lopen.
De sterren zijn geteld, God moet het mensdom verkopen.
Piet Hein mist de zilvervloot. Goud blinkt in de goot

– zoals het luidt in een sonnet dat geen sonnet is en dat dus *Parlando* heet, al rijmt het wel degelijk.

De Zevenslaper weet vast wel 7 wegen naar Timboektoe

– nog zo'n goochelzin. We komen bij Holvoet-Hanssen vaak ook gewoon de combinatie tegen van kinderlijk plezier en romantische bluf. Alleen al uit de titels van zijn dichtbundels (Houdini, Strombolicchio, Santander) blijkt zijn flair voor toverwoorden.

Thanatos, Athanatos, Tetragrammaton, en meer van die rijtjes van drie. Maar ook het kinderliedje –

Leipzig, Moskou, Pedrograd zijn heel mooie namen
maar ik weet een kleine stad waar wij nog nooit kwamen

– de dichter op de vlucht voor de virtuositeit. De gedichten van Peter Holvoet-Hanssen zijn zó uitwaaierend en met elkaar verbonden dat het moeilijk is om er één uit te citeren. Ze zijn als schakels die in elkaar grijpen, als vuurpijlen die signalen naar elkaar uitzenden.

Daarom is dit wél afzonderlijk citeerbare *Dodenlied* misschien een beetje atypisch.

Peter Holvoet-Hanssen schrijft een soort poésie pure, zonder boodschap of autobiografie. Poëzie die niet echt informatief is voor de lezer die er een beter of verstandiger mens van wil worden. In dit gedicht over een familiebegrafenis lijkt een element van persoonlijke biografie te zijn binnengeslopen.

Toch zijn er nog genoeg Holvoet-Hanssenigheden aanwijsbaar. De kinderregels (hopsa, faldera), het prozagedichtachtige, het parlando, de aanhalingstekens om de stemmen van respectievelijk de moeder en de grootmoeder. En ook het rijtje van drie aan het slot –

De hitparade. Anti-rimpelcrème. En een rozenkrans in de lade

– een regel die de hele stroom aan autobiografische en nostalgische romans van het laatste decennium samenvat en zou kunnen vervangen.

't Is een nogal realistisch gedicht, dit *Dodenlied*. Letterlijk dicht bij de aarde. Dat is voor Peter Holvoet-Hanssen uitzonderlijk.

Toch kan er voor een delirerend dichter als hij geen andere ontsnapping zijn dan de terugkeer naar 'een kleine stad waar wij nog nooit kwamen', naar de geur van brandend aardappelkruid, naar het simpele handwerk.

'Moi! moi qui me suis dit mage ou ange,' schreef de heer Rimbaud zelf in zijn *Adieu* van *Une saison en enfer*, 'ik die me tovenaar of engel heb genoemd, vrij van elke moraal, ik ben aan de aarde teruggegeven, ik moet naar een plicht op zoek en de rimpelige realiteit omhelzen! Boer!'

Zolang Peter Holvoet-Hanssen met zijn toverstaf zwaait licht het landschap op. Daarna wordt het weer duister. Hij moet zijn vleugels verbranden om echt te vliegen.

ANNO 1946

Er zijn veel te veel jonge doden
om rustig rond te kunnen lopen,

overal weer kom je ze tegen,
bleekjes, glimlachend en verlegen.

Bij vlaggen, halfstok in plantsoenen,
hoor je jezelf hun namen noemen.

Zij willen zich ons niet opdringen,
maar vullen je herinneringen.

Uit huizen, waar nu vreemden wonen,
zie je vrienden naar buiten komen,

je loopt in drukke winkelstraten
nog binnensmonds met ze te praten.

Je hoort, maar ijler dan tevoren,
steeds weer hun laatste afscheidswoorden,

zij zitten thuis op je te wachten
als de eigen binnengedachten.

Er zijn veel te veel jonge doden
om ongestoord te kunnen dromen.

Halbo C. Kool (1907-1968)

In de liefde vallen tranen, in de oorlog doden. 't Lijkt of we zulke simpele waarheden zijn vergeten in dat lieve, antiseptische en geordende samenlevinkje van ons.

Wie maar een relatieprobleempje heeft wordt onmiddellijk

omsingeld door een kordon begeleiders. Dat we mogen zaniken is niet langer een gunst, het is een recht. Zeurpillen in het ziekenfondspakket!

Intiem leed wordt omgezet in collectief vermaak. Wrijvingen, groot of klein, worden weggemasseerd met gekwek, gekwek en gekwek. Wat mensen bindt en scheidt is in de gezegende slaap van onze verpletterende welvaart gereduceerd tot smetvrije gezelschapsspelletjes.

Er zijn maar twee serieuze uitingsvormen van onze onderlinge aantrekking en afstoting. De liefde en de oorlog.

Bij de liefde horen waterlanders, bij de oorlog lijken.

Oorlog afwijzen is iets als de seksualiteit afwijzen. Van oorlog verwachten dat hij *clean* verloopt is van regen verwachten dat hij schijnt. Ik heb laatst verontruste ouders in alle ernst horen verkondigen dat het sturen van hun zonen als militair ermee door kon, alla, mits met de garantie van de minister dat ze ongedeerd zouden terugkeren. Incidenten waarbij doden zouden vallen (aan de eigen kant, welteverstaan) zouden de oorlog wel eens kunnen bederven.

Onze klaagcultuur botst een beetje met de realiteit.

Oorlog is een ietwat uit de hand gelopen relatieprobleem geworden dat je met een therapeut, een garantiebewijs en een optreden in een praatshow wel onder de knie krijgt. Als ze op het slagveld beginnen te zingen laat je Marco Borsato gewoon terugzingen.

Oorlog is een soort songfestival.

Bij hoeveel doden schrikt het uitgebluste volk wakker? Bij hoeveel doden ontstaat er een haarscheurtje in de zelfgenoegzaamheid?

Bij hoeveel doden verstart eindelijk de bemoedigende grijns om de mond van de politici? Bij hoeveel doden kunnen we zeggen

Er zijn veel te veel jonge doden
om ongestoord te kunnen dromen

– ik zou het niet weten. Ook de dromen lijken bij die lui afgeschaft.

Anno 1946 heet dit gedicht van Halbo C. Kool. Een jaar waarin het bespreekbaar maken van een probleem nog niet het probleem zelf was. Een jaar waarin het slachtofferschap, mits onder mediabegeleiding, nog niet als iets begerenswaardigs gold.

Er waren *heuse* dooien gevallen.

De oorlog was *reality*. Op eigen terrein en net achter de rug. Elke straat, elk huis kende wel iemand die er niet meer was. Het verlies was gigantisch.

Het knappe van dit gedichtje is dat het zo simpel blijft. Op een praattoon, haast dansend.

Geen gesnik, geen geklaag, geen zieligheid. Geen snorkend vertoon van zelfmedelijden. Geen pathetische oproep tot solidariteit. Geen inhaken op een collectief geweten.

Juist door de terughoudendheid wordt de doden eer aangedaan. Of liever de herinnering aan de doden. Want dooien zijn dood en van eer knappen ze niet op.

Het is een gedicht van vlak na het lawaai.

De retoriek uit de monden van de politieke hitsers is verstomd. De leuzen liggen mét de verdwaasden die erachteraan holden in het stof. De kogels zwijgen bij gebrek aan kogels. Het is voorbij met het geraas van de bommenwerpers. Stilte na de storm.

't Lijkt of in dit gedichtje die stilte benadrukt wordt. Door de keuze van woorden als rustig, binnensmonds, binnengedachten. De jonge doden worden voorgesteld als

bleekjes, glimlachend en verlegen

– het geeft het geheel iets schuchters. De gruwel van de leegte is het onderwerp, maar wat de toon betreft zou het gedicht net zo goed over een pril ontwaken kunnen gaan.

De jonge doden hoeven zich niet eens aan ons op te dringen, zó aanwezig zijn ze in hun afwezigheid. De stad vertoont de onwerkelijke sfeer van een schimmenrijk. Na de woede is de rust neergedaald, naast een wereld 'om ongestoord te kunnen dromen' ligt het braakland.

Wonderlijk hoe summier de middelen zijn die deze dichter nodig heeft om de onvatbaarheid van zo veel verdriet op te roepen.
Halbo C. Kool is het voorbeeld van een marginaal dichter die door de genade van een of twee gedichten aan het loden gewicht der tijdgebondenheid is ontkomen.
Hij vertelt je wat er zich afspeelt in *zijn* hoofd, in *zijn* herinneringen, in *zijn* binnengedachten, maar geen zweem van zelfimportantie krijgt een kans.
Ook de dichter blijft onopdringerig, vederlicht. Hij biedt de lezer alle mogelijkheden zich in zijn positie te verplaatsen.
Het is geen hoopvol gedicht. Het is, vooral door dat terloopse

Je hoort, maar ijler dan tevoren,
steeds weer hun laatste afscheidswoorden

uiteindelijk een verontrustend gedicht.
IJler dan tevoren.
Ook de herinnering aan de doden zal onvermijdelijk afsterven. Het zal zó lang vrede zijn dat we zullen vergeten dat vrede een uitzonderingstoestand is.
De oorlog zal op een etalageartikel gaan lijken, het slagveld op een beheersbare show. De schaapachtigheid zal intreden. Het zal nu worden.

WONINGLOZE

Alleen in mijn gedichten kan ik wonen,
Nooit vond ik ergens anders onderdak;
Voor de eigen haard gevoelde ik nooit een zwak,
Een tent werd door de stormwind meegenomen.

Alleen in mijn gedichten kan ik wonen.
Zolang ik weet dat ik in wildernis,
In steppen, stad en woud dat onderkomen
Kan vinden, deert mij geen bekommernis.

Het zal lang duren, maar de tijd zal komen
Dat vóór de nacht mij de oude kracht ontbreekt
En tevergeefs om zachte woorden smeekt,
Waarmee 'k weleer kon bouwen, en de aarde
Mij bergen moet en ik mij neerbuig naar de
Plek waar mijn graf in 't donker openbreekt.

J. Slauerhoff (1898-1936)

Wat te doen voor je de eeuwige woning hebt bereikt? 't Is een beetje een eigenaardige gedachte dat iemand in zijn gedichten zou willen wonen.

De poëzie wordt hier op één lijn gesteld – zie regel twee, drie en vier – met onderdak, een eigen haard en een tent. De poëzie is kennelijk het enige dak boven je hoofd waarvan je verzekerd bent, de centrale warmtebron, de beschermende tent die nooit wegwaait.

Als je in je eigen gedichten woont zul je er ook een groot deel van je tijd in moeten slapen of er met je kop tegen de muur lopen.

Dat is niet wat Slauerhoff bedoelt.

Het gaat bij hem duidelijk om een selectieve symboliek. In de tweede strofe blijkt trouwens dat hij zijn huis als een slak overal met zich meezeult.

In de wildernis, in de steppen, in stad en woud, overal volgt hem de stacaravan van de poëzie.

Van zijn eigen poëzie, welteverstaan.

Als hij maar kan dichten is hij overal thuis. Dat staat er wel niet zo, maar we begrijpen dat het er zo staat.

Alleen in mijn gedichten kan ik wonen –

het is met zijn stellige toon niet vrij van een zekere vooroorlogse pathetiek.

Volk, ik ga zinken als mijn lied niet klinkt. Die regel van Marsman is ook al zo verdomd absoluut.

Je bent geneigd bij Slauerhoff de tweede regel marsmaniaans te vervolgen met

Alleen in mijn gedichten kan ik wonen,
hoort ge dat, vader, moeder, knekelhuis!

– dat idee van de eenzame, de onbegrepene, de unieke eenling, het zit er zo helemaal in.

De vergelijking van poëzie met een onderkomen is geen vergelijking die je al te ver of al te kritisch moet willen doortrekken. Iemand als Slauerhoff hoeft – gelukkig voor hem – maar weinig beroep te doen op de goede wil van de lezer. De lezer is door zijn dramatische pose onmiddellijk bereid de dichter te volgen in dat deel van de woningsymboliek dat in zijn kraam te pas komt.

De dichter die nergens, maar dan ook nergens een woning heeft, beschikt wel degelijk over een woning.

Een hogere woning die op een of andere manier toch geen woning is.

Ondanks de herhaalde verzekering dat er iets bestaat waarin hij kan wonen, dat hij weet dat er een onderkomen voor hem onder handbereik ligt, blijft *Woningloze* de titel van het gedicht.

Zo'n vlag zou eigenlijk de lading van de herhaalde verzekering ontkrachten en de gedichten – 'mijn gedichten' – tot iets onbereikbaars maken.

De lezer weet dat Slauerhoff het niet zo bedoelt. Voor de lezer vallen de twee werelden probleemloos samen – het beeld van de eeuwige zwerver die nergens vaste grond onder de voeten aantreft en het beeld van de dichter die de lof zingt van zijn favoriete vaste verblijfplaats.

Een beroep doen op de welwillende gezindheid van de lezer, Slauerhoff is daar bedreven in.

In het tweede deel van het sonnet lijkt hij, zonder waarschuwing vooraf, over te gaan op een heel ander chapiter.

De gedichten zijn verdwenen en het huisvestingsprobleem komt ook al niet meer voor.

Nu, het huisvestingsprobleem wel een beetje, want aan het slot gaapt de grafkuil.

Op het eerste gezicht maakt het gedicht daardoor de indruk een collage te zijn, samengesteld uit twee verwante onderdelen, zoals je uit de buik van de ene en de hals van de andere kruik weer een hele kruik kunt maken.

Met één nogal ongelukkig rijm – onderkomen, komen – lijken beide helften aan elkaar gelijmd

't *Lijkt* maar zo.

Het perspectief verschuift inderdaad, van de thematiek van thuisloze en onderdak naar de thematiek van verval en dood, en er wordt inderdaad de suggestie gewekt van een breuk –

Het zal lang duren, maar de tijd zal komen

– maar bij tweede lezing blijkt óók dat de beeldspraak van poëzie en woning wel degelijk wordt voortgezet.

Al zet de dichter de gedachte van zich af – *het zal lang duren* –, toch vreest hij de tijd dat hem 'de oude kracht ontbreekt', dat wil zeggen dat hem zijn dichterlijk vermogen zal ontvallen. Hij vreest dat de poëzie

tevergeefs om zachte woorden smeekt
Waarmee 'k weleer kon bouwen

– dat wil zeggen zal ophouden de haard en het dak en de tent te zijn die hij overal ter wereld naar believen kon opzetten.

Als de instant-bouwmeester van zijn eigen wegwerpwoning.

Oude kracht, zachte woorden, bouwen. Die terminologie sluit aan bij wat in het octaaf is gezegd.

Toch is er, zoals bij sonnetten vaker gebruikelijk, sprake van een wending in het sextet.

Het was misschien ietwat gedurfd, constateerden we, om de lof van een onderdak te zingen binnen een context van afkeer van onderdak. Uiteindelijk valt hier alles op zijn plaats.

In het graf.

De dichter verloor zijn poëtische woning en als woningloze daalt hij neer in zijn kuil. Een niet-begeerde pseudo-woning. De

Plek waar mijn graf in 't donker openbreekt

– zo belieft de dichter die kuil te noemen. Geen woord meer over warmte, bescherming, het einde van een bekommernis.

De aarde *moet* hem wel bergen. Punctum.

Het gedicht kan niet anders dan abrupt eindigen.

De dichter is verzwolgen. De woningloze is definitief woningloos.

Zijn enige toevlaat is niet mee naar de verdommenis gegaan, want zijn gedichten zijn er nog.

Als woonplaatsen waarin nu *wij* een tijdelijk onderdak kunnen vinden.

Stel u alle gedichten van de wereld voor. Ze vormen een denkbeeldige stad. Wij wonen erin. De huur is gratis. Het moet er zijn als in het paradijs, want er zijn geen makelaars.

DE HAND VAN DE DICHTER

Glazen grijpen en legen;
veel jagen en reizen;
vrouwen omhelzen en strelen;
strijden op felle paarden
en blinkende wateren splijten;
spelen met licht en donker;
de dag en de nacht doorrijden
onder fluweel en schaduw en
flonkrende sterrebeelden.

het staat niet in mijn hand gegrift;
en een hand is een leven, een lot;
ik lees slechts in fijn scherp schrift
– en dit geldt voor vroeger en later –
weinig liefde en wijn, veel water,
soms een racket, een zweep, maar
stellig nimmer een zwaard.

zo is mij enkel bewaard
langzaam maar vast te verwijven
in nijver monnikenwerk:
bidden en verzen schrijven
geel op geel perkament,
en mijn hand alleen te verstrengelen
met mijn eigen andere hand
en in een cel te versterven
oud op een houten bank.

H. Marsman (1899-1940)

Remco Campert citeerde in de krant een keer een paar regels uit *Tempel en kruis* van Marsman. Regels over het schrijverschap. Iemand zit in een kale monnikencel, een ijl vertrek –

door niets gevlekt dan door 't verweerd papier,
het palimpsest van het gemene leven,
dat hij ontraadslen moet en lezen als gedicht;
een stilte, vol van de insectenplaag
van zijn gedachten –

– een stilte vol gezoem dus. Hinderlijk gezoem. Enkele regels verder al zit de 'hij' reddeloos tussen de opklotsende golven.
'T Is een fragment dat verwantschap toont met dit gedicht. Ook hier de cel, ook hier het verzen schrijven –

geel op geel perkament

– dat komt dicht bij een palimpsest. Ook hier het eenzame gevecht met de wereld.
De hand van de dichter lijkt – het ene gedicht roept het andere op – een antwoord op de befaamde beginregels van *De grijsaard en de jongeling*, een gedicht van Marsman uit dezelfde periode –

Groots en meeslepend wil ik leven!
hoort ge dat, vader, moeder, wereld, knekelhuis!

Het is de jongeling die dit roept. De grijsaard antwoordt hem dan dat hij aan het hameren van zijn eigen hart genoeg moet hebben en dat reizen, liefde, oorlog voeren – alles wat met gezelschap te maken heeft – vergeefs zijn en hem maar van de essentie afhouden.
Waarna de jongeling zonder een moment na te denken de wijde wereld instapt. Uiteraard. De wereld van reizen, liefde, oorlog voeren.
In *De hand van de dichter* lijkt dezelfde grijsaard aan het woord. Hij is niet langer in gesprek met een jongeling. Omdat de grijsaard een dichter is, omdat beide gedichten in de bundel nagenoeg naast elkaar voorkomen en omdat in de eerste strofe de regels

Glazen grijpen en legen;
veel jagen en reizen;
vrouwen omhelzen en strelen;
strijden op felle paarden
en blinkende wateren splijten

onmiskenbaar een parafrase zijn van het *Groots en meeslepend wil ik leven!* van de jongeling, lijkt het me niet gewaagd te veronderstellen dat Marsman hier een polemiek met zichzelf voert.

Hij zwalkt heen en weer tussen het standpunt van de jongeling en de grijsaard. Tussen het volle leven en de eisen van een zuiver kunstenaarschap.

Dat schommelen tussen opstand en berusting komt in allerlei vormen in Marsmans gedichten voor, dat verlangen naar de dood

in de nooit aflatende angst
dat de dood het einde niet is

– ja, *Verzet*, *Berusting* zijn titels van zijn gedichten geworden.

Wat *wil* je nu? ben je geneigd te vragen, als weer eens een standpunt op een tegenstandpunt volgt.

Marsman is een dichter die worstelt en die niet, zoals sommige dichters, blaakt van tevredenheid over z'n worsteling.

De synthese blijft uit.

Hoe dan ook, de eerste strofe geeft een fraai beeld van wat iemand zich toen voorstelde bij groots en meeslepend leven.

Het ideaalbeeld van de dichter lijkt in de poëzie van vandaag een beetje veranderd. Glazen grijpen en legen, er staat me iets van bij, maar ik zie J. Bernlef nog geen blinkende wateren splijten.

Daarin voel ik me voor één keertje met hem verwant.

De dichtersmuts van fluweel en flonkerende sterrenbeelden is voorgoed afgezet.

Maar 't zijn regels met een mooie cadans gebleven. Alsof elke regel iets afgerond heeft, echt op z'n Marsmans, bijna of hij z'n regels per stuk wegwerpt, waarna ze keurig en als vanzelf op hun plaats terechtkomen, afgesloten door een al even staccato retorische ingreep –

het staat niet in mijn hand gegrift;
en een hand is een leven, een lot

– om die *hand* draait alles in dit gedicht. De hand die glazen grijpt en leegt, die vrouwen streelt, de teugel vasthoudt en verzen schrijft, de hand van racket, zweep of zwaard.
De hand van de voorbestemming.
De laatste strofe, waarin je *eigenlijk* een lofzang zou verwachten op de vrede, op de creatieve zuiverheid en op het 'hart dat tegen eigen ribben slaat', heeft meer van een knekelhuis.
De kwalificatie 'verwijven' (in het andere gedicht waarschuwde de grijsaard al tegen omgang met 'het gespuis van vrouwen'), uitdrukkingen als 'geel op geel' en 'versterven' duiden niet echt op een ideale toestand.
De dichter gehoorzaamt dan wel aan zijn *eigen* handen, maar daar houdt het mee op. De hand wordt enkel geconfronteerd met z'n spiegelbeeld.
Het is doodstil in de cel, maar je hóórt de insectenplaag in de ouwe dichtershersens.
Grijp, jaag, streel, zoemt het.

DE MUUR WAAIDE OP EN VERDWEEN...

De muur waaide op en verdween.
De zon zelf deed zijn intrede.
Portretten vergeelden
en het aardewerk weende.

De armen tongen van vuur,
de lippen een schroeivlek.
Personage en woning
werden één voorwerp.

Allerzielen jongstleden
bleef deze seconde
als een gebrandschilderd raam
een nacht aan de vensterbank staan.

Tonnus Oosterhoff (geb. 1953)

Wat is hier aan de hand? Als je het gedicht snel en in één ruk leest, wat je bij gedichten meestal doet, krijg je de indruk: dit is iets apocalyptisch, dit is een ondergangsgedicht.

Ondanks de zakelijke, korte zinnen en het ontbreken van opzwepende achtergrondmuziek gebeurt hier een verschrikkelijke ramp. Hier wordt overzichtelijk en pakkend een catastrofale chaos geschetst.

Geen geringe lading voor zo'n kort gedicht.

Daarom lees je het langzaam nog maar eens. Je neemt het regel voor regel tot je. Je proeft het als het ware, wat bij een gedicht ook wel eens mag.

Als het geen hinderlijke gewoonte wordt.

Wat gebeurt er in de eerste regel? Het waait en er verdwijnt een muur.

Wat gebeurt er in de tweede regel? De zon verschijnt.

Dat is alles.

Toch lezen we de regels geen moment zó alsof er een willekeurig muurtje omwaait terwijl de zon doorbreekt. Hoe komt dat? Omdat er *wordt* gewaaid –

De muur waaide op en verdween

– en omdat de muur *onmiddellijk* weg is, met een korte cirkelbeweging als van een wervelstorm. 'De' muur, het klinkt niet als een tuinmuurtje, het klinkt als een hele ommuring.

Ineens weet er zonlicht binnen te plenzen. Ineens ligt alles er bloot en onbeschermd bij.

Er heeft een onverbiddelijke overname plaats van gesloten ruimte door open ruimte –

De zon zelf deed zijn intrede

– niet zomaar de zon, nee de zon zelve. Zijn intrede doen, dat doet een majesteit. Iemand die geen tegenactie duldt.

De potentie wordt benadrukt doordat de dichter de zon als mannelijk voorstelt.

Was er een tornado? Een explosie? We zullen het niet weten. We weten alleen dat het snel en radicaal verliep.

Wat er in de opengerukte behuizing gebeurt is wat er met fotopapier gebeurt zodra het aan licht wordt blootgesteld –

Portretten vergeelden –

– daar kunnen we ons iets bij voorstellen.

Maar dat het aardewerk weende, wat daarvan te denken?

In elk geval overleefde het aardewerk de explosie – of de orkaan, of wat dan ook – anders was het niet in staat te wenen. Of weende het juist omdat het in gruzelementen ging?

Hoe lichtgelovig ons de dichtkunst kan maken!

We vragen ons af *waarom* het aardewerk weende en niet eens *of* aardewerk wel kan wenen. Een muur die opwaait, een zon die z'n intrede doet, een portret dat vergeelt, aardewerk dat weent. Wat hoort in dit rijtje niet thuis?

We zouden haast geneigd zijn de vierde regel symbolisch op te vatten, in oudtestamentische trant: *en het werk van de aarde weende.*

Zie, alles is vergeefs.

De zon – de bron en oorsprong – keerde oppermachtig terug. En opnieuw heerste de chaos.

Verdween, intrede, vergeelden, weende.

In de tweede strofe duiken er ineens ledematen op. Tongen van vuur: opnieuw iets bijbels. Dat de tongen armen zijn of de armen tongen, mooi is dat.

Het zijn de ledematen van iemand die brandt en verbrand is –

de lippen een schroeivlek

– en die ledematen vallen samen met de entourage van de eerste strofe. Personage wordt één met woning. Gedurende één seconde zijn ze één voorwerp, en deze seconde viel – derde strofe – te bezichtigen op

Allerzielen jongstleden

– Allerzielen, alweer iets religieus. De explosie of windhoos moet een heilige verschijning zijn geweest, een visioen.

Dan hebben we het door.

Het was niet zo dat de muur opwaaide om vervolgens toegang te verlenen aan de zon – nee, de zon deed zijn intrede en daardoor verdween de muur.

Het 'personage' was de zon. De zon zelf. Het verblindende licht met zijn armen van vuur en verschroeide lippen dat muren slechtte en dat het meest weerbarstige glazuur liet smelten.

De verpersoonlijkte zon bezocht de woning, zoals het goddelijke neerdaalt op het aardse en op het aardewerk: al het aardse lost op en wordt één ding met de zon.

Vuur.

In een flits werden de tegenstellingen opgeheven. De dichter duidt dat in de derde strofe mooi aan door het contrast tussen *Allerzielen* en *jongstleden.*

Dood en jong, eeuwig en recent, ze vallen één moment samen. En hij duidt het aan door het contrast tussen *seconde* en *gebrandschilderd raam*. Het geringe en het vluchtige naast het monumentale en klassieke.

Vanzelf benadrukt *gebrandschilderd raam* ook nog eens de gewijde sfeer.

Zo blijkt een gedicht over een catastrofe een gedicht over een heilige interventie.

Op Allerzielen, de dag van de 'herinnering', kunnen we die uiterst kortstondige interventie nog eens herbeleven. Het vuur, het licht heeft de schok vastgelegd, zoals flitslicht in de duisternis een beeld vastlegt op (alweer) fotopapier. Ook gebrandschilderde ramen komen enkel tot leven door licht.

De dichter blijft er nuchter onder. Hij laat zijn gestolde seconde

een nacht aan de vensterbank staan

– en op die manier beseffen we: de woning is terug. Want waar een vensterbank is is een woning. En de tijd is terug, met duisternis en al.

Ooit daalde er licht neer, maar zelfs de herinnering aan de momentopname ervan is verdwenen. In het gebrandschilderde lag de brand besloten, maar wie ziet een lichtvenster in de nacht? Genade is machteloos als iedereen slaapt.

Zou langzaam lezen wel gezond zijn?

Excursie

LIEFDE

Die ik het meest heb liefgehad, –
't Was niet de slanke Bruid, met wie 'k in 't zoeter leven
Mocht dwalen op het duin en dromen in de dreven,
Wier hand mij leidde op 't rozenpad;

't Was niet de jonge en teedre vrouw,
Die, goede genius, mijn hart, mijn huis bewaakte,
Die mij het leven, ach, zo licht en lieflijk maakte,
Met al de rijkdom harer trouw!

'Zo was 't de moeder van uw kroost,
Die u, gelukkige, voor 't offer veler smarte,
Deed smaken, onvermengd, het reinst geluk van 't harte,
Des levens liefelijkste troost?'

Neen! – die ik 't meest heb liefgehad,
Dat was mijn kranke; 't was de moede, de uitgeteerde,
Van wie ik leven beide en hopend sterven leerde,
Toen ik wenend aan haar sponde zat.

P.A. de Génestet (1829-1861)

In het vaak nogal ronkende en pathetische koor van negentiende-eeuwse dichters heeft De Génestet zijn eigen stem. Hij is simpeler dan de anderen, relativerender.

Hij blijft de jongen in pofbroek tussen de heren in hun lakense pak.

't Lijkt ook of hij van het hele koor het grootste gevoel voor ritme heeft. Zijn poëzie getuigt vaak van een grote muzikaliteit. Ongedwongen en ongekunsteld.

Niet de schelheid van het koper, eerder de weemoed van riet en hout.

De onderwerpen van De Génestet – biedermeierachtige tafereeltjes en piëtistische levenslessen – mogen verouderd aandoen, zijn muziek is nog steeds aangenaam om naar te luisteren.

Het beeld van de stralende bruid, van de stervende moeder, van de worstelende teringlijdster, van de standvastige christin, al die beelden waarmee je in de poëzie van de negentiende eeuw wordt doodgegooid komen in dit gedicht voor.

Maar hoe puur en melancholiek blaast De Génestet zijn wijsje! Hij weet zijn instrument in bedwang te houden.

Alleen al uit de keuze van de titel blijkt de specifieke plaats die hij in het koor van zijn medezangers inneemt.

Hij noemt zijn gedicht niet *Stervende moeder*, zoals dat in de negentiende eeuw voor de hand had gelegen, of *Een vaste burcht is mijn God*. Hij noemt het gedicht simpelweg *Liefde*.

En over liefde gaat het gedicht ook, niet over godsvertrouwen of dood.

Over de liefde tussen twee aardse mensen, niet over de hemelse liefde.

Van alle domineedichters is De Génestet de enige domineedichter die meer dichter dan dominee was.

Die ik het meest heb liefgehad –

– het zet elegisch is, en tegelijk is er geen absoluter, existentiëler begin denkbaar.

Een vraag aan het verleden, een vraag aan het leven, een vraag naar het maximale.

Het antwoord dat in de eerste strofe wordt gegeven voldoet niet, het antwoord uit de tweede strofe evenmin.

Heel knap laat de dichter in de derde strofe de vraag door een ander herhalen, zodat het idee ontstaat van een dialoog, van een duet.

Het kan ook zijn dat hij *zichzelf* een vraag stelt. Voor een spiegel of in gevecht met zijn echo, beklemtonend dat we getuige zijn van een intens zelfonderzoek.

Hoe dan ook, het alternatieve antwoord dat hier wordt gesuggereerd voldoet evenmin. Het leidt rechtstreeks tot de climax van de vierde en laatste strofe.

't Was niet, 't was niet. Was het dan soms? Nee, wat het was

Dat was mijn kranke; 't was de moede, de uitgeteerde

– zonder meer de mooiste en aangrijpendste zin van het gedicht. En met een wonderlijke cadans.

Een vraag per strofe, een levensfase per strofe.

De episoden met bruid, jonge gade, moeder en stervende vormen een soort levenstrap.

In elk van de eerste drie strofes wordt op een of andere manier aangekondigd dat het om een te vroeg geknakt leven zal gaan.

Vier strofen van elk vier regels, maar beslist geen standaardindeling van lente, zomer, herfst en winter.

Nee, één lange, zomerse lente met een wrang eindseizoen.

Het is een strak en streng gedicht. Niet alleen door die varianten van vraag en antwoord, door dat viermaal vier, maar ook door de regelmatige afwisseling van staand en slepend rijm en door de uiteindelijke omhelzing van de woordenparen *liefgehad-rozenpad* uit de eerste strofe en *liefgehad-sponde zat* uit de laatste strofe. In alles een hecht doortimmerd gedicht.

't Is altijd curieus om te zien hoe in de poëzie de diepste smart streeft naar de sterkst gebonden vormen. Een constante waaraan ook de negentiende-eeuwse poëzie niet lijkt te ontkomen.

Hoe strenger de vorm, hoe sterker ook – omgekeerd – het effect op de lezer. Hoe beter de emotie wordt overgedragen.

De dichter die zijn smart het knapst onder de duim houdt laat de lezer het hevigst delen in zijn smart.

Driemaal ontkent de dichter hier de ware aard van zijn liefde. Dat betekent niet dat het 'dwalen op het duin en dromen in de dreven', de trouw en het moederschap niets met liefde te maken hebben, ze zijn *ook* liefde.

Door de ontkenningen bouwt de dichter juist een beeld van de mateloosheid van zijn liefde op.

Maar de absolute liefde is er pas wanneer zijn geliefde niets meer te bieden heeft. De Génestet kan het zich veroorloven op dit cruciale moment zijn meest gekunstelde zin neer te pennen –

Van wie ik leven beide en hopend sterven leerde

– hoe zou een poëzieprofessor zo'n constructie noemen? Een maxymoron? Een schuingebakken asyndeton? God mag het weten.

Het nadenkertje verleent in elk geval het passende isolement aan de 'ik' die wenend aan de sponde zit.

Daar zit hij, eenzaam in de lichtbundel.

Hij vertelde hoe hij haar heeft liefgehad. Hij vertelde eigenlijk hoe zij hem heeft liefgehad.

De dode spreekt met de stem van de levende.

Dit is de geschiedenis van twee mensen die in de liefde aan elkaar gewaagd waren. Het gedicht had niet anders kunnen heten.

VERZEN VOOR EEN VRIEND

Mijn ziel gelijkt de blijde zomerdag
Die mij op deze lentedag doortrilt.
'k Gevoel mij als het wuivend windje mild
En om mijn lippen speelt een lentelach.

't Is me of ik nooit de zwarte ellende zag
En in mij jubelt weeldrig en wild
Een vogelkoor dat door zijn zangen stilt
De weemoed, die mij eer te kwellen plach.

Eens had ik oog en oor slechts voor het leed
En woest doorvlamde mij de droefenis
Die knagend zich in 't lachend harte vreet.

O wonder, vriend! dat me eenmaal schreien deed,
Hetgeen thans moeder mijner blijdschap is:
Jeugd, liefde, leven, vriendschap, zonde, zweet.

Jacques Perk (1859-1881)

Jacques Perk was twintig toen hij dit schreef. De jeugdige dichter wil duidelijk loskomen van de stijve domineesconventies in de poëzie en van de Bilderdijk-toon. Het octet begint met

Mijn ziel gelijkt de blijde zomerdag

en eindigt op

De weemoed, die mij eer te kwellen plach

– alles nog conventioneel genoeg, en uit de tijd van de hoge hoed en de stijve boord.
    Maar daartussen, omlijst door die twee regels, breekt de vrijmoedigheid door.

Er wordt gespot met de leer. Lentedag volgt op zomerdag en lentelach weer op lentedag. Er schuilt bewuste overmoed in om de ziel op een lentedag als een zomerdag te laten zijn. De rijmen maken een opzettelijk ongeschoolde indruk. De alliteraties – wuivend windje, weeldrig en wild – zijn bijna baldadig.

Wie een beetje weet heeft van de Nederlandse poëzie waar Perk mee moest opgroeien, beseft de jongehonderigheid hier. We zijn een flink eind verwijderd van Ten Kate en Laurillard.

Helemaal vergeefs zoek je bij de predikanten en burgervaders de emoties die de dichter in dit gedicht beleeft. Ik zie Nicolaas Beets niet woest doorvlamd door een droefenis

Die knagend zich in 't lachend harte vreet

– en of de dichter A.J. de Bull zich ooit een *wuivend windje mild* heeft gevoeld, het blijft een vraag.

Die *hele* overgang van zwarte ellende naar jubelend vogelkoor zou de Nederlandse dichtersbent te onstuimig zijn geweest.

De dominees hadden het over *deugden*. Hier wordt een *sensatie* beschreven. Er is van een drastische ommekeer sprake, een gelukservaring – de dichter zelf spreekt in regel twaalf van een *wonder*.

We zouden haast denken aan een artificiële roes. Zo'n roes komt, hoe negentiende-eeuws ook, verder niet als thema voor in de Nederlandse burgermanspoëzie.

In dezelfde regel twaalf richt Perk zich rechtstreeks tot de vriend uit de titel. Zijn geluk blijkt zo groot dat hij het *moet* delen.

We zijn daarmee beland bij het ware thema van het gedicht, de vriendschap.

Verzen voor een vriend, het is een eigen genre.

Vriendschapsverzen nodigden blijkbaar uit tot een cyclische aanpak. Ook dit sonnet maakt deel uit van een reeks.

We kunnen nog denken aan de vriendschapssonnetten van Kloos en aan Verweys cyclus *Van de liefde die vriendschap heet*. R.E. Schierenberg wijdde er met *Freundschaftsdichtung in den*

Niederlanden een heel boek aan (Heidelberg, 1996). Ook in Nederlandse essays werd het nodige geschreven over de homo-erotische implicaties van de verhouding tussen Kloos en Perk en tussen Kloos en Verwey.

Bij de *vriend* in Perks gedicht gaat het om Kloos, dat is bekend. Kloos was verliefd op Perk. Perk kon die liefde niet beantwoorden. Hij idealiseerde meisjes. Men gaat er in de literatuurgeschiedenis van uit – met allerlei nuances – dat er tussen de beide dichters nooit iets is geweest.

We proberen de biografie even te vergeten.

De dichter heeft, maken we uit de tekst op, een zwarte tijd achter de rug. Welke ellende veroorzaakte dit? Het leven zelf misschien? Aan het slot ontdekken we dat de droefenis van toen en de vreugde van nu dezelfde oorzaak ('moeder') hebben –

Jeugd, liefde, leven, vriendschap, zonde, zweet

– dat rijtje zorgde dus ook aanvankelijk voor het verdriet.

Jeugd, liefde, leven, dat begrijpen we.

Dan voegt de vriendschap zich erbij, als gelijkwaardig met de liefde.

Het klinkt nog altijd nobel.

Wat doen in dat rijtje ineens zonde en zweet? Het is een crescendo dat er niet voor niets staat.

Aan het eind van de negentiende eeuw zijn 'zonde' en 'zweet' suggesties voor een geheime liefde.

Je houdt het bij Perk op bewondering voor Kloos, keurig in de pas met de biografen, maar hij *zou* het hier kunnen hebben over een lichamelijke ervaring, schokkend en doodsgedachten ontketenend, waar hij nu voor één keer in extase aan terugdenkt.

Het *hoeft* niet eens, zo'n reële ervaring.

Op Perks leeftijd is ook aan dweperij de zintuiglijkheid niet vreemd. Gefantaseerde lichamelijkheid is ook lichamelijkheid.

Wat doe je met verliefdheid? Je viert het volop – kus de marketentster – of je neemt je verliefdheid mee naar huis – stilletjes – om haar daar langzaam te laten afsterven. Omdat je haar niet wilt of niet kunt vieren.

Niet wilt, want er is al iemand. Niet kunt, want het ontbreekt je aan moed. Aan lichamelijkheid misschien.

Maar Perk?

Perk is op een leeftijd dat hij niet eens *weet* wat hij niet wil of niet kan. Alles wat te dicht op zijn huid komt *verwart*. Hij had – meerdere tijdgenoten getuigen ervan – iets van een Schwärmer. Hij zal de aandacht van Kloos wel mooi hebben gevonden.

Het is niet ondenkbaar dat hij zelfs de zondigste aller verliefdheden heeft gevoeld – bron van *Verwirrung* – en dat hij die verliefdheid heeft willen overschreeuwen door zich te richten op Joanna Bancke.

JE HEBT ME ALLEEN GELATEN...

je hebt me alleen gelaten
maar ik heb het je al vergeven

want ik weet dat je nog ergens bent
vannacht nog, toen ik door de stad
dwaalde, zag ik je silhouet in het glas
van een badkamer

en gisteren hoorde ik je in het bos lachen
zie je, ik weet dat je er nog bent

laatst reed je me voorbij met vier
andere mensen in een oude auto
en ofschoon jij de enige was die
niet omkeek, wist ik toch dat jij
de enige was die mij herkende de enige
die zonder mij niet kan leven

en ik heb geglimlacht

ik was zeker dat je me niet verlaten zou
morgen misschien zul je terugkomen
of anders overmorgen of wie weet wel nooit

maar je kunt me niet verlaten

Hans Lodeizen (1924-1950)

Als je jong bent en verliefd en nog rijkelijk naïef raakt Lodeizen bij je een gevoelige snaar.
    Uit dit gedicht valt wel te begrijpen waarom. Vóór alles is het verfrissend simpel van taalgebruik. Er komt geen gekunsteldheid of artistieke beeldspraak aan te pas.

Het is in 1949 geschreven, een jaar voor Lodeizens dood, maar het geurt nergens naar een bepaald jaar of een bepaalde periode. Het woordje 'ofschoon' is het enige dat er uitspringt en een beetje dichterlijk aandoet. Verder is het een merkwaardig tijdloos en ondateerbaar gedicht.

Tijdloos als pubergevoelens.

Het draait allemaal, nét als wanneer je jong bent en verliefd, om het eigen ik en de eigen superioriteit –

maar ik heb het je al vergeven

– staat er, boem, al in regel twee. Een breed gebaar.

Niet uit grootmoedigheid, niet uit levenservaring, niet als een moreel gebod, maar gewoon omdat de 'ik' weet dat hij niet alleen gelaten is. Omdat hij denkt dat niemand hem alleen *kan* laten.

Al kijkt de ander niet naar hem om, hij veronderstelt dat zijn macht en magie in die ander aanwezig zijn –

en ik heb geglimlacht

– je zou die jongen een draai om z'n oren geven. En ook weer niet. Het is het superieure glimlachje van de jongen die zijn onzekerheid maskeert door er geen moment aan te twijfelen dat hij het middelpunt is van het heelal. En dus van ieders belangstelling.

Niet voor niets kijken van de vijf inzittenden in de auto er vier *wel* naar hem om, al kennen ze hem niet. En vanzelf kijkt degene die niet naar hem omkijkt het meest naar hem om.

Zo zit een verliefde puber in elkaar.

Ook als hij niet verliefd is, is hij solipsist genoeg om in dit gedicht zijn levenshouding verwoord te zien. *En ik heb geglimlacht...* Voor hem had het gedicht kunnen eindigen met die regel.

Iedereen die jong is en rijkelijk gezegend met zelfingenomenheid had de slotconclusie –

maar je kunt me niet verlaten

– er zelf bij kunnen bedenken. Liefde is zoet en vol illusies, als je er pas aan begint.

Wat een goddelijke etter kan iemand zijn. Lodeizen is de lijfdichter van de wrede engelen.

Is het ook een goed gedicht? Het is een perfect gedicht.

Behalve dat het ongekunsteld en ongedateerd klinkt kent het ook geen enkele afleidingsmanoeuvre, geen enkele zijsprong, geen enkel vuiltje.

Het ontwikkelt zijn idee zonder bijgedachten en zonder versieringen. Er staan geen typisch dichterlijke uitdrukkingen in. Niet eens adjectieven. Op de *oude* auto na dan.

Zou een trouweloos iemand, nota bene in gezelschap van vier andere mensen, ooit een gloednieuwe auto berijden? Het adjectief staat er haast noodgedwongen.

Ook verder is er niet één woord dat je zou kunnen schrappen of elders neerzetten. De verliefde puber viel het misschien niet op, maar wat er na *en ik heb geglimlacht* komt is méér dan een variatie op het voorafgaande.

Voor de goede verstaander was na de regels

en ofschoon jij de enige was die
niet omkeek, wist ik toch dat jij
de enige was die mij herkende de enige

de wanhoop al ingetreden, louter door de drievoudige herhaling van *de enige*. Eerst is daar nog die zelfverzekerde glimlach: ik was zeker dat je me niet zou verlaten. Je komt morgen wel weer terug –

of anders overmorgen of wie weet wel nooit

– weer een flits van wanhoop. Blijkt nu uit de slotregel

maar je kunt me niet verlaten

nog steeds de oude – sorry, jonge – zelfverzekerdheid of spreekt de dichter, na enige flitsen van wanhoop, zich hier moed in? Is de glimlach bevroren?

Staat er: 'maar jij bent niet in staat iemand als ik te verlaten'? Of staat er: 'maar je *kunt* me toch niet echt verlaten'?

Gaat het om een serene zekerheid of een plotseling inzicht? Is de arrogantie omgeslagen in verbijstering?

Een ongecompliceerd gedicht is nooit perfect als het ongecompliceerd *blijft*. Eenvoud die geen vragen oproept is eenvoud die niet poëziebestendig is.

Er is meer in dit gedicht dat intrigeert. De dichter spreekt dringend op de afwezige in –

zie je, ik weet dat je er nog bent

– maar die aangesprokene ziet hem niet en hoort hem niet. Zelfs als de trouweloze hem zou kunnen zien – vier anderen zien hem wel – kijkt hij niet om. Toch wordt hem een innerlijk oog toegeschreven en zelf wordt hij door de dichter tot driemaal toe waargenomen. Vannacht nog, gisteren, laatst. In de stad, in het bos, onderweg. In een badkamer, lachend, in een oude auto. Als silhouet, onzichtbaar, op de rug.

Wat hebben die drie situaties gemeen?

Het aantal mensen in de auto wordt ons voorgerekend en om te lachen in een bos heb je ook gezelschap nodig. Hoe alleen is iemand die diep in de nacht in een badkamer in de weer is?

Wat blijft in dit gedicht onuitgesproken? Wat wordt *ons* innerlijk oog geacht te zien?

Een auto-ongeluk?

Is er helemaal geen sprake van een puber? Is hier iemand aan het woord die tot een dode spreekt? Iemand die op slag een dierbare bij een verkeersongeluk heeft verloren? Wordt hier de gemoedstoestand van een achterblijver geschetst?

Na zo veel vraagtekens wordt het tijd het gedicht opnieuw te gaan lezen.

VERHANGEN

's Nuchtens, over winter, hangt 'n
schuwe schooier, in de top
van een eike, langs 'n wegel,
witgeijzeld, aan 'n strop.

Z'n gerokken lijf, in vodden,
wiegelt, met 'n doof gezucht
van de takken, lijk de slinger
van 'n uurwerk, door de lucht.

Diepe, met de randen vóór z'n
ogen, zit 'n vette hoed,
en er leken uit z'n neuze-
gaten zwarte druppels bloed.

Over 't veld, in wilde snakken,
loopt de scherpe wind en vaart,
huilend lijk 'n brakke, door de
stoppels van z'n roste baard.

Uit de hemel, grauw lijk asse,
met 'n aardig moordgeschreeuw
draait 'n kraaie, rond den eike,
nerewaarts, tot in de sneeuw.

En ze vlucht, omdat de schooier
z'n bebloede tong uitsteekt,
naar de zon, die lijk 'n gouden
penning, door het oosten breekt.

Omer Karel de Laey (1876-1909)

Een arme schooier, een zelfmoordenaar in de winter. Fraai materiaal om verdriet en mededogen breed uit te meten. Prachtig onderwerp om al het sociale onrecht van de wereld in één beeld te vangen.

Omer Karel de Laey pakt het knapper aan.

Hij beschrijft alleen. Geen aanklacht klinkt, geen traan van liefdadigheid welt op. Er is alleen die minutieuze schildering van de schooier tussen de eikentakken.

Vanzelf is de aanklacht – het onuitgesproken verwijt aan de samenleving – er des te schrijnender om.

Een eigenaardige spanning bestaat er tussen de volkse taal en de strakke regie van dit gedicht.

De 'sappige' taal wekt een gevoel van vertrouwelijkheid, of het een landelijk tafereeltje betreft.

De beschrijving daarentegen verloopt afstandelijk en staccato, met in elke strofe een ander gezichtspunt. We zoomen als het ware schoksgewijs in. Steeds wordt er een nieuw beeld opgeroepen, in elke strofe niet meer dan één beeld.

Taal en beelden vinden elkaar in hun plastische effecten.

In de eerste strofe zien we de schuwe schooier die op een winterochtend in een witgeijzelde entourage aan een strop hangt. Dat is het totaalbeeld.

In de tweede strofe wiegelt zijn lijf door de lucht als de slinger van een uurwerk.

De derde shot betreft de zwarte druppels bloed die onder de vette hoedrand uit zijn neusgaten lekken.

De vierde strofe onthult de stoppels van z'n rossige baard, waar de wind jankend doorheen trekt.

Van omhoog – vijfde strofe – spiraalt vervolgens een asgrauwe kraai neer, als het ware het magere, starre silhouet tegen de ijzel en de sneeuw benadrukkend.

De kraai slaat in de zesde strofe op de vlucht omdat de schooier zijn bebloede tong uitsteekt.

Daarmee is het beeld van de vogelverschrikker afgerond. Wij weten wat de kraai niet weet. De schooier steekt zijn tong tegen wil en dank uit. Het is een paarse tong – vanwege de strop.

Van alle plastische beelden in dit gedicht is het slotbeeld misschien het meest plastische. Het kadaver van de zelfmoordenaar steekt zijn bebloede tong uit

naar de zon, die lijk 'n gouden
penning, door het oosten breekt.

Het staat ons vrij daar een sociaal ontwaken in te zien, een dageraad die althans voor deze schooier te laat komt.

Het staat ons vrij de gouden penning als een vergeefse belofte van financiële welstand te beschouwen.

Zonder al die symbolische poespas is het beeld al krachtig genoeg. De zon die zich onstuitbaar door het bleke ochtendlicht perst, het heeft niets van de sentimentaliteit die zonsopgangen en zonsondergangen in de kunst vaak aankleeft.

De zon die uit de zee wordt getild 'met zijn uitgespreide pruik van levend goud', *dixit* P.C. Hooft – het niveau van *die* beeldspraak werd niet vaak meer gehaald.

Omer Karel de Laey heeft veel aan Gezelle te danken en ook zijn penning zal hij bij hem hebben geleend. Gezelle heeft het ergens over een zon die wegzinkt boven een oceaan. En dan komt het zowel gewaagde als overtuigende beeld –

Zo heerlijk is 't, als of er zoude
een reuzenpenning, rood van goude,
de reuzenspaarpot vallen in
der slapengaande zeevorstin

– sinds dat gedicht van Gezelle kan ik een dalende zon aan de einder niet anders zien dan als een gloeiende rijksdaalder die in een gleuf verdwijnt.

Je moet als dichter van goeden huize komen om voor een zon die rijst of ondergaat nog iets origineels te bedenken. Ik kwam een gedicht tegen van de Zuid-Afrikaanse dichter Donald W. Riekert – in de bundel *Heuning uit die swarthaak* (Kaapstad, 1986) – waarin de regels

Hoor die roep
van die bokwagtertjie
hoor hoe krul die
voorslag van sy stem
om en om die ver
kameeldoring hoor hoe
keer die roep terug
van die kliprant
hy roep die bokkies kleintjie
hulle moet slaap
die jong lammers kan
vir oulaas jou handjies lek
en melkies soek voor die
son se rooi kool afsak
agter die kliprant

– voordat de zon z'n rooie kool afzakt achter de bergrug – die rooie kool kan wat mij betreft concurreren met de reuzenpenning.

Ik weiger te weten of het hier om een vurig kooltje gaat – gloeiende steenkool – of om de rooie kool van de groenteboer. Ik wil de ambiguïteit die het Afrikaans me op het eerste gezicht biedt niet kwijt. Poëzie is soms gebaat bij misverstanden.

HET SPROOKJE VAN DE PERSOON

Onopvallend bewoog de persoon zich door het leven,
soms vrolijk, soms bedroefd,
soms dom en soms deskundig,
gehecht aan een paar eenvoudige gewoontes
stelde hij soms belang in het nieuws van de dag.

Toen werd hij door ons opgemerkt.
Wij constateerden dat de persoon
niet altijd vrolijk was en niet altijd deskundig
en niet altijd geïnteresseerd in het nieuws van de dag
ook bleken sommige van zijn gewoontes ontoelaatbaar.

Nadat wij de persoon hadden gevangen
sloten wij hem op in veilige bewaring
jarenlang zat hij maar wat te rammelen in zijn cachot.
Dit hinderde ons bovenmate:
wij sommeerden de persoon te verschijnen
teneinde hem dood te kunnen slaan.
De persoon hief een geluid aan als een wolf in de steppe,
maar omdat wij voor niets staan
sloegen wij hem dood.

Daar mijn gebouw gesloten is, kan ik
hem niet begraven, de persoon.
Onverdragelijk ligt in mijn souterrain
zijn lijk te rotten.

J.A. Emmens (1924-1971)

Dit gedicht kent geen rijmen of technische bokkensprongen. J.A. Emmens wist bij andere gelegenheden heel goed hoe hij poëtische effecten moest uitbuiten. Hier geeft hij de voorkeur aan een simpele praattoon. Met een lichte nadruk op het laconieke of zelfs het ietwat plechtstatige –

Dit hinderde ons bovenmate:
wij sommeerden de persoon te verschijnen

– maar nooit zó dat het ook maar in de verte doet denken aan ironie. De toon blijft onnadrukkelijk. Een bevattelijk beeld wordt van begin tot eind volgehouden.

Door het woord *sprookje* in de titel weten we meteen dat we met een parabel te maken zullen krijgen. Voor de rest ontbreken alle dichterlijke versierselen.

Toon en onderwerp zijn handschoen en hand. De onnadrukkelijkheid en de simpelheid sluiten in de eerste regel

Onopvallend bewoog de persoon zich door het leven

naadloos aan bij de beschreven figuur. Onopvallend. 'De persoon'. Een gemiddeld karakter. Ongeïdentificeerd.

Even word je op een verkeerd spoor gezet.

Je denkt dat de persoon in de eerste strofe die soms vrolijk en soms deskundig is –

gehecht aan een paar eenvoudige gewoontes

– de doorsnee-mens moet voorstellen. Een soort *Elckerlyc*. In de tweede strofe wordt hij 'door ons' opgemerkt, dat wil zeggen geïdentificeerd. Dan blijkt hij lang niet altijd vrolijk te zijn en lang niet altijd deskundig.

Zodra we op iemand beginnen te letten, lijkt de schrijver te willen zeggen, ontdekken we zijn tekortkomingen. Zodra iemand wordt opgemerkt, 'aan de weg timmert', volgt de kritiek.

De persoon tegenover de menigte. Wij en het individu.

't Is een hopeloos verkeerd been waarop de dichter je heeft gezet.

Hij heeft het over de persoon die hij in zichzelf draagt. Een onbewuste aanwezigheid die de dichter zich eerst bewust moest maken –

Toen werd hij door ons opgemerkt

– om er de onvolkomenheden, de tekortkomingen en de scheuren van te ontdekken. Het verkregen bewustzijn werpt een pijnlijk licht op zijn innerlijk –

ook bleken sommige van zijn gewoontes ontoelaatbaar

– *ontoelaatbaar*, het is duidelijk een woord uit de psychologie.
Er bestaat in het onbewuste iets wat niet toegelaten mag worden, iets wat werd verdrongen. Een taboe.

Dat de persoon 'niet altijd vrolijk was' kan op een depressieve neiging duiden, en ook de uitdrukking 'niet altijd deskundig' suggereert een toestand van stuurloosheid.

Deskundigheid is een sleutelwoord bij J.A. Emmens. Voor hem betekent het een mengeling van kennis, helderheid en verbeeldingskracht. Ondeskundigheid is derhalve een vorm van gekte of beginnende gekte.

Kortom, terminologie uit de wereld van de ziel. Maar als het om de persoon in de dichter gaat, wie zijn dan 'ons' en 'wij'?

De andere persona's, neem ik aan, uit wie de dichter is opgebouwd. Of misschien het ego en het superego, zich samen wapenend tegen het onbewuste met zijn verschrikkingen en dwaalwegen.

Vanzelf dragen de woorden 'ons' en 'wij' ook bij aan het plechtstatige, de plechtigheid van het officiële ik. Je kunt het opvatten als de *pluralis majestatis* die nodig is om de onderdaanpersoon op de knieën te dwingen.

In Emmens' gedicht *Futurologisch* –

Mijn vader was verhuisd, verschoven
door een mij onbekende macht.
Ik zocht hem jaren, lusteloos,
tot ik hem aantrof op mijn knie:
hij was mijn kind geworden

– groeit de een *uit* de ander. Hier groeit de een *in* de ander. De dichter constateert dat de vijand bij hem is binnengetrokken.

De vijand die vader heet.

De autoriteit.

De een is gegroeid *in* de ander. De dichter constateert dat de vijand bij hem is binnengetrokken. Die vijand is hij zelf.

Hij *moet* die ene bedwingen en achter slot houden. Hij *moet* hem doodslaan – om niet volledig gek te worden.

De ware aard van de innerlijke vijand komt in niet mis te verstane bewoordingen aan bod –

De persoon hief een geluid aan als een wolf in de steppe

– in deze binnenwereld gaat het nog heviger tekeer dan we dachten. De steppenwolf. Atavistisch en desolaat.

Daar mijn gebouw gesloten is, kan ik
hem niet begraven, de persoon.

Het lichaam als gebouw. De persoon in het souterrain.

Souterrain, letterlijk. Het onderbewuste en de onderwereld. Het stinkt er als in de hel.

De dichter mag dan in de waan verkeren dat hij allerlei zinsbegoochelingen voorgoed heeft opgeruimd – let op de bezwerende herhaling van het *doodslaan* – hij blijft de dupe van de grotere zinsbegoocheling die leven heet.

Onverdragelijk, het staat er zonder meer. 'De persoon' valt niet af te schudden.

Het sprookje van de persoon werd aangetroffen onder de nagelaten gedichten van J.A. Emmens. Hij pleegde zelfmoord.

IK...

Ik
schrijf gedichten
als dunne bomen.

Wie
kan zo mager
praten
met de taal
als ik?

Misschien
is mijn vader
gierig geweest
met het zaad.

Ik heb
hem nooit
gekend
die man.

Ik heb
nooit
een echt woord gehoord
of het deed pijn.

Om pijn
te schrijven
heb je
weinig woorden
nodig.

Jan Arends (1925-1974)

'Afgelopen maandagavond omstreeks acht uur is de schrijver Jan Arends uit het raam van zijn flat in Amsterdam gestapt,' stond er op 26 januari 1974 in de krant.

Op dezelfde maandag was zijn tweede dichtbundel verschenen, *Lunchpauzegedichten*.

'Jan Arends schreef ook gedichten,' meldde een andere krant, 'waarvan sommige zijn gebaseerd op zijn ervaringen als huisknecht bij welgestelde dames.'

De huisknecht-schrijver.

Het was een beeld dat hij zelf enige jaren eerder in een geruchtmakend interview had geëxploiteerd en geciseleerd. Als schrijver vond hij – hij had destijds net zijn eerste en enige verhalenbundel *Keefman* gepubliceerd – dat hij dringend aan de Nobelprijs toe was. Als huisknecht bleek hij al even sarcastisch: 'Stof afnemen is zeer zware gymnastiek. Waarom denk je anders dat wijven ouder worden dan mannen?'

'Zoals een ander homoseksueel is, ben ik huisknecht,' verklaarde hij. 'Het slaaf zijn bij een vrouw, dat is voor mij de manier om een vrouw te beminnen.'

Als vrouwen te aardig voor hem werden was de lol van het huisknechtschap er voor hem af. Meestal gebeurde dat al binnen enkele dagen. Dan boende Jan Arends de meubels met groene zeep, wreef de trap in met slaolie, zette het gas onder de etenspannen op de hoogste stand en vertrok.

Een masochist die alles stuk moest maken.

En die intelligent genoeg was om zijn onredelijkheid achteraf een rationele draai te geven: '...dat is mijn dualisme: als ik stof loop af te nemen, kom ik in opstand omdat ik eigenlijk (...) de Nobelprijs wil winnen, teksten wil schrijven...'

Zo'n verscheurdheid, en tegelijk op beide fronten zo'n gooi naar het absolute – een dichter als Jan Arends valt moeilijk te fixeren. Zonder ooit tot stilstand te komen tolt hij om zijn middelpunt.

Bijtend, dun.

Zo essentieel aanwezig dat hij er nauwelijks lijkt te zijn.

Met de alomtegenwoordigheid van het bijna-niets.

Minimalistisch.

Hoe je het ook wenst te omschrijven, het is een onomstootbaar – want zichtbaar – feit dat ook zijn gedichten het meest op vlaggenstokken lijken. Gierend om hun as –

Ik
schrijf gedichten
als dunne bomen

– een werkelijk flink aantal gedichten van Jan Arends begint onbeschaamd met dat woordje *ik*. Alsof in de vorm van een vlaggenstok de broodmagere gestalte van Jan Arends zelf je aanstaart vanuit de pagina.

Wie
kan zo mager
praten
met de taal
als ik?

Hier is geen dichter met een tere huid aan het woord. Hier spreekt een dichter die helemaal geen huid heeft.

Gestroopt is hij ter wereld gekomen – zijn poëtica voert hem onmiddellijk terug naar de eerste seconden van zijn bestaan, naar het zaad van een hem onbekende vader –

Ik heb
hem nooit
gekend
die man

– laconieker, sarcastischer kan het niet. Sindsdien doen hem alle woorden pijn.

Let wel, alle *echte* woorden.

De woorden van de dichter. De eerste woorden die je als kind hoort. De woorden van ontbrekende liefde.

Dat praten met *echte* woorden door iemand die jou liefheeft, dat schrijven van *echte* woorden waarvan er in een gedicht maar weinig nodig zijn, Jan Arends haalt die beide dingen hier bewust door elkaar.

Over *praten met de taal* heeft hij het. En verderop over *het schrijven van pijn*.

In dat begrip *pijn* valt alles samen.

De pijn van iemand die, in nietswaardigheid geboren, beseft dat er weinig anders voor hem op zit dan in nietswaardigheid te sterven.

IX *Waarin we ons opnieuw neerplanten op de mesthoop
van de slechte poëzie en daar vier parels aantreffen*

VERBLEEKTE DRIEKLEUR

Hoe is uw lief gelaat zo bleek,
Dat eenmaal zo vriendlijk kon blozen?
Ach, als de zuivre zonne week,
Verbleken de lachende rozen.

Hoe is uw voorhoofd nu zo dof,
Zo stroef en zo droef en zo duister?
Ach, als de wind ze sleurde in 't stof,
Verliezen de lelies heur luister.

Hoe staan die oogjens nu zo flauw,
In wenende wimpers verscholen?
Ach, drijvende in te kille dauw,
Besterven de blauwe violen.

J.J.L. ten Kate (1819-1889)

'Taal en Letteren in Nederland te beoefenen en de naam Ten Kate niet te kennen is ene onmogelijkheid,' staat er in de *Geschiedenis der Noord-Nederlandsche Letteren in de XIXe eeuw* van Jan ten Brink, een geschiedenis die nog in de negentiende eeuw zelf verscheen.

Het zou maar even duren of door de *Grassprietjes* van Cornelis Paradijs, alias Frederik van Eeden, met daarin zulke vermaarde regels als

O, J.J.L. ten Kate!
O, vorst van rijm en maten!

en

Dankt den Heer met snarenspel
Voor Ten Kate, J.J.L.

was de naam Ten Kate simpelweg J.J.L. geworden. Het noemen van drie letters was voldoende om een wereld van vlotte rijmelarij en verheven predikantengedreun op te roepen.

Cantatekoning en Kop van Jut.

De enige Nederlandse dichter wiens voorletters tot handelsmerk werden.

Het was de bekroning, of de genadeklap, van een leven vol zingen, dichten, kwelen en rijmen. De symbolische apotheose voor iemand die op zijn veertiende levensjaar al een gedicht in een tijdschrift publiceerde en die debuteerde op zijn zeventiende.

J.J.L.

Deze J.J.L. moet in verzen sprekend door het leven zijn gegaan. Hij moet gedroomd hebben op rijm, hij moet zijn spoorkaartjes op rijm hebben besteld.

In bundel na bundel rolden zijn psalmen en gezangen de markt op. Rijmalbums, poëziekalenders, lyrische bloemlezingen verschenen. Geen gigant was te gering om door hem vertaald, of liever berijmd, te worden. Shakespeare en Goethe, Andersen en La Fontaine, Milton en Dante, Victor Hugo en Torquato Tasso, om er een paar te noemen.

Goedgekeurd door J.J.L.

Het zonderlingst is wel dat hij die door een literair schotschrift werd bijgezet zélf zijn dichterlijk hoogtepunt beleefde door het schrijven van literaire schotschriften.

Als student was J.J.L. ten Kate de actiefste en briljantste medewerker aan het tijdschrift *Braga*, een tijdschrift 'heel in rijm' (toen nog sarcastisch bedoeld), waarin hij en enkele vrienden afrekenden met de literatuur van die dagen.

Ha! waar ben ik? droom of waak ik?
Ben ik nuchter, ja of neen?
Van wat knettrend zielsvuur blaak ik!
Wat al lichtplaveisels raak ik!
Alles dondert om mij heen!

– aldus werd de 'odevlucht' van een tijdgenoot, 'Bard en Ziener tevens', in de maling genomen.

J.J.L. draaide er zijn hand niet voor om zijn rijmzucht in dienst te stellen van de bespotting van de rijmzucht.

Ik verdenk hem ervan alleen maar predikant te hebben willen worden om tot de rijmende elite van zijn tijd te kunnen behoren.

Niets is zeker in de poëzie. Frederik van Eeden bespot de rijmelaar in J.J.L. die door J.J.L. zelf al bespot was. En J.J.L. schrijft af en toe een gedicht dat afkomstig had kunnen zijn van een Tachtiger.

Dit *Verbleekte Driekleur* is zo'n impressionistisch klankgedicht. Met zijn *In wenende wimpers verscholen* volgt het gedicht zo'n beetje hetzelfde procédé als

Ik heb de witte water-lelie lief

van, jawel, Frederik van Eeden. Het is in de literatuur volkomen ondergesneeuwd. Er schuilen wel meer van die juweeltjes in het werk van J.J.L.

Het dateert uit 1851 – de vader van Cornelis Paradijs moest nog geboren worden – en het staat *In den Bloemhof. Beelden en Droomen*, een bundel met 'pièces fugitives', zoals J.J.L. ze zelf noemt.

Een van de mooist geïllustreerde Nederlandse dichtbundels uit de negentiende eeuw bovendien.

Het is een puur klankgedicht, lyrisch en simpel, dit *Verbleekte Driekleur*.

Driemaal begint een vraag met *Hoe*, driemaal begint het antwoord met *Ach*.

Een ingehouden klacht op het thema rood-wit-blauw. De rode wangen, het blanke voorhoofd, de blauwe ogen.

Waarom zijn de lachende konen verbleekt? Omdat de zuiverheid is verdwenen. Waarom zijn de lelies glansloos geworden? Omdat ze door het stof zijn gegaan.

Kortom, geheel onuitgesproken staat hier het verhaal van een meisje dat haar maagdelijkheid te grabbel heeft gegooid.

Er gaat een haast mysterieuze werking uit van die herhaalde combinatie van verleden tijd in de derde regel en tegenwoordige tijd in de vierde, terwijl de regels toch in elkaar haken – *week, verbleken; dauw, blauwe*. Alsof het benadrukken wil dat het verleden onherroepelijk is en het nu onvermijdelijk.

Hoeveel alliteraties en binnenrijmen er ook zijn, het gedichtje wordt nergens dreun. De herhalingen van stroef en droef, de alliteraties van zuivre zonne, wenende wimpers en verliezen-leliesluister, ze hebben iets van een *overkill*, maar in een magistrale zin als

Ach, drijvende in te kille dauw,
Besterven de blauwe violen

merk je dat J.J.L. zijn materie beheerst. Nóg klemtoonlozer kan, na *flauw* en *dauw*, het woord *blauwe* er niet bij staan.

Een onvergetelijke zin.

Ook blijft de moraal op de achtergrond. We hebben hierboven dan wel een conclusie getrokken – ook het meisje weent er duidelijk zelf om – maar het mooie is natuurlijk dat *in het gedicht zelf* de conclusie uitblijft.

Geen moraal in de slotregel, maar een kleur, een beeld, muziek. Zulke gedichten moeten we koesteren.

'T GEHEIM DER JEUGD

Het was een stille en afgetrokken jongen;
En eenzaam kon hij uren staan te dromen,
Waar andren met de vogels in de bomen
Het jubellied van hunne lente zongen.

En als wij hem tot mede-juichen drongen,
En vroegen wat zijn blijdschap had ontnomen,
Verschoot hij en verried een pijnlijk schromen.
Het was een stille en afgetrokken jongen.

Na jaren zag ik d'oude makker weder,
Een kunstnaar thans, wiens rijk begaafde veder
Zijn naam alom met hoge roem verspreidde.

Hij groette mij – een glimlach om de lippen –
En liet zich dra 't geheim der jeugd ontglippen:
''k Win nu de kost voor mij en moeder beide!'

W. de Veer S.J. (1863-1933)

't Zal een beroepsdeformatie zijn, maar ik ben altijd nieuwsgierig naar dichters, of ze nu dood zijn of levend, van wie ik nog nooit heb gehoord.

Al denk je ze bijna allemaal te hebben gelezen, rijp en groen, er duikt steeds weer zo'n dichter op.

Een lokale grootheid, een verdwaalde grootheid, een gekleineerde grootheid. Op een dag zit er onverwacht een onder je vlindernet.

Ik liep op de Deventer boekenmarkt en zag een bundel *Gedichten* liggen van W. de Veer S.J. Nooit van gehoord!

Ik kende een hoog en droog vergeten dichter als J.H. de Veer, zeker, en een Hendrik de Veer.

Toch was deze bundel van W. de Veer S.J. al een derde, vermeerderde druk. Is 't mogelijk? Ik sloeg het blauwe, duidelijk uit de jaren rondom de eeuwwisseling daterende bandje open en de eerste regel waar mijn blik op viel was

Het was een stille en afgetrokken jongen –

Toen was ik definitief verkocht. Het idee dat een jezuïetenpater ooit deze regel voor zich uit had zitten mijmeren zonder erg te hebben was opwindend.

Hij had de regel nota bene nog herhaald.

Zo kon je, als je eenmaal de regel 'O goede Dood wiens zuiver pijpen' had leren kennen, nooit meer onbevangen naar het hoofd van P.C. Boutens kijken. Kenden die woorden toen hun huidige hoofdbetekenis nog niet?

Of waren de heren werkelijk zo wereldvreemd?

De moderne lezer is niet in staat bij zulke dichtregels zijn naïveteit te herwinnen. Nog met geen tien paardenkrachten. En al evenmin bij zulke volstrekt serieus bedoelde kinderrijmpjes als

Jozef hoefde nooit te vragen:
'Jezus, kom eens helpen zagen,
Veeg de krullen bij elkaar,'
Jezus kwam vanzelf wel klaar

– merkwaardig genoeg opnieuw iets uit de roomse hoek. En opnieuw iets in de seksuele sfeer.

Jaren geleden, in 1982, heeft Nop Maas eens een aantal van die staaltjes onvrijwillige humor verzameld onder de titel *Bloomers*. 'Een bloomer ontstaat waar een naïeve auteur misbruikt wordt door een lezer met een dirty mind,' zo luidt de definitie van Nop Maas.

Er komen ook in zijn *Bloomers* de nodige paters en dominees voor.

Een mooie is *Vos en haas* van E. Laurillard, dat aldus begint

't Haasje speelt met zijn geslacht,
Tussen gras en blaren;
En met valse blik ligt vos
De onschuld aan te staren

– nu, met mijn *stille en afgetrokken jongen* had ik er een bloomer bij. Al zou je ook duizendmaal beseffen dat *jij* de dichter een onbedoelde betekenis in de schoenen schuift, de argwaan is gewekt.

Ik begon verder te bladeren in de *Gedichten* van de jezuïetenpater, op zoek naar biografisch houvast.

Wie was W. de Veer S.J.? Ik had alleen de bundel om op af te gaan.

Hij heeft nogal wat gedichten geschreven over zijn moeder en over het smartelijk verlies van zijn moeder. Hij schrijft een gedicht bij de dood van Alberdingk Thijm, de voorman van de katholieke culturele emancipatie. Hij schrijft een gedicht op de tachtigste verjaardag van de niet zeer paapse dominee Nicolaas Beets. Hij is kennelijk geen reactionaire katholiek uit de achterlanden van het toenmalige Limburg. Zijn bundel is trouwens verschenen in Amsterdam.

Op de band staat H.G. van Alfen als uitgever vermeld en op de titelpagina J.S. de Haas, wat ook weer een verhaal is, al weet ik niet welk.

De Veer schrijft af en toe een zintuiglijke en esthetische lyriek in de trant van Hélène Swarth, en zie – in de bundel komt zelfs een aan Hélène Swarth opgedragen gedicht voor. Daarin prijst hij haar droeve mystiek en wondere taalmuziek.

Zijn hoge opvatting van het kunstenaarschap, zo typerend en modern voor die periode, blijkt trouwens ook uit bijgaand *'t Geheim der jeugd*.

Hij schrijft – het wordt steeds intrigerender – een gedicht met de veelzeggende titel *Onbegrepen*, waarin hij een arme jongeling schetst die zijn liefde 'met niemand delen kon'. 'En nimmer, ach, een hart dat hart verstond...'

Waar de pater zich ten slotte het meest bloot geeft is in het korte gedichtje *Onschuld* –

*Ik kweekte een lieve lelie
Met wondre bladerkrans;
Ik minde een zachte jongling,
Lelie in onschuldglans.*

*Ach, jongling beide en lelie
Verwelkten na een poos:
De lelie voor één winter,
De jongling voor altoos...*

– eventuele vergelijkingen tussen de lelie en de jongling met Maria en Jezus houden hier duidelijk geen stand.

Het gedichtje moet óf een enorme totaal-bloomer zijn, met de onschuld van Laurillards spelende haasje, óf een homo-erotische *coming out* die in de Nederlandse literatuur van omstreeks 1900 nauwelijks zijn weerga kent. Ik hou het op allebei.

P.S. Van verschillende kanten bereikte me informatie over pater W. de Veer S.J. 'Hij bundelde godsdienstige toespraken en schreef (...) poëzie, waarin hij zingt van smart en Roomse vreugd,' meldt het *Lectuur Repertorium*, de 'leeswijzer' die generaties katholieke lezers en bibliotheken door aanbevelenswaarde en vooral minder aanbevelenswaarde lectuur loodste. In de *Katholieke encyclopaedie* (deel 23, 1938) staan enkele biografische gegevens. Hij was leraar, studentenmoderator en 'een verdienstelijk volksdichter, wiens poëzie een onmiskenbare populariteit genoot'. Ten slotte lezen we in de *Bloemlezing uit de katholieke poëzie*, onder redactie van Anton van Duinkerken, in Deel III, *Dichters der emancipatie* (1939): 'Zijn eenen en eenigen dichtbundel, dien hij driemaal kon laten herdrukken, had hij genoemd "Uit mijn Lente". De confraters in de Sociëteit van Jesus maakten zich wel eens vroolijk over het bloemzoet romantisme van dit boekje, en dan vroegen ze hem, wanneer nu eindelijk de nieuwe bundel kwam, die getiteld zou zijn "Uit mijn Hooitijd". De nieuwe bundel kwam nooit. Het was telkens weer de oude, die werd "gewijzigd" en "vermeerderd", maar ook wel een beetje verminderd, al verzweeg de goedhartige dichter, dat hij uit ontzag voor de kritiek van de jongere school de meest ouderwetsche versjes wegliet. Toen zijn lente werkelijk voorbij was, veranderde hij den titel in "Gedichten". (...)'

SONNET

Ik ben in eenzaamheid niet meer alleen,
Want waar mijn ogen langs de wanden dwalen
Schemert uw lach daarheen. Ontelbre malen
Hoor ik in 't klokgetik uw voeten treên.

En langzaam nadert gij, zo ver, zo kleen...
'k Zie dat een brede neevlenkring met valen
Lichtlozen sluier u omhult; dan dalen
Zachtjes uw lichte schreden naar mij heen.

Uw adem vaart mij aan! gij zijt verschenen,
Ik zie uw ogen in mijn ogen gaan;
'k Hoor in de wind, die langs mijn ruiten henen

En door de schouwe klaagt, uw woorden aan,
Zó vrees'lijk droef en teer, dat 'k u zie staan,
Met bukkend hoofd, om in mijn arm te wenen.

Lodewijk van Deyssel (1864-1952)

Hoe kan dat, een behoorlijk gedicht van iemand die geen dichter is? Of althans – van iemand die niet als dichter bekendstaat?

'Ongeveer het enige sonnet, dat ik als een hemelse zonde op mijn prozaïsten-geweten heb,' verklaarde Van Deyssel over dit *Ik ben in eenzaamheid niet meer alleen*.

We moeten 'ongeveer het enige' met een korreltje zout nemen. Van Deyssel bezondigde zich wel vaker aan een sonnetje.

Maar het is duidelijk wat hij bedoelt – ongeveer het enige *toonbare* sonnet.

Zijn andere hemelse pogingen lukten minder, hij gaf het op en niemand die Van Deyssel ooit een dichter zou noemen.

Het sonnet ligt ook letterlijk begraven. In de zesde bundel van zijn *Verzamelde Opstellen*, tussen eindeloze causerieën en prozaschetsen – een diamant die werd opgeborgen in een broodtrommel, een bloem verstopt in een aardappelzak.

Is een schrijver die een paar gedichten schrijft, maar er verder de brui aan geeft, een dichter? Pleegde hij prozaïsch verraad aan de hemelse zonde?

Ik zou het niet weten.

Voor zoiets moeten we te rade gaan bij de waarlijk grote geesten die veel over poëzie hebben geprakkiseerd. Bij Leonard Nolens bijvoorbeeld.

In een interview in de *Standaard der Letteren* merkte hij op, naast andere schone bevlogenheden uiteraard: 'Hier kom ik weer uit bij mijn persoonlijke hiërarchie: het gedicht staat bovenaan. Het is toch vreemd dat veel dichters goed proza schrijven, maar omgekeerd kunnen zelfs de beste prozaïsten zelden met poëzie overweg. Mulisch, Reve en Hermans zijn eigenlijk mislukte dichters. Waarom hebben ze de poëzie ooit opgegeven?'

Nu, die persoonlijke annexatie van 'het gedicht staat bovenaan' zullen we Nolens vergeven. Er zijn meer dichters voor wie dat geldt. Ook is het maar de vraag of de gedichten van de prozaïsten Mulisch, Reve en Hermans net zo larmoyant zijn als het proza van de dichter Nolens.

Toch wordt hier een interessante kwestie aangesneden.

Het beoefenen van de poëzie als een opstapje of een terzijde komt vaker voor dan alleen bij Mulisch, Reve en Hermans.

Nolens krijgt nu eenmaal geen andere namen uit zijn mond dan die uit de grijze eredivisie.

Ook bij Joost Zwagerman en Arnon Grunberg kunnen we het verschijnsel waarnemen. Je denkt bij die twee in de eerste plaats aan proza en als prozaïst lijken ze zich het meest op hun gemak te voelen.

Nolens heeft maar één verklaring voor de ontrouw: 'Misschien omdat ze moeilijk konden leven met de gedachte dat hun werk slechts voor een kleine kring bestemd zou zijn.'

Het zijn dus eigenlijk ordinaire jagers naar een groot publiek, geldwolven zelfs. Zo heel anders dan Nolens. Verraders van het ideaal.

Dat zulke schrijvers zich in proza uitdrukken omdat ze zich in proza gewoon lekkerder voelen komt niet bij Nolens op. Dat ze de grenzen van hun poëzietalent, maar vooral ook de grenzen van de poëzie hebben leren inzien, zou een andere mogelijkheid zijn.

Je maakt de poëzie niet groter door de roman omlaag te halen, zoals Nolens doet.

Wat zou de werkelijke reden zijn dat een schrijver die heeft bewezen tot het schrijven van een gedicht in staat te zijn, de poëzie vaarwel zegt? Alleen mercantiele opzet kan het niet zijn, al moet iemand me nog uitleggen wat er verkeerd is aan een schrijver die met zijn werk geld wil verdienen.

Het fenomeen blijft boeiend.

Waarom schreef Van Deyssel niet meer van zulke sonnetten en Hélène Swarth wel?

Het kon er in zijn tijd heel wel mee door, dit sonnet. Kloos was er enthousiast over. Nog in 1925 schrijft de dichter J. Greshoff aan de uitgever Stols (*'Beste Sander, do it now!'*, eerste deel van hun briefwisseling, blz. 108): 'Tussen mijn rommel vind ik iets, dat je zeker zult kunnen gebruiken: de énige bekende gedichten van Van Deyssel, met het sonnet: "Ik ben in eenzaamheid niet meer alleen...", dat je in een der bundels proza kunt vinden. Een fijn, klein plaketje daarvan, zou iets voor de liefhebbers wezen.'

Uit de aantekeningen bij deze brieveneditie blijkt overigens dat er van zo'n plaquette nooit iets is gekomen.

Wel bleek dit ene gedicht genoeg pit te bezitten om blijvend op te vallen.

Nu, zo'n echt geweldig gedicht is het ook weer niet. Met dat akelige *daarheen* en die *aanvaring* van de dichter met mejuffrouws adem.

Toch is het niet gek voor iemand die nadien de poëzie liet vallen als een baksteen. Iemand die wel degelijk oog had, zij het niet in zo'n pijnlijke mate als Nolens, voor een zekere hiërarchie tussen 'prozaïsten-geweten' en 'hemelse zonde'.

Je bent een 'mislukt dichter' als je mislukte gedichten schrijft. Niet als je er op een dag mee ophoudt.

Toch zal Van Deyssel hebben ingezien dat hij een schrijver van mislukte gedichten zou worden.

In zijn geval heeft het poëtische probleem dat we hier opwierpen een simpel staartje. In het boek *Lodewijk van Deyssel. Dertien close-ups* van Harry G.M. Prick (een van de dertien close-ups is geheel aan dit gedicht gewijd) wordt namelijk aangetoond dat Van Deyssel zijn sonnet ter beoordeling naar Willem Kloos stuurde en dat Kloos er het een en ander aan verbeterde.

De slotregels zagen er, om maar iets te noemen, in Van Deyssels hand oorspronkelijk zo uit:

Zo vreeslijk droef en teer, dat ik, te wenen
In mijn arm, u naast mij denk te staan

– dan is Kloos toch echt een tikkeltje vloeiender.

Kloos was dan ook de Leonard Nolens van zijn tijd. Een honderd procent, fulltime, voor de volle mep gegarandeerd poëet.

Sommige mensen kunnen nu eenmaal beter dichten dan andere mensen, zelfs beter dan sommige prozaïsten. Al met al geen reden om met de neus in de wind te gaan lopen.

ARABESKE

Een stilte is in de natuur
als het binnenste blauw van een vuur.
In de velden grazen de dieren,
paarden en zwarte stieren.
In de heldere wateren der aarde,
diep verlicht en klaar,
spelen visschen met roode staarten,
zwaar geschubd en zwierig,
het gebladerte dun en tierig
hangt er over en spiegelt zich.

J.W.F. Werumeus Buning (1891-1958)

Werumeus wie? Ooit moet hij net zo bekend zijn geweest als Bloem, Nijhoff, Roland Holst en Achterberg. Want ook uit zijn werk verscheen een bloemlezing in de vorm van een 'Ooievaartje', oplage tienduizend exemplaren. Dat was in 1957.

Misschien dat er nu nog drie mensen weet hebben van het feit dat er een dichter met die naam rondliep.

Ze zullen hem vast niet verwarren met de negentiende-eeuwse schrijver Werumeus Buning, want die is door de volle honderd procent van de lezers vergeten. Toch was ook die Buning in zijn tijd behoorlijk populair. Marineschetsen, en zo meer. 'Vele herdrukken,' meldt de encyclopedie.

Een vergeten dichter die geen spoor van associatie meer oproept met een oudere naamgenoot, hoewel ze ooit allebei lievelingen van het publiek waren, de ene verguisd door de Tachtigers en de andere door de Vijftigers, dat heet met recht Werumeus dubbelwie?

Door één gedicht, van bloemlezing tot bloemlezing overgeërfd, is de twintigste-eeuwse Werumeus Buning, J.W.F., misschien nog enigszins blijven leven –

Zo tedere schade als de bloemen vrezen

– zo begint dit estafettegedicht. De aforistische beginregel duidt er al op dat dit een goed-burgerlijk en multi-toepasbaar sonnet gaat worden over de menselijke conditie en het eeuwige tekort.

Zulke gedichten moeten er zijn.

Voor de rest is zijn oeuvre voorbij, voorgoed voorbij. Dat geldt ook voor zijn prozawerken over wijn en pijptabak, zijn vele 'avonturen met de pollepel', zijn wandelingen door Nederland.

Er valt zelfs geen speelgoeddans te breken voor een poëtisch eerherstel van J.W.F. Werumeus Buning.

Hij is weggezakt in het moeras van de dichters die te snel klaar waren en te snel tevreden. Sjablonen, dooddoeners, oerdegelijke verhevenheden. Klanken uit een andere wereld. Het Polygoonjournaal van de poëzie. Zijn naam is besmet. Als een bankbediende ging hij de ballade en als een Jan Klaassen de Spaanse copla te lijf.

Toch moet er in zijn werk af en toe iets gezeten hebben, anders was het in zijn tijd niet komen bovendrijven.

Af en toe. Iets.

Om die glimmende kiezels gaat het.

Ik sta in die opvatting over de waarde van twee, drie gedichten van Werumeus Buning, J.W.F., niet alleen.

Hendrik de Vries ergerde zich in de jaren vijftig aan Bunings populariteit, juist omdat hij 'aan het begin van zijn dichterlijke loopbaan zelfs enkele van de schoonste gedichten voortbracht die wij kennen'. Hendrik de Vries zal daar zeker het sonnet *Zo tedere schade als de bloemen vrezen...* onder gerekend hebben.

In haar boek over Ida Gerhardt, *De wereld van het vers*, noemt haar vriendin Marie van der Zeyde het bijgaande *Arabeske* van Werumeus Buning van een 'verbijsterende volmaaktheid'. Ik citeer uit de druk van 1998. Je kunt gerust stellen, gezien de osmose die er tussen de vriendinnen bestond, dat ook Ida Gerhardt er zelf zo over dacht.

Een klein hoeraatje, dus, voor Werumeus Buning – van de kant van twee formidabele dichters.

Arabeske, uit de bundel *Hemel en Aarde* van 1927, mag er ook best zijn.

'Soms ziet men dat het een dichter gelukt een volmaakt gedicht te scheppen dat eigenlijk geen "inhoud" heeft en alleen maar bestaat als een schepping van taal,' schrijft Marie van der Zeyde, en even verderop: 'Men kan niet zeggen dat dit een beschrijving is, en een mededeling of een uitdrukking van gevoelens is het nog minder. Het vers is alleen maar zichzelf.'

Poésie pure, zouden we zeggen.

Marie van der Zeyde noemt nergens de titel, maar deze onderwerploze ornamentiek is precies wat het woord *arabeske* betekent. Abstracte schoonheid, louter voor het genoegen van vorm en klank. Vrije val, repetitie, cirkelgang. Droomhiëroglyfen.

Grazen, paarden, zwarte, wateren, aarde, klaar, staarten, zwaar, gebladerte.

Dieren, stieren, diep, zwierig, tierig, spiegelt.

Het begint met stilte en een implosie en het eindigt met een spiegelbeeld. Het is nu eens statisch, dan weer in beweging. Zijn, grazen, spelen, zwieren, hangen.

Frappante ijkpunten vormen de kleuren – blauw, zwart, rood – en de elementen – vuur, aarde, water. Nu eens gloeit het beeld, weggezogen in as en schaduw, dan weer is alles helder, verlicht en klaar.

Licht en diep en zwaar en zwierig bestaan naast elkaar, simultaan en zonder interactie.

Het totaalbeeld is uiteindelijk een gestold beeld. Dieren en planten in slagorde, onaandoenlijk en onaangedaan, een onderwaterbeeld.

Daar, onder water –

spelen visschen met roode staarten

– het is de enige regel van het gedicht waarin de spelling van 1927 afwijkt van de huidige. Het is verleidelijk die spelling zo te handhaven. *Visschen* zijn volumineuzer dan vissen en *roode* staarten een graadje roder.

Achter dat aquariumvisioen blijft het woord *blauw* nadreunen, het enige woord in het gedicht dat niet over enige klankecho beschikt.

De *au* is een weeskind in deze compositie.

Een ander weeskind is dat woordje *zich* aan het slot. Het probeert zich een beetje aan te schurken tegen het zwierig en tierig (ig en ig) in de beide regels ervoor, met als enig effect dat het isolement wordt versterkt.

Het vrij zwevende van een ongenaakbaar spiegelbeeld.

Het spiegelvlak heeft alles opgeslorpt en het sluit zich.

De beweging is absolute stilte geworden, de natuur een vacuüm, de volheid niets.

Is het toevallig dat juist een arabeske een toevalstreffer werd?

EPILOOG

BOEKEN HEBBEN HUN GESCHIEDENIS

het boek is nog niet uit
het is wel een uiterst klein dun boek
een handboek een schemerboek
in de boekenkast is het altijd zoek
ook valt het van tafel in het niets
valt het tussen de woorden van praters
tussen het gebrul van elokwente sprekers
ver weg ontbladert het in het witte woud
schurftig komt het soms terug zacht
is zijn vragende oogopslag in een hoek
vergeten gaat het liggen en vergeelt
tussen de onverschillige pissebedden
wordt het een stehgeiger voor stijfkoppige
dovemansoren geen eenvoudige boodschap
verlaat meer het boek het is slaapwekkend
ook de lezer is slaapwekkend maar die eet
vrijt slaapt en doet aan krachtsport
die werkt zich zeker tevreden in het zweet
die dans met hanetred rond zijn windei
en bereikt zo de juiste vorm de hemel op aarde

Lucebert (1924-1994)

Laatst zag ik een bloemlezing met poezen- en kattengedichten die geheel was samengesteld uit de drie bloemlezingen die ik uit de Nederlandse poëzie heb gemaakt. Nu, *bijna* helemaal.

Er was alleen nog een poezengedichtje van de samenstelster zelf aan toegevoegd.

Waarom moeilijk doen als het makkelijk kan?

Erg gemakzuchtig zijn ook de thematische bloemlezingen over, zeg maar, de school of de oorlog, bloemlezingen waaraan je kan aflezen dat de bloemlezer alleen naar titels heeft gespeurd.

Dan heb je een bundel met gedichten over de school en in de

inhoudsopgave zie je allemaal titels waarin het woord *leraar* of *klas* voorkomt. Of de gedichten heten *Op de schoolbank* of *Slecht rapport* of *Onderwijzersleed*.

Zo'n bloemlezing kwam tot stand door andere inhoudsopgaven na te vlooien. Dat is meestal niet meer dan één pagina op een bundel. Zoiets leest een stuk sneller.

Gedichten waarin het pas verderop – na de titel – over school, leerlingen en dictees gaat vallen uit de boot.

Je mist op die manier vanzelf essentiële dingen.

Wat zou ik me boos maken? De thematische bloemlezing is op sterven na dood.

Binnenkort zal de cd-rom of de DVD met alle Nederlandse gedichten er zijn. Met *bijna* alle toch zeker. Je krijgt met gemak de tekst van een paar miljoen gedichten op één schijfje. Wil je hondengedichten lezen? Je klikt een rijtje passende sleutelwoorden aan – hond, teef, woef, kwispelen – en in een mum van tijd heb je ze allemaal geplukt.

Het bewuste woord kan op elke plaats in het gedicht staan en je komt te weten wat themabloemlezers je tot dusver nooit konden laten weten: dat de mooiste hondengedichten *Wandeling met opa* heten of *Vesuvius*.

Al die verzamelbundels met gedichten over vogels, vissen of liefde, of zelfs over zulke onzin als de fiets of de moeder, je hebt er geen poëziekenners of bloemlezers meer voor nodig.

De themabundel wordt een overbodig genre.

Nee, *overbodig* niet – iedereen kan zijn eigen instant-bloemlezing over elk gewenst onderwerp maken. Met een druk op de knop is zelfs je verzameling klaar met gedichten over de hond op school of de kat op de fiets.

Maar in de boekwinkel zal je de themabundel niet meer zien.

Omdat ik zowel voor boeken als poëzie een bijzondere liefde koester heb ik wel eens geprobeerd bij te houden wat er in de Nederlandse literatuur aan boekenpoëzie is geschreven.

Bijgaand gedicht van Lucebert is zo'n gedicht over boeken.

Het had de luiste der luiste bloemlezers niet kunnen ontgaan. Het woord *boek* in de titel, het woord *boek* in elk van de eerste vier regels. Tweemaal zelfs in de derde regel.

Maar dat het bij *Aan mê vrouw* van P.C. Hooft en *After the goldrush* van Jan Boerstoel – wonderlijke combinatie – ook om typische boekpoëzie gaat zou je niet zomaar raden.

Tientallen van die mooie boekgedichten lagen er op een dag in mijn map. Als ze alleen over de poes in de poëzie al twintig bloemlezingen hadden, redeneerde ik, kon er nog wel een boek bij over het boek in de poëzie.

Zowel die map als alle kennis die ik erover paraat had is nu nutteloos geworden. Verspilde moeite, op afroep beschikbare kennis.

Jammer vind ik het niet. Ik had toch al de pest aan dat soort bloemlezingen.

Ik ben blij dat iemand nu in het holst van de nacht en in zijn dooie eentje, als hij de slaap niet kan vatten, snel 'n bloemlezinkje met slaapgedichten kan concipiëren en afdrukken zonder dat hij er anderen mee lastigvalt.

Zonder bomen om te zagen.

Zoekmachines kunnen uitstekend vaststellen of een gedicht *niet* of *wel* over slaap gaat.

Ze zullen ons nooit kunnen waarschuwen als een gedicht slaapverwekkend is.

Ze kunnen geen mooie van niet-mooie gedichten schiften. Een boek met de *mooiste* boekgedichten blijft mensenwerk.

Geen bloemleesmachine zou kunnen zeggen wat er zo mooi is aan het gedicht van Lucebert. Als we de machine *toch* wat elementaire esthetische criteria hadden bijgebracht zou zij het, vanwege te veel herhalingen en zo, waarschijnlijk afwijzen.

Voor een menselijke poëzielezer is het al moeilijk genoeg uit te leggen wat de charme ervan is.

Indrukken, suggesties en associaties, meer heb je vooralsnog niet in handen.

In het begin lijkt het gedicht om het mensenleven te gaan ('mensen hebben hun geschiedenis'). Een te kort leven dat op het einde loopt. Een leven dat je niet kunt pakken en dat zomaar in stilte oplost.

Bij de grijze ontbladering verandert het beeld in dat van een schurftige hond. (Hondenbloemlezers, opgelet!) Vragende oogopslag, in een hoek gaan liggen, het is een honds leven.

Het boek wordt al liggend 'een stehgeiger voor stijfkoppige dovemansoren'. Een absurditeit waar niemand naar luistert.

Slaapwekkend omdat het geen gemakkelijke boodschap verkondigt aan de lezer – daar komt, derde fase, de tegenhanger in beeld.

Die lezer is door zijn hardleersheid even slaapwekkend. Het lijkt of er een terminale toestand, een laatste stadium wordt afgebakend tegenover het volle leven – gezondheid en kracht.

Een boek met een oud en lang verhaal tegenover iemand

die danst met hanetred rond zijn windei

– een juweel van een zin, overigens, die je ook kunt lezen als: die danst met winderige tred rond zijn haneëi.

Met eigendunk rond het onbestaanbare.

Het niets.

Het sarcasme in de laatste regel treft de met zichzelf ingenomen beginneling en versterkt het mededogen met het boek dat bijna uit is.

Ik weet niet of mijn indrukken en associaties juist zijn. Ik weet niet of mijn vluchtige interpretatie standhoudt. Maar je *voelt* dat dit niet zomaar een vrolijk boekgedicht is. Zo'n gedicht dat alleen nog door een thematische schifting kan worden gered.

INHOUD

Gods wijze liefde...
J.A. Dèr Mouw (1863-1919)   9

Poëzie is kinderspel
Lucebert (1924-1994)   17

De Zwanen
J.C. Noordstar (1907-1987)   21

Daar is een kracht...
[fragment]
Multatuli (1820-1887)   25

En durft gij mij
Guido Gezelle (1830-1899)   29

Van poëzie
Ed Leeflang (geb. 1929)   33

Uit: Losse gedichten. XXIV
Arjen Duinker (geb. 1956)   37

afscheidsdiner
Ilja Leonard Pfeijffer (geb. 1968)   41

Krop
Leonard Nolens (geb. 1947)   47

De zegger van verzen
Albert Verwey (1865-1937)   51

Bruisend zwalpt
Emanuel Hiel (1834-1899)   55

Herinnering aan Holland
H. Marsman (1899-1940)   59

Op het toneelspel
Pieter Boddaert Junior (1766-1805)   63

Inmaken
[fragment]
Adriaan van der Hoop Juniorszoon (1827-1863)   69

Sterrenwerelden, 1
Hendrik de Vries (1896-1989)   73

Zang van Moddeworst
Voor het jongste Zoontje van zijn eerste Bed
Joh. Buma (1694-1756)   77

Nachtkroeg
[fragment]
Antony Kok (1882-1969)   81

Vera Janacopoulos
Cantilene
Jan Engelman (1900-1972)   84

Sonnet voor mieremet
Carel C. Scheefhals (1915-1995)   88

Hannibal
[fragment]
Estella Hijmans-Hertzveld (1837-1881)   95

Januari 1861
Estella Hijmans-Hertzveld (1837-1881)   99

Jan Stap
J.E. Banck (1833-1902)   103

Expansie
B. Faddegon (ca. 1925)   107

Op den eersten tand van mijn jongstgeboren zoontje
H. Tollens (1780-1856)   111

Ontboezeming
Hendrik Kuyper, Gzn. (1790-1873)   115

Een vogel kwam...
Giza Ritschl (1869-1942)   119

Holland
C.S. Adama van Scheltema (1877-1924)   123

Aan Prinses Juliana der Nederlanden bij haar huwelijk met Prins Bernhard van Lippe-Biesterfeld
P.C. Boutens (1870-1943)   127

Sinterklaas-avond
W.F. Oostveen (1849-1890)   131

De gecondenseerde dichtgeest
P.A.M. Boele van Hensbroek (1853-1912)   135

Een ghenoeghlijck Refereyn
Anoniem (zestiende eeuw)   141

Hongaarse Rhapsodie
(Rika Csardas)
J.M.W. Scheltema (1921-1947)   145

Bruin boven blond
Elisabeth Koolaart-Hoofman (1664-1736)   149

Blond boven bruin
H.A. Spandaw (1777-1855)   149

Ai, denkt ge nog wel
J. Kerbert (1820-1890)   154

August von Platen
C.O. Jellema (geb. 1936)   158

Uitkijk
Richard Minne (1891-1965)   165

Vlo
Koos Geerds (geb. 1948)   173

De wurm
Annie M.G. Schmidt (1911-1995)   176

De cactus
Jan van Nijlen (1884-1965)   180

Rococo
Wilfred Smit (1933-1972)   184

Aan de gedachten
Joan van Broekhuizen (1649-1707)   188

Poème de l'extase (Skrjabin)
Erik Menkveld (geb. 1959)   192

Verjaren
Th. van Os (geb. 1954)   196

De pop
Hélène Swarth (1859-1941)   200

Heimwee
J. Greshoff (1888-1971)   204

Uit: Verzen aan zee en in een tuin
Karel van de Woestijne (1878-1929)   208

Hoera! de herfst komt
H.H. ter Balkt (geb. 1938)   212

De Lof der Stront
[fragment]
Anoniem (ca. 1830)   219

Gebruiksaanwijzing
Luuk Gruwez (geb. 1953)   223

Mephistopheles Epicureus
Albert Verwey (1865-1937)   227

Florentijns Jongensportret
Martinus Nijhoff (1894-1953)   231

De moeder de vrouw
Martinus Nijhoff (1894-1953)   237

De moeder
Geerten Gossaert (1884-1958)   241

Mijn moeder is mijn naam vergeten...
Neeltje Maria Min (geb. 1944)   245

De zoon die ik niet had
Esther Jansma (geb. 1958)   250

Aan het werk
Kees van Kooten (geb. 1941)   254

's Avonds laat
Willem Wilmink (geb. 1936)   258

Het Geschenk
Rosalie Loveling (1834-1875)   262

Radiobericht
Ida Gerhardt (1905-1997)   266

Insomnia
J.C. Bloem (1887-1966)   270

Tristitia Ante
Maurice Gilliams (1900-1982)   274

Voordat
Ingmar Heytze (geb. 1970)   278

Dodenlied
Peter Holvoet-Hanssen (geb. 1960)   282

Anno 1946
Halbo C. Kool (1907-1968)   286

Woningloze
J. Slauerhoff (1898-1936)   290

De hand van de dichter
H. Marsman (1899-1940)   294

De muur waaide op en verdween...
Tonnus Oosterhoff (geb. 1953)   298

Liefde
P.A. de Génestet (1829-1861)   305

Verzen voor een vriend
Jacques Perk (1859-1881)   309

je hebt me alleen gelaten...
Hans Lodeizen (1924-1950)   313

Verhangen
Omer Karel de Laey (1876-1909)   317

Het sprookje van de persoon
J.A. Emmens (1924-1971)   321

Ik...
Jan Arends (1925-1974)   325

Verbleekte Driekleur
J.J.L. ten Kate (1819-1889)   331

't Geheim der jeugd
W. de Veer S.J. (1863-1933)   335

Sonnet
Lodewijk van Deyssel (1864-1952)   339

Arabeske
J.W.F. Werumeus Buning (1891-1958)   343

boeken hebben hun geschiedenis
Lucebert (1924-1994)   349

CHRONOLOGISCHE LIJST

Een ghenoeghlijck Refereyn (anoniem)   141
Joan van Broekhuizen   188
Elisabeth Koolaart-Hoofman   149
Joh. Buma   77
Pieter Boddaert Junior   63
H.A. Spandaw   149
H. Tollens   111
Hendrik Kuyper, Gzn.   115
De Lof der Stront (anoniem)   219
J.J.L. ten Kate   331
J. Kerbert   154
Multatuli   25
Adriaan van der Hoop Juniorszoon   69
P.A. de Génestet   305
Guido Gezelle   29
J.E. Banck   103
Emanuel Hiel   55
Rosalie Loveling   262
Estella Hijmans-Hertzveld   95, 99
W.F. Oostveen   131
P.A.M. Boele van Hensbroek   135
Hélène Swarth   200
Jacques Perk   309
J.A. Dèr Mouw   9
W. de Veer S.J.   335
Lodewijk van Deyssel   339
Albert Verwey   51, 227
Giza Ritschl   119
P.C. Boutens   127
Omer Karel de Laey   317
C.S. Adama van Scheltema   123
Karel van de Woestijne   208
Antony Kok   81

B. Faddegon   107
Geerten Gossaert   241
Jan van Nijlen   180
J.C. Bloem   270
J. Greshoff   204
J.W.F. Werumeus Buning   343
Richard Minne   165
Martinus Nijhoff   231, 237
Hendrik de Vries   73
J. Slauerhoff   290
H. Marsman   59, 294
Jan Engelman   84
Maurice Gilliams   274
Ida Gerhardt   266
Halbo C. Kool   286
J.C. Noordstar   21
Annie M.G. Schmidt   176
Carel C. Scheefhals   88
J.M.W. Scheltema   145
Hans Lodeizen   313
J.A. Emmens   321
Lucebert   17, 349
Jan Arends   325
Ed Leeflang   33
Wilfred Smit   184
C.O. Jellema   158
Willem Wilmink   258
H.H. ter Balkt   212
Kees van Kooten   254
Neeltje Maria Min   245
Leonard Nolens   47
Koos Geerds   173
Luuk Gruwez   223
Tonnus Oosterhoff   298
Th. van Os   196
Arjen Duinker   37

Esther Jansma 250
Erik Menkveld 192
Peter Holvoet-Hanssen 282
Ilja Leonard Pfeijffer 41
Ingmar Heytze 278

REGISTER

Adama van Scheltema, C.S. 123
Anoniem 141, 219
Arends, Jan 325
Balkt, H.H. ter 212
Banck, J.E. 103
Bloem, J.C. 270
Boddaert Junior, Pieter 63
Boele van Hensbroek, P.A.M. 135
Boutens, P.C. 127
Broekhuizen, Joan van 188
Buma, Joh. 77
Dèr Mouw, J.A. 9
Deyssel, Lodewijk van 339
Duinker, Arjen 37
Emmens, J.A. 321
Engelman, Jan 84
Faddegon, B. 107
Geerds, Koos 173
Génestet, P.A. de 305
Gerhardt, Ida 266
Gezelle, Guido 29
Gilliams, Maurice 274
Gossaert, Geerten 241
Greshoff, J. 204
Gruwez, Luuk 223
Heytze, Ingmar 278
Hiel, Emanuel 55
Hijmans-Hertzveld, Estella 95, 99
Holvoet-Hanssen, Peter 282
Hoop Juniorszoon, Adriaan van der 69
Jansma, Esther 250
Jellema, C.O. 158
Kate, J.J.L. ten 331

Kerbert, J. 154
Kok, Anthony 81
Kool, Halbo C. 286
Koolaart-Hoofman, Elisabeth 149
Kooten, Kees van 254
Kuyper, Gzn., Hendrik 115
Laey, Omer Karel de 317
Leeflang, Ed 33
Lodeizen, Hans 313
Loveling, Rosalie 262
Lucebert 17, 349
Marsman, H. 59, 294
Menkveld, Erik 192
Min, Neeltje Maria 245
Minne, Richard 165
Multatuli 25
Nijhoff, Martinus 231, 237
Nijlen, Jan van 180
Nolens, Leonard 47
Noordstar, J.C. 21
Oosterhoff, Tonnus 298
Oostveen, W.F. 131
Os, Th. van 196
Perk, Jacques 309
Pfeijffer, Ilja Leonard 41
Ritschl, Giza 119
Scheefhals, Carel C. 88
Scheltema, J.M.W. 145
Schmidt, Annie M.G. 176
Slauerhoff, J. 290
Smit, Wilfred 184
Spandaw, H.A. 149
Swarth, Hélène 200
Tollens, H. 111
Veer S.J., W. de 335
Verwey, Albert 51, 227

Vries, Hendrik de 73
Werumeus Buning, J.W.F. 343
Wilmink, Willem 258
Woestijne, Karel van de 208